后现代主义
社会理论维度探析

杜以芬 / 著

中国社会科学出版社

图书在版编目（CIP）数据

后现代主义社会理论维度探析/杜以芬著. —北京：中国社会科学出版社，2018.5
ISBN 978-7-5203-2233-1

Ⅰ.①后… Ⅱ.①杜… Ⅲ.①后现代主义—社会学—研究 Ⅳ.①C91-06

中国版本图书馆 CIP 数据核字（2018）第 059335 号

出 版 人	赵剑英
责任编辑	赵 丽
责任校对	李 莉
责任印制	王 超

出　　版	中国社会科学出版社
社　　址	北京鼓楼西大街甲 158 号
邮　　编	100720
网　　址	http://www.csspw.cn
发 行 部	010-84083685
门 市 部	010-84029450
经　　销	新华书店及其他书店
印　　刷	北京明恒达印务有限公司
装　　订	廊坊市广阳区广增装订厂
版　　次	2018 年 5 月第 1 版
印　　次	2018 年 5 月第 1 次印刷
开　　本	710×1000　1/16
印　　张	19.25
插　　页	2
字　　数	278 千字
定　　价	79.00 元

凡购买中国社会科学出版社图书，如有质量问题请与本社营销中心联系调换
电话：010-84083683
版权所有　侵权必究

目 录

引 言 …………………………………………………………（1）

第一章 概念辨析 ……………………………………………（23）
 第一节 社会理论概念辨析 ………………………………（23）
 第二节 后现代主义概念辨析 ……………………………（45）

第二章 后现代社会理论转型的理论背景 …………………（66）
 第一节 后现代社会理论的先驱 …………………………（66）
 第二节 社会学的理论危机 ………………………………（77）

第三章 后现代社会理论转型的现实背景 …………………（124）
 第一节 时空压缩机制与后现代状况 ……………………（125）
 第二节 后工业社会 ………………………………………（134）
 第三节 全球化社会 ………………………………………（140）
 第四节 消费社会 …………………………………………（146）
 第五节 风险社会 …………………………………………（150）

第四章 后现代社会理论的本体论 …………………………（157）
 第一节 詹姆逊的文化批判理论 …………………………（158）
 第二节 福柯系谱学的社会历史观 ………………………（167）

第三节　从符号到拟像……………………………………（172）

第五章　后现代社会理论的认识论……………………………（182）
第一节　认识主体：被解构的理性……………………………（182）
第二节　认识客体：社会范畴文化性质的发现………………（186）
第三节　客观性的消解与知识的被建构………………………（192）

第六章　后现代社会理论的方法论……………………………（199）
第一节　后现代主义与语言符号………………………………（200）
第二节　后现代主义的解构策略………………………………（212）
第三节　女性身份的建构与解构………………………………（225）

第七章　反省与启示：后现代社会理论与中国社会建设……（235）
第一节　风险社会理论视野下社会管理的可能性
　　　　及其途径…………………………………………（235）
第二节　后现代主义社会理论对教育的启示…………………（257）
第三节　中国传统文化超越现代性困境的可能性
　　　　及其途径…………………………………………（269）

第八章　对后现代社会理论的反思……………………………（279）
第一节　后现代社会理论的自我指涉及理论构建困境………（279）
第二节　后现代批判与现代性重建……………………………（284）
第三节　建设性后现代主义的质疑与价值取向………………（288）

参考文献…………………………………………………………（294）

引　言

过去的50年间，关于后现代主义的争论充斥了全世界众多学科中的文化和知识领域，言必称"后现代"一度成了西方学术界的一大"话语特征"。作为一种反理论、反体系和非学科的话语，后现代主义很难用传统的理论框架去认门归宗、对号入座，不但其本身不太可能用传统的理论框架去归类和研究，而且后现代主义的出现还对当前的学科分类提出了挑战。社会是一个涉及政治、经济、文化等诸多领域的现实整体，对其进行人为的学科划界体现的是当前社会的劳动分工，这种分工把社会基本要素分别予以研究，实际上会阻碍对社会的认识。后现代主义的上述主张体现了其社会理论的维度。正如吉拉德·德朗蒂所指出的，"与社会学理论相对而言的社会理论这个用语目前之所以受人欢迎，是因为它体现出一种跨学科的社会学，甚或是一种后学科的社会学"。[①] 作为一种跨学科的研究，后现代主义被波林·罗斯诺视为另一种新颖的学术范式的诞生，它体现了一种与以往不同的体验和解释周围世界的新路径，即在现代范式之外确立自身，但并非以自身的标准判断现代性，而是重新思考并解构它。[②]

[①] ［英］吉拉德·德朗蒂：《当代欧洲社会理论指南》，李康译，上海人民出版社2009年版，第1页。

[②] ［美］波林·罗斯诺：《后现代主义与社会科学》，张国清译，上海译文出版社1998年版，第2—3页。

作为一种思想运动和文化思潮，后现代主义早在20世纪六七十年代就已兴起并迅速传播。从国外对后现代主义的研究来看，作为一个术语的后现代最早可追溯到19世纪，但作为一种主义的后现代则学界目前有两种理解，一种认为后现代主义是产生于19世纪50年代，其特征是反对传统哲学，通过对各种类型的近代哲学的批判而实现由现代主义到后现代主义的转变；另一种观点认为，后现代主义产生于20世纪六七十年代，其代表人物主要有福柯、德里达、利奥塔等人，构建的标志是60年代兴起的后结构主义、新解释学和新实用主义。借助于知识左派反文化理论、女性主义和解构主义，后现代主义形成了其思想谱系的雏形。后现代主义真正引起西方学界的普遍关注和争论则应该从1976年算起。1976年，美国著名的理论刊物《边缘2》率先发起了以"后现代性与阐释学"为题的专题讨论会，此后一系列以后现代主义为主题的国际学术会议相继召开，而在此期间，一系列影响深远的专著也相继出版，主要有利奥塔的《后现代状态》、尤尔根·哈贝马斯的《现代性对抗后现代性》和罗蒂的《哈贝马斯与利奥塔论后现代性》等。上述学者之间的理论交锋为推动后现代主义研究的深入发展做出了贡献，形成了西方学界研究后现代主义的高峰期。

20世纪80年代是西方学界研究后现代主义的高峰时期。这一时期围绕后现代主义所进行的讨论主要有探讨后现代主义与资本主义的关系问题，把后现代主义理解为当代资本主义社会危机的体现；分析后现代主义与现代主义、后现代主义与启蒙运动、后现代主义与马克思主义等的关系问题；把后现代主义的特征概括为反本质主义、反理性主义、反基础主义、反中心主义等，特别是哈桑关于后现代主义理论特征的研究被视为是最为详尽的。在《后现代转向》一书中，哈桑通过比较现代主义与后现代主义的区别，认为后现代主义主要有不确定性、破碎性、反正统性、非我性、内在性等特征。与这种深入研究同时表现出来的，是这一时期的后现代主义研究全方位、立体化的趋势。建筑、语言、艺术、文学、政治经济、宗教神学等领域都对后现代主义的研究有所涉及。而随着经济全球化的发展，未来发展和生存又日益成为后现代主义研究的新课题。按照悲观主义者的观点，"现代性的破坏特点使得后现代时代成为一个'彻底的、无法超越的不确定性'的时代，一个以冷漠无情、残忍凶狠、陌生疏远、令人绝望、愤世嫉俗和模棱两可为特征的时代"，①生活在这样的一个时代，人们所必须面对的事实是"人口过剩、种族灭绝，原子武器的毁灭性打击，大灾变，环境的毁坏，太阳的爆炸，45亿年后太阳系的消亡，以及宇宙因衰变而消逝"。②假若这些言论代表的是事实的话，作为具有强烈现实关怀情怀的后现代主义必然要以上述问题为问题提出自己的分析和解决策略。从后现代主义的身份辨识看，后现代主义如今已经被用来涵盖哲学观念到文化的一切事物，它被视为是一种思想方法、一种理论学说，一个历史时期，等等。

后现代主义不仅触及了西方文化的根本，而且体现了西方文化的逻辑，所以在其产生伊始，就引发了学界的关注，形成了一系列的研究成果。这些研究成果既包括后现代理论家的原创理论，也包括研究后现代主义以及与后现代学者进行对话而形成的研究成果。从后现代理论家的原创理论看，国外学界著述颇丰，主要有德里达、福柯、利奥塔、鲍德里亚、鲍曼等人的论著。其中，德里达被视为后现代主义最重要的理论代表。作为法国思想界继萨特之后最伟大的社会理论家，德里达首创了"解构"等概念，对西方形而上学的历史进行了颠覆，其理论撼动了西方整个传统人文科学的基础，其著述主要有《文字语言学》《声音与现象》《写作与差异》《散播》《哲学的边缘》《立场》《人的目的》《马克思的幽灵》等。福柯被视为新历史主义的主要代表，在西方思想界具有广泛而重要

---

① [美]波林·罗斯诺：《后现代主义与社会科学》，张国清译，上海译文出版社1998年版，第19页。

② 同上。

的影响，被认为是一个非历史的历史学家、一个反人本主义的人文科学家、一个反结构主义的结构主义者，① 他一生各个不同时期的著作都致力于揭示知识和话语的历史建构性质，并指出知识与权力之间的关系。其著述主要有《疯癫与文明》《临床医学的诞生》《词与物》《知识考古学》《话语的秩序》《规训与惩罚》《性史》等。利奥塔在其代表作《后现代状态》一书中，从语言资质及其运用的差异入手，区分了两种知识——科学知识和叙事知识，把现代逻辑理解为一种"元叙事"，把对意识形态的批判延伸到社会学、政治学、哲学、美学等领域，除此之外，他还撰写了《力比多经济》《话语和图像》《回答这个问题，什么是后现代主义？》《非人》《歧异》等著作。在所有的后现代社会理论家中，鲍德里亚（也常常被翻译为布西亚、波德里亚或博德里拉）被认为是迄今为止后现代立场最为鲜明的。大器晚成的他虽然在近 40 岁才发表了他的第一部著作，但正如社会学家鲍曼对其所评价的，唯有鲍德里亚才真正反思了"后现代状态的情况——该状态的节奏，该状态中形式与内容的不一致，以及该状态的速度和混乱"。② 美国社会学家乔治·瑞泽尔更认为"虽然对福柯进行归类有一定的困难，但让·鲍德里亚却明确和肯定地是一个后现代主义者……事实上，许多人都认为他不仅是一个后现代主义者，而且还是这种理论的重要代表"，③ 其著作主要有《物体系》《消费社会》《符号政治经济学批判》《生产之镜》《象征交换与死亡》等。鲍曼的著作在某些方面与西美尔有相似之处，即都拒绝正统的观点，而关注琐碎的事情。在现代与后现代的归属上，有学者（贝斯特）认为鲍曼是一个后现代的骗子，是一只披着后现代主义羊皮的现代主义的狼。造成上述现象的原因或许是因为他的解释学视角。他的现代性不是一个实在

---

① Clifford Geerts, *Critical Essays on Michel Foucault*, Solar Press, 1992, p. 139.
② Mike Gane, *Jean Baudrillard in Radical Uncertainty*, Pluto Press, 2000, p. 8.
③ ［美］乔治·瑞泽尔：《后现代社会理论》，谢立中等译，华夏出版社 2003 年版，第 104 页。

的世界，而是一种对世界的理解，是一种设计和规划，但这种设计和规划导致了技术统治和大屠杀，后现代性则是一种多元化。鲍曼的著作主要有《解释学和社会科学》《阶级的记忆》《立法者和阐释者》《自由》《现代性和大屠杀》《现代性和矛盾态度》《后现代性的亲密》《后现代伦理学》《生活在碎片中》等。

如果以其所持有的立场来看，吉登斯、尤尔根·哈贝马斯、詹姆逊等人似乎不应该被列入后现代理论家的名单，但如果从其研究的内容看，上述学者虽然对后现代主义这种激进的立场并不赞同，甚至会站在相反的立场——维护现代性的方案，但由于其所谈论的话题都是围绕现代性而进行的，所以本书也在相关章节对上述学者的思想观点做出了说明。吉登斯是英国著名的社会学家和社会理论家，其与后现代主义的关联主要体现在他通过提出自反性的现代化而批判后现代主义，代表作品主要有《社会学方法的新规则》《社会的构成》《民族——国家与暴力》《现代性的后果》《现代性与自我认同》《亲密关系的变革》以及《第三条道路：社会民主主义的复兴》等。明确坚持现代性立场的当属尤尔根·哈贝马斯，这位法兰克福学派第二代的领军人物，是"批判理论"和新马克思主义的重要代表，其研究兼跨哲学、社会学、政治学、语言哲学、解释学等诸多领域，著作等身，代表作品主要有《社会科学的逻辑》《晚期资本主义的合法性问题》《历史唯物主义的重建》《交往行为理论》《现代性的哲学话语》《后形而上学思维》《作为未来的过去》等。

从后现代学者的研究成果看，随着后现代主义的触角向其他各个领域的延伸，从社会学的角度对后现代主义进行研究的论著也渐次出现。较早从社会学的角度对后现代主义进行研究的学者为英国的社会学家拉什。在其所著的《后现代主义与社会学》一书中，拉什把后现代主义理解为一种文化范式，在以现代主义为参照系的基础上，考察了在生产、消费等层面所体现出的后现代主义的社会政治经济基础，系统分析了后现代主义的文化特征及其在经济和社会层面的发展演变。美国研究后现代主义的著名学者波林·罗斯诺所撰写的《后现代主义与社会科学》着眼于考察后现代在人文科学中的起源，探索了后现代方法的范围和复杂性，解释并具体说明了后现代方法在社会科学中的应用以及应用之后所产生的后果，并对后现代主义在社会科学中的重大意义、它的基本要素、中心问题以及构成前提，其长处和短处等问题进行了较为客观的评价。[①] 此后，美国学者戴维·R.肯迪斯和安德烈亚·方坦纳编辑了《后现代主义与社会研究》一书，从后现代主义的社会理论和后现代主义的研究方法两个方面对后现代主义在社会科学领域的研究进行了开拓性的努力。美国左派思想家斯蒂文·贝斯特和道格拉斯·凯尔纳合作撰写了《后现代理论：批判性的质疑》《后现代转向》两书。前者着力于介绍以法国思想家为主的许多后现代理论主题、立场和政治主张，在肯定后现代主义是一种超学科话语基础上，探讨了后现代理论的特征，并以此作为鉴别后现代理论家的工具，在进行客观研究的同时，也指出了后现代理论的局限之处。后者从批判的社会理论视角出发，把后现代主义理解为一种新出现的考察世界、解释世界的范式。在追溯后现代系谱的同时，该著作指出在理论、艺术、科学领域的后现代转向轨迹和话语都各有不同并分析了这种不同。加拿大的社会学教授大卫·莱昂的《后现代性》一书则用后现代性来标示当前社会，力图以后现代性为视角对当代社会、文化变迁等一些重要问题做出"敏锐反应"。在这里或许还有一个人物需要提及，此人即伊哈布·哈桑。伊哈布·哈桑的《后现代转折》一书被视为是关于后现代理论最准确、最明晰、最全面的阐释，也是最富于创见的文本。虽然被公认为是从文学的角度对后现代主义进行研究的，但在研究过程中，伊哈布·哈桑的后现代主义概念

---

① [美]波林·罗斯诺：《后现代主义与社会科学》，张国清译，上海译文出版社1998年版，第1—2页。

逐渐跨越了文学的界限而转化为一个门类众多的文化概念。①

与西方对后现代主义的研究相比，中国起步比较晚。根据笔者目前所掌握的资料，国内对后现代主义的关注一开始是从文学和建筑领域开始的。1980年、1981年英美文学专家美籍华裔作家董鼎山相继在《读书》1980年第12期、1982年第2期以《所谓"后现代派"小说》《卡尔维诺的"幻想"小说》为题，分别向国内学者介绍了第二次世界大战终止以来美国的"后现代主义"（或"后现代派"）的美术或小说创作的流行状况和当代意大利作家意大洛·卡尔维诺的"幻想小说"，其作品被视为后现代主义派的代表作。其后诗人、翻译家袁可嘉撰写了《关于"后现代主义"思潮》一文，从文学方面对后现代主义进行了综述性的引介。与文学领域的后现代主义研究如影随形，1981年，周卜颐教授翻译了罗伯特·文丘里的《建筑的矛盾性和复杂性》；1982年，李大夏副教授翻译了查尔斯·詹克斯的《后现代建筑语言》。此前，两位著名的建筑学家，上海罗小未和北京刘开济，就开始了对后现代主义的认真考察和评析。20世纪80年代初，《世界建筑》《建筑学报》《外语界》《文艺研究》等期刊陆续刊登了一系列关于讨论后现代主义建筑风格的文章。而哈桑、詹姆逊等人访华，则对后现代主义在中国的蓬勃发展起到了推波助澜的作用。大约从20世纪90年代开始，后现代一词逐渐在国内学界时兴，根据笔者以"后现代"为主题对CNKI这一学术资源库进行文献检索的结果显示，从20世纪80年代迄今，关于后现代主义的研究呈现出了逐年上升的趋势，由1980年仅仅有1篇，出现逐年攀升的趋势，2012年文献数据显示为3673篇，为数年之最，2013年和2014年分别为3511篇和3363篇，虽然较往年略低，但这个数目仍然是巨大的。

虽然关于后现代主义的研究已经有了一个较长的时期，但关于

---

① 王潮：《后现代主义的多元景观》，转引自王潮编著《后现代主义的突破——外国后现代主义理论》，敦煌文艺出版社1996年版，第4页。

后现代主义的内涵，学界迄今尚未达成一致。实际上，随着对后现代主义研究范围的拓展，人们对后现代主义的读解出现了诸多版本，很少有学者从单一的学科和角度来理解后现代主义。学者吕川基于学界关于"后"理解的差异认为对于后现代主义的理解可以有三种观点：从时间的角度上理解，后现代主义被认为是对现代主义的继续与发展；从字义的角度理解，后现代主义与现代主义的差别不在于时间的早与晚，而主要体现在思维方式上的对立，后现代主义是对现代主义的反拨；从综合的角度理解，有学者认为后现代主义是指19世纪50年代以来，以反传统哲学为特征的一种思潮，也有学者认为后现代主义是指20世纪六七十年代以来，反西方近、现代体系哲学倾向的一种后哲学思潮。① 学者王宁在总结学界研究的基础上，列举了后现代一词的12种含义："1.一种后现代社会特有的思维方式或世界观（汉斯·伯顿斯）；2.一种不再局限于西方世界，而是已涉及东方国家的国际性泛文化现象和文学运动（王宁）；3.一种后现代氛围和膨胀经济时代的文学（查尔斯·纽曼）；4.当代信息制度下的一种总的知识状态（利奥塔）；5.一种叙事风格或话语（卡利内斯库、戴维·洛奇等）；6.一种从现代主义到后现代主义的文学的主流嬗变（麦克里尔）；7.一种文学史的分期概念或晚期资本主义的文化逻辑（詹姆逊）；8.一种用于文学批评和文本分析的代码（佛克马）；9.一种反叛现代主义文学等级制度的文学艺术思潮（莱斯利·费德勒）；10.一种自文艺复兴以来西方文化中业已存在的一股智性反叛的潜流在当代的全面复兴（伊哈布·哈桑）；11.一种后现代表述或诗学（林达·哈琴）；12.一种以反讽为其特征的修辞（文伦·王尔德），等等。"② 田薇认为当前学界关于后现代主义的理解可以归纳为七种观点：第一种观点认为

---

① 吕川：《后现代主义研究综述》，《社会科学动态》1999年第7期。
② 王宁：《中国90年代文学研究中的若干理论课题》，《天津社会科学》1992年第5期。

后现代主义是一种众说纷纭的后现代话语,是一场围绕某些术语、话题和观点而展开的争论;第二种观点认为后现代主义是一种以复制化、消费化、平面化价值取向为表征的文化倾向,反映的是信息时代科技发展导致的合法化危机问题;第三种观点认为后现代主义既可以被指称为"后工业社会",也可以被理解为一种对现代文化加以批判和解构的文化运动;第四种观点认为后现代主义是一种汇集了多种文化、哲学和艺术流派的庞杂的文化思潮;第五种观点认为后现代主义是对现代社会和现代化理论进行批判的一种文化哲学;第六种观点认为后现代主义是西方后工业社会出现的一种含混而庞杂的社会思潮;第七种观点认为后现代主义是高度发达的资本主义国家或后工业社会的一种文化现象。[①]

上述关于后现代主义的观点都反映了界定后现代主义的困难。虽然不同学者基于不同学科、不同视角所理解的后现代主义不同,但目前大家都达成共识的是后现代主义并不是一个统一的流派或理论,其本身具有多面性。随着对后现代主义认识的深化,近来有学者对后现代主义进行了更深入细致的读解。华中科技大学学者张小山在2014年2月28日的《中国社会科学报》上撰文指出,后现代不是一个时间分期,也不是一个单一的概念,应该就其近亲后现代、后现代性以及其对立面现代、现代性和现代主义来界定这一概念。基于这种理解,张小山认为福柯、鲍德里亚、利奥塔和德里达是后现代理论家,而吉登斯和尤尔根·哈贝马斯是谈论后现代话题的理论家,鲍曼则是后现代性理论家。[②]

由于后现代主义内部状态纷呈,依据不同的标准可以做出不同的划分。学者王治河认为后现代主义根据其自然形态可以划分为文学艺术上的后现代主义,社会文化上的后现代主义、哲学上的后现

---

① 田薇:《后现代主义研究综述》,《教学与研究》1999年第4期。
② 张小山:《谁是后现代理论家》,《中国社会科学报》2014年2月28日第A08版。

代主义，而随着后现代主义思潮的深入，还会产生后现代经济，后现代农业，后现代科学，后现代教育，后现代政治，后现代宗教，等等。[①] 而在其《后现代哲学思潮研究》（增补本）一书中，王治河认为根据表现形态后现代主义可以被理解为"反基础主义""视角主义""后人道主义""解构主义""后现代解释学""非理性主义""认识论的无政府主义"以及"非哲学"等 11 种思潮。学者张广利、吕川则基于后现代主义的三个向度，把后现代主义划分为三种形态，即否定性的后现代主义（又称激进的后现代主义），建设性的后现代主义和庸俗的后现代主义。激进的后现代主义以福柯、利奥塔、德里达等人为代表。其理论特征是"摧毁"和"否定"，侧重于对旧事物的摧毁，反对任何假定的"前提""基础""中心"等，具有比较悲观、怀疑主义的色彩。由于激进后现代主义的破坏性，所以 20 世纪 80 年代以后，激进的后现代主义便屡遭质疑，趋向衰落。建设性的后现代主义是继激进的后现代主义而出现的，大概是在 20 世纪 80 年代开始崛起，代表人物主要有霍伊、科布、格里芬等人，其特征在于建设性，鼓励多元的思维风格。建设性的后现代主义通过反思现代性的恶果，致力于构建一种与现代世界观不同的有机的、整合的后现代世界观，通过对现代性的超越，积极寻求解决现代性困境的办法，重新建构人与世界，人与人的关系。因而建设性的后现代主义具有更强的建设性、积极性和乐观性。简单化或庸俗的后现代主义是对激进性的后现代主义和建设性的后现代主义的庸俗化，代表人物是詹姆逊，其特征主要有以下四点。第一，深度的消失。所谓深度的消失是指文化的空间深度、时间深度和解释深度的消失，是指后现代主义文化不再像现实主义和现代主义那样主要谈论经验和意义问题，人们追求和消费的是平淡庸俗的娱乐化、表面戏仿化的一些毫无深度的模式。第二，主体的消失。现代主义作品比较关注个人内心的情感，而后现代主义作

[①] 王治河主编：《后现代主义辞典》，中央编译出版社 2005 年版，第 9 页。

品的主体则从自身的情感中脱离出来,所有情感并非来自个人感受。第三,拼凑模仿。后现代文化没有文雅和通俗之分,文化被商品化、大众化了。第四,距离感的消失。由于商品化和高技术的巨大冲击,人和人,人与物的关系丢失了真实的感受以及辨别真假的标准。

虽然后现代主义的形态各异,思想观点彼此多有抵牾,没有形成而按照其反对宏大叙事的特征也不会形成统一的理论流派,但无可否认,后现代主义仍然具有共同的特征,这些特征主要体现在如下四个方面。

第一,反理性主义。作为西方文明的世界观和价值观基础,理性主义源远流长。自古希腊奠定理性主义传统以来,理性主义得到了长足的发展。在17世纪,"理性主义"更是确立了自己的霸权地位,近代被视为是一个理性主义的时代。理性被视为是人的最高本质,具有至高无上的权威地位。它是一种绝对的力量,是人类区别于其他动物的根本标志,也是人赖以安身立命的文化支柱。从理性主义出发使得对人的理解成为一种抽象思维的实体,而处在这样的抽象实体视野中的世界也是一个被抽象化理解的世界。与现代性张扬理性相反,后现代主义深入全面地揭示了"理性"在确立自身地位时所产生的压迫性,把理性等同于一种极权和压迫,所以必须予以批判和反对。

第二,反基础主义。后现代主义否认存在一些不证自明,具有终极真理意义的观念或概念,否认人类知识和文化都必须建立在这些可靠的理论基础上。后现代主义致力于"摧毁读者对'知识'的信任,即把知识当作是某种应当具有一种'理论'和具有'基础'的东西这种信念"。[①] 后现代主义对基础主义的反对主要表现在两个方面。一方面抛弃反映论。后现代主义认为人的认识过程是人的心灵同实在相互接触并形成观念的过程,认知不是对某种心外

---

① [美]罗蒂:《哲学和自然之镜》,李幼蒸译,商务印书馆2003年版,第4页。

之物的再现和反映,没有绝对客观中立的认知,所以从事研究的认知者所形成的认识总是渗透着其所固有的理论和价值观念的。另一方面倡导多元论。对基础主义的寻求体现的是一种同一性思维。实际上人的现实存在是个别的存在,人所认识的世界也是"多元性"和"多义性"的世界,试图把丰富多彩的复杂世界化简为苍白贫乏的单一世界是一种错误的行为。

第三,反主客二元论。从最初的本源看,人与世界的关系是相互交融、相互感应的。而在认识论或知识论的视野中,世界成了被认识、被开发、被征服的对象,人与世界的关系成了一种对立的、主客二分的认识关系。在后现代主义看来,在现实世界中所出现的人与自然、价值与事实、理论与实践等的二元对立是由于思维方式预设的二元对立产生的。因此,后现代主义力图通过思维方式上的革命,来消除由于这种主客体的分离所造成的困境。这主要表现在以下几个方面:寻求人与世界的和谐交融,对工业化文明所暴露出来的弊端及其负面效应进行批判、反思和超越,由关注外部世界的认知到关注人的生命、精神家园的安放。

第四,反总体性。后现代主义反对大一统的世界观、元叙事、宏大理论等诸如此类的东西,认为那种囊括一切的宏大理论体系是建立在不确定的前提之上的,所以后现代主义也无意提出一个可以替代的宏大理论,而更着眼于边缘性的话题和看似琐碎的主题,反对绝对性的霸权和虚构。

也有学者把后现代主义的特征归纳为解构主义或审美主义的研究旨趣;建构主义的本体论;怀疑主义的认识论;相对主义的价值论;多元主义的方法论;反对整体化、元叙事的决定论、独断论;强调话语分析的重要性;自由主义的表述方式,并从上述四个方面分析了西美尔社会研究方法的后现代主义特征。[1]

---

[1] 张小山:《西美尔社会研究方法论中的后现代主义特征》,《华中科技大学学报》(社会科学版) 2012 年第 3 期。

上述研究有利于我们深化对于后现代主义的认识，也从另一个方面说明后现代主义是对现代主义的否定和批判。

从国内学界研究的成果看，学界从文化、哲学思潮的角度对后现代主义的研究，起步比较早，研究成果比较多，研究深度也比较深。早在1992年由王岳川主编的《后现代主义文化研究》一书出版后，《后现代科学实在论》《人文困惑与反思》《扑朔迷离的游戏》《后现代主义哲学述评》《现代之后——20世纪晚期西方哲学》《论第三种形而上学——建设性后现代主义哲学研究》《西方后现代主义哲学思潮研究》《西方后现代哲学》《历史学研究的语言学转向——西方后现代历史哲学研究》等书也相继出版，丰富了对后现代主义的研究。而与学界从文化与哲学思潮的角度对后现代主义的研究相比，从社会学层面对后现代主义的研究仍然显得相对薄弱。

根据目前所掌握的资料，国内较早从社会理论角度透视后现代主义的当属夏光。1991年，在题为《后现代主义：社会理论的新视界》一文中，其对后现代性研究的综述，为我们把握社会学研究的理论前沿提供了帮助。进入21世纪，对后现代社会学理论的研究有了可喜的发展。从专著方面看，2002年出版、2014年再版的由刘少杰所著的《后现代西方社会学理论》一书，从知识基础、现实基础、思维方式和话语方式等方面论述了社会学从现代到后现代的变革，体现了社会学在新的历史条件下的新发展。2003年，夏光以《后结构主义思潮与后现代社会理论》为题，揭示了后结构主义思潮中的社会理论维度，促进了人们对后现代社会理论的深入理解和进一步研究。其后，文军在其所著的《承传与创新》和《西方社会学理论》两本著作中，分别以现代性为主题，以全球化为背景，从社会学自身发展的逻辑和理论传承入手，阐述了后现代社会学的兴起、方法论特征，有助于我们从思想体系上把握后现代西方社会学理论的发展脉络及变化趋势。成伯清的《走出现代性》一书以"信息社会""消费社会""世界社会"和"风险社会"来表征新时代社会的发展,探讨了社会学的认识模式和表征策略的"反思转向""叙事转向"和"修辞转向",是社会学从理论上对时代发展的回应。2012年,谢立中所著的《后社会学》一书则以多元话语的视角,深入考察和分析了后现代主义思潮对孔德以来的西方社会学理论所提出的挑战,对后现代主义思潮所蕴含的一种与现代主义社会学不同的、新的社会研究模式——后社会学进行了初步的描述和勾勒。与此同时,国内学者研究后现代主义者的著作也相继出版。如近几年所出版的严翅君、韩丹所著的《后现代理论家关键词》、张劲松研究鲍德里亚的著作《重释与批判——鲍德里亚的后现代理论研究》等书,为我们了解后现代主义与社会学的研究提供了资料。

对后现代主义从社会学层面进行探讨的除了上文提到的学者外,还有郑杭生、周晓虹、邹吉忠、张世平、潘泽泉、黄波、胡全柱、高宁等,他们对后现代主义社会理论的产生、研究的问题及其局限等进行了有意义的理论探讨。此外,还出现了一些以西方后现代主义思潮的一些基本观点和理论取向为借鉴,研究中国当前的"社会现实"的学者,代表人物主要有成伯清、佟新、方文、毕向阳等。

从当前国内外关于后现代主义的研究现状来看,从产生迄今,虽然后现代主义已经成为美学、伦理学和哲学的论述对象,但后现代主义作为一种社会科学的概念尚未引起足够的重视,后现代主义在社会科学领域的这种缺席已经日益引起人们的注意。拉什在《后现代主义:一种社会学的阐释》一文中认为,"后现代主义已经成为美学、伦理学、哲学的话语对象,但是它还未成为严肃的系统的分析对象,尤其是还未成为严肃的社会学分析对象"。[1] 美国学者斯蒂文·贝斯特、道格拉斯·凯尔纳也指出:事实上,所有后现代

---

[1] [美] 拉什:《后现代主义:一种社会学的阐释》,《国外社会科学文摘》2000年第1期。

理论中都存在着社会学概念上的缺陷。① 1994年弗雷德·达尔迈尔在评述戴维·R.肯迪斯与安德烈亚·方坦纳编著的《后现代主义与社会研究》一书时也认为,"到目前为止,论述后现代主义——或现代性与后现代性之间的紧张状态——的文献一直倾向于被限制在哲学、文学和艺术领域,只有很少的人尝试着探索这些问题与社会科学的相关性"。② 与西方社会科学领域对后现代主义的这种研究现状相似,国内学界对后现代主义的研究也更多的是从哲学和文学领域进行的,而从社会科学领域从事对后现代主义研究的比较欠缺。早在2003年,文军在其所撰的《后现代:一个概念的社会学考评》一文中就指出,在人文学科中对"后现代"的讨论较多,但在社会学领域尤其是在社会理论的构建方面则明显不足。③

为什么社会学领域关于后现代主义的研究较少?这或许与后现代主义的某些激进主张有关。由于后现代主义深入社会科学构成要素的核心,并从根本上予以消解,其所构成的结果对社会学而言是摧毁性的、颠覆性的。正如波林·罗斯诺认为的,"后现代主义像幽灵一样时常缠绕着当今的社会科学。在许多方面,几分可信几分荒诞的后现代方法对最近三十多年来的主流社会科学的基本假定及其研究成果提出了诘难。后现代主义提出的挑战似乎无穷无尽。它摈弃认识论的假说,驳斥方法论的出轨,抵制知识性的断言,模糊一切真理形式,消解任何政策建议"。④ "后现代主义的思想活动引发了激烈的争端……关涉我们的存在和人性的最深层领域的诸多问题正面临着危机,它们是:我们如何知道我们所知道的东西,我们

---

① [美]道格拉斯·凯尔纳、斯蒂文·贝斯特:《后现代理论——批判性的质疑》,张志斌译,中央编译出版社2004年版,第232页。
② [美]戴维·R.肯迪斯、安德烈亚·方坦纳编:《后现代主义与社会研究》,周晓亮等译,重庆出版社2006年版,第2页。
③ 文军:《后现代:一个概念的社会学考评》,《求索》2003年第2期。
④ [美]波林·罗斯诺:《后现代主义与社会科学》,张国清译,上海译文出版社1998年版,第1页。

如何考虑个人的努力和集体的渴望,进步究竟有没有意义以及应该如何求得进步,如此等等。后现代主义对因果性、决定论、平等主义、人道主义、自由民主、必然性、客观性、合理性、责任和真理都提出了责难。它对作为未来社会科学之深刻基础的诸多论题提出了异议。"①

此外,社会学被视为是现代性的伴生物,而后现代主义在深层根源上是基于现代性的危机而出现的。尼格尔·多德在《社会理论与现代性》一书的引言中关于现代性与后现代性之间的关系进行了深入细致的区分理解。在他看来,现代主义者和后现代主义者争论的焦点主要体现为两个系列问题:从社会理论方面理解,二者都体现为一种用来理解我们周围世界的相互联系的概念、范畴和解释模型;从一般术语而言,二者是两个互相冲突的规范工程,是两套有争议的思想和信念系统。后现代主义对现代性工程的抵制一般与他们对现代社会理论家所追求的理论目标、眼界和解释范围的抛弃关联。② 而社会学被视为肩负为现代性工程辩护的重任,所以,当后现代主义者认为现代性工程已经解体,因而用来描述这一社会的概念、范畴和解释方式也应该予以取缔时,其所提出的并不仅仅是要对这一学科进行解构后的重建,而是取消,这显然也是社会学深感无法在其理论框架内研究后现代主义的深层根源之一。

但回避问题并不意味着问题的取消,正如乔治·瑞泽尔在《后现代社会理论》一书中所指出的,在后现代的舞台上,很多令人关注的、重要的当代社会理论都深陷其中。社会学理论必须关注这一不断增长的理论实体。③ 正是在这样的背景下,许多学者从社会学、

---

① [美] 波林·罗斯诺:《后现代主义与社会科学》,张国清译,上海译文出版社1998年版,第2页。
② [英] 尼格尔·多德:《社会理论与现代性》,陶传进译,社会科学文献出版社2002年版,第1—9页。
③ [美] 乔治·瑞泽尔:《后现代社会理论》,北京大学出版社2004年影印本,第1页。

社会理论的角度对该问题做出了有益的尝试。本书也力图在学界从社会学的视角对后现代主义研究的基础上，通过系统整理社会学、哲学及其他学科已有的研究成果，厘清后现代主义的三种型态，即文化意义上的后现代主义、哲学意义上的后现代主义与社会理论意义上的后现代主义之间的关系，并通过分析社会学理论与社会理论之间的关系，尝试界定社会理论，从社会理论的本体论、认识论和方法论等层面阐述后现代主义所存在的社会理论维度，以推进对后现代社会理论的研究。

自从后现代主义产生以来，关于后现代主义消亡的呼声就已经出现。早在1975年的8月，就有媒体宣称"后现代主义已经死了"，"现在已经是后—后现代主义"的时代了。① 后现代主义是否正在没落？这种没落的迹象似乎表现在现在西方学界很少提及后现代主义的字眼，但如果仅仅根据是否有后现代主义这样的字眼来说明后现代主义是否正在消失，这种说法并不慎重。实际上，直至今天后现代主义仍然方兴未艾。2008年，美国芝加哥大学的艾恺教授在为南京大学师生所做的题为《后现代主义批判》的演讲中指出，"或许某些人会说后现代主义已经过了高潮，但它肯定还能持续一段时间，因为这20多年来，在意识形态、情感和专业上对后现代主义深信不疑并努力耕耘的人士已位居学界要津，包括学院院长、系所主管及基金会董事会的成员：他们所指导的硕士和博士研究生除了所谓"理论"以外所学有限（能教的也有限），这些学生辈也同他们的师长一样对后现代主义抱有深刻的认同。因此，在我看来，正是这一个既得利益结构保障未来后现代主义仍然会持续一段时间。尽管后现代主义在欧洲（它的发源地）早已成为过去时，但它在北美仍然蓬勃发展：在东亚，如今它正以星火燎原之势蔓延开来，方兴未艾，学术界正一窝蜂地追赶时髦，即认同并追求西方正

---

① ［英］迈克·费瑟斯通：《消费文化与后现代主义》，刘精明译，译林出版社2002年版，第1页。

流行的东西"。① 持有此观点的还有加拿大多伦多大学的教授琳达·哈琴，2012年3—5月，作为后现代主义的积极辩护者，哈琴在接受中国的学者陈后亮对她访谈中指出，后现代主义的身份不是非历史、非政治、玩弄拼贴游戏的文化大杂烩，而是通过解码和重新编码隐含在文学、文化以及历史文本中的话语—权力关系，揭露任何文化实践中都会存在的意识形态和权力再生产机制，以实现更积极的政治实践。在她看来，"后现代主义并未像有些人宣称的那样已然终结，而是进入了一个暂时可被称作'晚期后现代主义'的阶段，成为经典化和制度化了的反话语，被普遍接受并运用在当下的文化实践、艺术创作和教学研究之中"。② 罗斯诺认为，实际上，后现代主义不仅没有消失，反而正在成为人文科学领域研究的代名词。一些细致的研究更能揭示出后现代主义是否存在的状态。例如今天许多的社会科学研究实际上是在后现代主义的议程范围内进行的，许多大学的文学批评都暗含着一种后现代的、解构的方向，后现代主义所掀起的一些议题正在日益引起人们的注意。上述种种迹象表明，当下谈论后现代主义的消失为时尚早。③

本书力图采用史论结合的方法对后现代社会理论问题展开论述。全文由五部分共八章组成，第一部分为第一章，主要阐述后现代主义和社会理论两个基本概念；第二部分由第二章和第三章构成，分别阐述后现代社会理论转型的理论背景和现实社会背景；第三部分由第四章、第五章、第六章构成，是本书阐述的主体部分，主要从本体论、认识论和方法论层面论述后现代主义的社会理论维度；第四部分为第七章，通过理论联系实际说明这种研究对中国社

---

① ［美］艾恺：《后现代主义批判》，《南京大学学报》2008年第3期。
② Chen Hongliang, "Institutionalization of Postmodernism and New Trends in Postmodern Studies: An Interview with Professor Linda Hutcheon",《外国文学研究》2012年第5期。
③ ［美］波林·罗斯诺：《后现代主义与社会科学》，张国清译，上海译文出版社1998年版，第15页。

会建设的意义和启发。第五部分为第八章,对后现代社会理论予以反思。具体内容如下。

第一章主要阐明后现代主义和社会理论两个概念。后现代主义和社会理论是两个歧义纷呈的概念,阐明二者是进行后现代主义社会理论维度分析的前提。本章通过对社会学理论与社会理论概念的比较分析,指出社会理论与社会学理论是两个不同的概念。从时间上看,社会理论的出现早于社会学理论;从研究的领域看,社会学理论专指现代性出现以后的特定历史时期,而社会理论则包括有了人类以来关于社会领域的所有研究;从研究的目的来看,社会学理论肩负为现代性工程辩护的责任,而社会理论则在研究分析社会的同时还具有反思、批判社会的功能。通过分析,本章指出社会理论具有如下特征:社会理论是一种跨学科研究,具有综合性;社会理论具有反思性、批判性;从研究旨趣上看,社会理论体现了公共知识分子直面现实的人文情怀;社会理论倡导多元主义的方法论;社会理论注重另类、边缘性的议题。本章通过对学界关于后现代主义这一概念的考古式研究,指出后现代主义有三种样态:文化的后现代主义被理解为出现在文化领域(文学艺术和美学领域),指向当前时代的主流价值观和精神,以及特定的美学和文化倾向的文化思潮;作为一种哲学思维方式的后现代主义,体现为一种思想风格,致力于传统哲学的批判和瓦解,要求彻底摆脱西方哲学创建以来的形而上学传统,体现了一种不畏权威、彻底反思和批判的精神;作为一种社会理论的后现代主义探讨的是当代西方社会文化变迁过程中后现代主义的形成,它的出现契机是社会学理论的危机,深层根源是现代性的危机,揭示的是后现代社会的来临。

第二章主要阐述后现代社会理论取代社会学理论的理论背景。后现代主义对社会科学的挑战并不是偶然的,其之兴起被视为是与社会剧变、文化嬗变、政治变革、核心价值的深层次哲学争论与学术危机同时发生的,甚至就是对它们的反应。① 作为一种思潮,后现代主义并不是空穴来风,而是有其理论先驱的。尼采、海德格尔和巴塔耶分别从不同的层面对现代性的问题予以分析和批判,体现了后现代主义的致思之路,在某种意义上,他们影响或决定了其后后现代主义者的思路方式,构成了后现代主义社会理论形成的路径。而后现代社会理论则是在与社会学理论的交锋中形成的,社会学的危机是后现代社会理论兴起的学术背景。社会学的危机主要体现为社会学为自己规定的任务和为完成任务而建立的方法论。社会学的任务有两方面的内容:一方面是规范自己形成一门独立的、具有合法性地位的学科;另一方面,社会学的逻辑研究起点是现代性,社会学肩负着为现代性工程论证的任务。但社会学发展的历史证明,社会学在这两个任务的完成上都遇到了问题。从学科任务上看,社会学发展迄今在研究对象、研究方法和理论任务上都面临了困难,在创建伊始就出现了实证主义、人文主义和批判主义的三大传统,这说明社会学尚未形成统一的规范学科,面临的是理论整合的困境,造成社会学理论在整合上出现困境的原因在于社会学体现的是主客二元对立的思维方式;具有过度宣扬理性的倾向;受科学主义的影响,忽视二者之间的差别,仿效自然科学来建立社会学;在研究上具有形而上学的特点。社会学的危机还体现在它为之论证的现代性工程在实践上遇到了危机。"现代性是社会学研究的逻辑起点",从为现代性工程论证的任务看,现代性的危机表征了社会学在规划设计上的危机。现代性是作为能够把人类从愚昧和非理性状况中解脱出来的进步力量而登上历史舞台的,但在实现现代性计划的过程中,其自身却成为消极、压迫、压制之源、异化之本,对这一危机的论述早在社会学创建人那里就已出现:韦伯认为伴随着世界的祛魅,出现了价值的缺失、精神家园的失落,这一切都与理

---

① [美]波林·罗斯诺:《后现代主义与社会科学》,张国清译,上海译文出版社1998年版,第9页。

性化过程相关，但人却无法走出自己制造的"铁囚笼"；西美尔通过对大都市人们的日常生活研究，分析了由于主体文化和客体文化的分离而出现的文化悲剧，是从文化的角度对现代性危机的体认；马尔库塞继孔德、迪尔凯姆对社会病理学的分析之后，指出社会批判理论失去了其现实基础，因为当前社会是一种病态社会——单向度的社会，处在这一社会的人是单向度的人。在这一系列的批判背后揭示的是现代性的危机早在其出现的时候就已经孕育了，危机在某一方面就是现代性的成果，随着现代性危机的出现，人们对现代性的信念也逐渐坍塌。

第三章重在分析后现代社会理论兴起的现实背景，即后现代社会的到来。社会存在决定社会意识，分析后现代主义的社会理论维度就是要揭示出决定后现代主义这一社会意识的社会存在，即后现代社会或后现代趋势。目前虽然关于是否有一个后现代社会的观点尚没有达成一致，但不同的学者都指认当前的社会迥异于以往的传统社会。戴维·哈维从时空视角探讨后现代的状况，詹姆逊、丹尼尔·贝尔名之为"后工业社会"或"晚期资本主义"，吉登斯认为是"全球化社会"，贝克认为是"风险社会"，鲍德里亚认为是"消费社会"，等等。上述学者对当前社会不同层面的描述说明当前社会已经发生了深刻的社会变迁，而这也是社会学危机出现的深层根源。

第四章、第五章、第六章从本体论、认识论和方法论三个层面论证了后现代主义社会理论维度的存在。随着"社会"这一范畴文化性质的增强，传统社会学的二元论、客观论范式受到了质疑，社会学关于社会实体化的思维方式以及由此形成的关于社会学研究对象、研究方法和研究任务的理解，日益暴露出其局限性。后现代社会理论从深层对上述问题进行了重述，正是在反思、批判传统社会学的本体论、认识论、方法论和任务的局限时，后现代主义体现了其社会理论的维度。与社会学相反，后现代主义在对社会的研究上持有的是否定本体的本体论，体现在詹姆逊、福柯、鲍德里亚等人的思想观点中就是这些学者很少谈及社会的本源、本质等问题,而更多的是关注社会的文化转向,关注社会的微观、边缘性领域,以及对社会所具有的符码性质的关注。在认识论上后现代主义持有的是建构主义的立场,通过对理性主体的质疑和消解,对认识的客体—社会范畴—文化性质的强调,通过对社会学以之为范本的科学形象的解构,把追求客观真理的过程作为一种多元视角下解释和构建的过程。没有所谓的真理、客观性,知识都是生成的,是被建构起来的。在方法论上受语言学转向的影响,后现代主义对社会的分析和研究形成了话语分析的模式,其运思方式表现为话语理论,主要有福柯、德里达等人的话语分析理论以及在这一解构的背景下出现的女性意识的觉醒,女性身份的建构与解构问题。

第七章主要阐述对后现代主义及其社会理论维度的分析对中国的社会建设所具有的启发和警示意义:首先,对风险社会的分析,能够使得中国在社会管理和建设的过程中关注其伦理价值维度,避免出现西方社会已然出现的风险社会,从而更好地规避风险,实现社会管理的职能;其次,与社会学过于宣扬理性相反,后现代主义凸显了人文关怀的向度,对中国教育界的启示就是改变教育的工具理性价值,以人的生活为根本立足点,关注现实生活中的人和人的现实生活,实现教育的生活世界转向;最后,与西方相比,中国具有博大精深的传统文化资源,这些资源能够为我们超越现代性的困境提供可行之路。

第八章对后现代社会理论进行反思,指出在其批判现代社会学理论之后本身也遇到了一系列的问题,主要表现在,严格意义上的后现代社会理论范式尚未形成,后现代社会理论尚未具备统一的理论形态;在消解理性、否定主体、反对科学、宣告真理不复存在之后,无法解决由此带来的怀疑主义与虚无主义问题。尤尔根·哈贝马斯坚持现代性的立场,从外围与后现代主义者进行论战,力图重建现代性,而以大卫·格里芬等为代表的建设性的后现代主义者则从后现代阵营内部对激进的后现代主义的观点进行了回应。

第一章 概念辨析

探讨后现代主义的社会理论维度，首先需要澄清的两个概念就是何谓社会理论？何谓后现代主义？"社会理论"这个名称被认为可以覆盖大多数社会科学所涉及的领域，思想来源丰富多样，命名形态和内容各异。不仅社会理论的起源问题一直存在争议，而且至今它还没有形成相对统一的理论形态。[①] 后现代主义则被认为或许是人类有史以来最复杂、分支最多的一种思潮。学界不仅对后现代主义本身的理解不尽相同、众说纷纭，而且被归属于理论阵营内部的诸多观点有时甚至截然相反，被公认为标准后现代主义者的学者则拒不承认自身被贴的后现代主义标签。在这种状况下，说明后现代主义和社会理论的含义，即如何在梳理不同学者关于后现代主义和社会理论诸种理解的基础上，提出本书所理解的后现代主义和社会理论是进行后现代主义社会理论维度分析的前提。

第一节 社会理论概念辨析

在学界，虽然社会理论正在日益成为一个大家所熟悉的概念，但熟知并不等于真知，关于社会理论的内涵学界并没有形成统一的认识，以往学界关于社会理论的论述很多都是在拿来就用，不

[①] 吴畏：《社会理论与社会科学哲学》，《华中科技大学学报》（社会科学版）2008年第1期。

加说明的情况下进行的。即使有些学者意识到了社会学理论与社会理论之间存在区别，但这种区别何在并没有得到深究，基本上在所有学者那里，社会理论与社会学理论二者之间的关系并没有得到厘清，在很多情况下，二者要么被相提并论，要么在使用过程中一方被另一方悄悄取代了，社会学理论和社会理论成为了两个通用的概念。① 实际上，社会学理论虽然和社会理论都是在现代性的背景下促生的，并且二者常常杂糅在一起，但二者之间存在着一定的张力，如何对二者划界对理解社会理论具有非常重要的意义。

一 社会理论概念辨析

(一) 学界观点

国内著名学者刘小枫在《二十世纪西方社会理论论文选》的编者前言中曾经指出，"社会理论"不是天经地义或古已有之的学问或知识，所以，弄清"社会理论"的实质及其来龙去脉，不仅有必要，而且是当务之急。他所提出的现代学在某种意义上即社会理论，或者用他自己的话来说，"现代学标明的是一种社会理论的品质"，"在现存的学科制度中，社会学只是社会科学诸经验性学科之一，往往并不具有现代性问题关怀。现代学与社会学的区分根据因此在于，前者并不是社会科学中的诸经验学科之一"。② 在刘小枫这里，社会学理论与现代学（社会理论）是两个不同的概念，"社会理论的形成是与现代现象及其现代性问题纠结在一起的。一方

---

① 学者吴康宁在《"社会理论"的兴起对教育社会学意味着什么》（《教育研究与实验》2010年第4期）一文中对社会学理论和社会理论的区分做出了有益的尝试，但更多的学者对这两个概念的使用是在没有区分的情况下进行的，参见庞立升《现代性社会理论：经典传统及发展逻辑》（《东北师范大学学报》（哲学社会科学版）2013年第3期）；李猛《"社会"的构成：自然法与现代社会理论的基础》（《中国社会科学》2012年第10期）等。

② 刘小枫：《现代性理论绪论》，上海三联书店1998年版，第6页。

面，社会理论与社会学（作为一门经验科学）的决定性差异在于，前者是关于现代性问题的思想性学术"。① 2003 年，学者夏光在其所著的《后结构主义思潮与后现代社会理论》一书中着手探讨后现代社会理论，但由于后现代话语的跨学科性以及内容的纷繁复杂，所以夏光并没有给后现代社会理论下一个实质性的定义，而只是从外延上对后现代社会理论的研究内容进行了分析，突出了后现代社会理论的反思性。这种反思包括从后现代的角度对现代性，尤其是社会现代化的反思；从后现代的角度对后现代性的反思；从后现代的角度对西方文明的反思；从现代的角度对后现代性的反思以及女性主义理论。此外，尤尔根·哈贝马斯、吉登斯等游离在现代与后现代、现代性与后现代性之间的理论家们的理论也应该包括在内。②

比较明晰探索社会理论概念的是国内学者苏国勋。苏老在细致分析社会哲学和社会学的关系的基础上，把社会理论等同于社会哲学。但这种社会哲学并不是对社会学的排斥。在他看来社会哲学研究的是思想对行动的关系，这种研究既包括社会科学的说明的逻辑问题，也包括人文现象的意义的理解问题，具体而言主要涉及以下内容：社会科学和人文学科的地位及其与自然科学逻辑的关系；社会领域中规律、趋势和概化的本质；对人的行动与自然客体和事件的区分和解释；各种社会制度的特征和形式；社会未来前景和理想社会的评价等。从此意义看，社会哲学问题亦即社会科学和人文科学中的一般理论问题，其内容具有对社会现象按照哲学观点进行再思考的性质。社会学作为一门从哲学中脱胎而出的综合性社会科学，致力于一种不同于哲学和其他各门社会科学的角度，从对人的活动、互动与群体生活及其社会结构的关系入手，对各种社会现象予以研究。就二者的关系而言，一方面社会哲学为社会研究提供前

---

① 刘小枫：《现代性理论绪论》，上海三联书店 1998 年版，第 2 页。
② 夏光：《后结构主义思潮与后现代社会理论》，社会科学文献出版社 2003 年版，第 27—30 页。

提预设和立论根据,离开了这种前提预设和立论根据社会研究就无法得以开展;另一方面,社会学为社会哲学或社会理论提供活生生的素材和丰富的养料。正如苏国勋在《社会理论与当代现实》一书中所指出的,凡是被视为社会理论的著作,其哲学内容与社会学内容都是紧密交织的,其关系是相辅相成的。社会哲学在理论预设上引导社会学的研究,社会学反过来在内容上不断充实和丰富社会哲学理论。[1]

与中国对社会理论的研究滞后相反,西方关于研究社会理论的论文集已经有多部出版,国内翻译成中文版本的主要有布赖恩·特纳编辑的《社会理论指南》已经发行了第二版,2000年乔治·瑞泽尔主编的《布莱克维尔社会理论家指南》,2006年英国吉拉德·德郎蒂主编的《当代欧洲社会理论指南》。上述大部头的编纂为我们了解西方社会理论的研究进展提供了便利条件,其所列举的关于社会理论的思想观点更是纷繁多元、异彩纷呈,究其根源是因为社会理论本身就是跨学科、超理论的综合体。

综观西方学界关于社会理论的研究,在社会理论的界定上,正如布赖恩·特纳所认为的,"社会理论涵括了有关现代社会中社会范畴的性质的总体上的关注。因此,《指南》所提供的是对最广泛意义上的社会理论的一般性引介,涵盖了政治理论、社会学、女性主义和文化分析"。[2]而社会理论的这种碎片化则被视为表征了我们当前所处世界的危机和文化病症。华格纳认为"社会学可以被看作是一门悬在研究和应用中间的科学,或者一门旨在'为知识而知识'的文科学科,或者一种集中在社会界发展新知识地盘的'运动'。但是,不管我们赞成哪种立场,都不能得出一个必然的结论,即这门学科倾向于建立'(经验和理论)知识的统一体'。社会学

---

[1] 苏国勋:《社会理论与当代现实》,北京大学出版社2005年版,第5—6页。
[2] [英]布赖恩·特纳:《社会理论指南》,李康译,上海人民出版社2003年版,第1页。

家可以指望他们的学科应当成为这样一个统一体，其中所有专门领域在逻辑上构成整体，在体系上相互联系，并且在一般理论的广泛旗帜下统一起来。然而，直到现在，美国社会学的实际发展显然是同这种期望背道而驰的"。① 吉登斯认为，"社会学知识体系与社会理论并不是一致的，后者比前者要宽泛得多，它涉及人类行为、社会制度及其相互联系的所有领域。但是社会学的主要研究领域是现代性出现以来所产生的社会世界（the social world），其与社会理论有着特殊的关系"。② 在吉登斯看来，

"社会理论"虽然包括对涉及哲学的论题的研究，但它却并不主要是一种哲学的探索。如果社会科学的实践者们不直接引入哲学问题，那么社会科学将丧失自己的方向。然而，我们固然要求社会科学家对哲学论题保持敏锐的关注，但这并不等于说将社会科学托付给或许会声称它本质上是纯思辨而非经验性事业的兖兖诸公。社会理论的任务之一，就是对人的社会活动和具有能动作用的行动者的性质作出理论概括，这些都有助于经验研究。就主要的关注点而言，社会理论与广义上的社会科学一样，都是阐明社会生活的具体过程。③

英国的麦克·甘恩在《法国社会理论》一书中认为，如果把文学理论和文化理论，直至社会学（以及各门社会科学）视为一端，把以社会本体论、认识论和伦理学为取向的哲学类型视为另一端的话，社会理论就是居于这两端之间地带上的一种相当独特的思想，

---

① [美] 华格纳：《社会学理论的类型：导向一个分类体系》，《现代外国哲学社会科学文摘》1964 年第 1 期。

② Giddens A., Turner J. ed., *Social Theory Today*, California: Stanford University Press, 1987, p. 1.

③ [英] 安东尼·吉登斯：《社会的构成》，李康、李猛译，生活·读书·新知三联书店 1998 年版，第 36 页。

由于它不同于上述两者,所以可以把它称之为"第三文化"或"第三知识体系"。① 在甘恩看来,社会理论的主线实际上是圣西门主义者在1815—1830年思想主题的变体。从1800年以来,社会理论经过了三轮周期:第一阶段是从1800—1879年的政治动荡时期,即法国的第二帝国覆灭的时期;第二阶段是从1880—1940年的法国第三共和国时期;第三阶段则是从1941年迄今。他试图通过对上述阶段的区分,指出法国社会理论传统的传承,但法国今天的理论家并不认可所谓"法国社会理论"的存在。

而在芭芭拉·亚当和约斯特·房·龙那里,社会理论是涵括社会学理论的,从其表述可以看出,经典社会学理论家的社会学思想观点隶属于社会理论,由孔德、马克思和韦伯所开创的三大传统社会学观点分别被用社会工程学、政治动员和意义赋予予以指代。

  社会理论的传统角色有以下三种:
  第一种,社会工程学:通过功能主义的视角来协助完成对秩序、控制和规制的社会建构。
  第二种,政治动员:通过马克思主义、批判理论和女权主义理论来建立批评和解放的基础。
  第三种,意义赋予:通过解释的角度来促进人们理解怎样才能达到社会——文化的可理解性。②

但由于这三者在历史的发展上处于相互竞争、相互独立的状态,从而形成了各自为政的问题、方法和知识积累,而忽略了彼此之间的相互依赖关系,其所造成的局限是这三种传统仅凭自身无法得出任何东西,因为现实生活中三者是不可能以"纯粹形式"出现

---

① [英]麦克·甘恩:《法国社会理论》,李康译,北京大学出版社2011年版,第5页。
② [英]芭芭拉·亚当、乌尔里希·贝克、约斯特·房·龙:《风险社会及其超越》,赵延东等译,北京出版社2005年版,第13页。

的，即"不包含某种形式的意义赋予的社会工程学明显是不可能的；意义赋予是政治动员的一种形式，而任何形式的社会动员都暗含着社会工程学"[1]。

吉拉德·德郎蒂认为与社会学理论相对而言，社会理论体现为一种跨学科的社会学，或者说是一种后学科的社会学。[2] 而彼得·瓦格纳认为，社会理论的所有基本思路都可以视为在确认人类自由之后应对偶变性问题的方式，把握社会理论的关键在于分析社会范畴与政治范畴的分离，社会科学是一种借助于哲学之外的手段对政治议题所进行的解答。[3] 关于社会理论的任务和目标，学界的态度常常是含糊不清的。帕特里克·贝尔特认为，社会理论在社会科学中扮演了举足轻重的角色，表现在社会理论的争论由最初的社会学领域，逐渐延伸到社会科学的其他领域中去了。虽然大家都肯定社会理论在当前殊为重要，但关于社会理论能够做些什么，应该实现的目标是什么，尤其相较于其他各门社会科学，社会理论可提供的东西有哪些，大家都是不清楚的。但毋庸置疑，社会理论在目前已经成功充当了社会科学与人文科学的思想推进器和催化剂，成为思想争论的主要载体。[4] 在社会理论与其他概念的区分上，在不同的地域，社会理论对应的称呼不同。在北美，社会理论指的是更加具体界定的社会学；而在英国，大卫·英格利斯认为，英国的社会理论虽然大多在社会学范围之外，但与北美不同的是，英国的社会理论大部分与社会学有牢固的关联；德国现代的社会理论与哲学人类学的渊源颇深；西班牙的社会理论具有很深的哲学根基；法国的社会理论则具有迪尔凯

---

[1] [英] 芭芭拉·亚当、乌尔里希·贝克、约斯特·房·龙：《风险社会及其超越》，赵延东等译，北京出版社2005年版，第13—14页。

[2] [英] 吉拉德·德朗蒂：《当代欧洲社会理论指南》，李康译，上海人民出版社2009年版，第2页。

[3] 同上书，第42—49页。

[4] 同上书，第29—30页。

姆的烙印，它与哲学是一种决绝的关系。总体而言，社会理论具有一种跨学科的特定风格，涉及领域广泛，虽然具有深厚的哲学基础，但更多的是受社会学家的强烈主导。[①]

上述学界关于社会理论的观点，虽然已经认识到社会学理论与社会理论之间的不同，但更多的是从社会学理论与社会理论之间的联系来讲的，如大多学者都认为社会学理论是社会理论的重要组成部分，进入后现代社会后，在后现代主义的挑战下，将会出现社会学理论的后现代转向等观点。而在笔者看来，在某种意义上，社会理论不是新时代背景下社会学理论的转型，恰恰相反，社会理论是在反思、批判甚或否定社会学理论的基础上而彰显自己的，后现代社会理论更是基于社会学理论的危机而出现的。正是在形成这种认识的基础上，本书力图从社会学理论危机的角度来探讨后现代主义的社会理论维度。

（二）社会理论与社会学理论

"直到如今，社会理论的名称仍然多样且含混：'社会哲学'、'社会学'、'社会思想'……无论叫做什么，二十世纪总归是所谓'社会理论'的世纪……"[②] 刘小枫的这一论述说明了社会理论与其他几个概念区分上的困难，而和社会理论尤其相近的是社会学，正如我们前文所指出的，一般而言，社会学理论被视为社会理论的重要组成部分，所以大家常常用"社会学理论或社会理论""社会学理论和社会理论"等表述二者，这隐隐释放了这样一种信息：二者之间虽有不同，但更重要的是联系。而如果二者之间如学界所言是一种"或"或"和"的关系，社会理论是否包含社会学理论，如果包含的话，整体是如何实现对其自身一部分的反思、批判甚或否定的，尤其这种反思和批判在后现代主义出现后

---

① ［英］吉拉德·德朗蒂：《当代欧洲社会理论指南》，李康译，上海人民出版社2009年版，第2—5页。

② 苏国勋、刘小枫：《社会理论的诸理论》，华东师范大学出版社2005年版，第2页。

是以一种否定前提假设、质疑社会学任务、研究对象和研究方法等颠覆的方式进行的？如果二者是不包含的关系的话，这种社会学是什么意义上的社会学？刘小枫认为，关于这一问题的论述关涉如何理解社会学。

何谓社会学？这是一个自社会学创建以来延至今日仍未得到妥善解决的问题，早在迪尔凯姆写作《社会学方法的规则》一书时，为社会学跻身学科体制内以拥有一席之地的工作就已经开始。西美尔认为，"探索社会学这门学科的任务，首先的困难在于它要求作为一门科学应该有（社会学）这个名称，是名正言顺的，但是，这个要求绝不是毫无争议的，而且即使容许它冠以这个称号的地方，关于它的内容和目的，也是众说纷纭，意见相互矛盾和含糊不清"。[①] 社会学要与其他学科相区别，取决于下面两个问题的解决：一是形成了本学科的研究对象；二是围绕该学科研究对象，形成了科学有效的方法。根据对象的种属关系来界定一门学科与其他学科的边界与性质，是国际学界通常使用的方式。社会学以社会为研究对象，但其他学科如经济学、政治学也研究社会，现实中会存在一个剔除了政治、经济、文化因素的纯粹社会吗？答案显然是否定的。[②] 而就不同的社会学家来看，其所理解的社会亦有不同。迪尔凯姆认为，社会学的研究对象是可以经验到的事实，应该把社会的客观实在性作为社会学的根本出发点，韦伯则把社会行动视为社会学的研究对象，而马克思则致力于通过对人类生活的实践的分析研究，建设一门批判型的社会学，因此，单纯以研究对象来界定社会学显然行不通。而从社会学的认识论、方法论来看，在社会学发展的历史上形成了两种并且只有两种立场，即实证主义与解释学，而这两者在很大程度上是不可通约的。由于在研究对象和研究方法上

---

① ［德］西美尔：《社会是如何可能的》，林荣远编译，广西师范大学出版社2002年版，第1页。

② 肖瑛：《回到"社会"的社会学》，《社会》2006年第5期。

的歧异，所以社会学创建以来致力于理论综合的努力并没有取得预期的成效。古尔德纳基于社会学的这种研究现状，在其著作《正在到来的西方社会学危机》一书中，发出了"社会学的危机"的警示，并引起了众多学界知识分子的担忧。S. 塞德曼认为走出危机的途径在于终结传统的社会学理论，从后现代主义的立场出发，在对社会学理论进行批判的同时，也批判带有道德内容和政治意识形态的社会理论。① 在这里，塞德曼所谈及的社会理论是与社会学理论根本不同的两个概念，正是因为二者有本质不同，所以社会理论才可以作为终结社会学理论走出危机的出路。

与学界的一般观点不同，本书更多的是着眼于二者之间的差异，并尝试在分析这种差异的基础上说明社会理论，即本书有关社会理论的阐述是在社会学理论的参照系里进行的，社会学理论危机之后的后现代社会理论不是社会学理论的后现代转向。关于这一论点在刘小枫与吴伯凡的《关于〈现代性社会理论绪论〉的对谈》中也有涉及。刘小枫所理解的社会理论是建立在与社会学区别基础之上的，在他看来，"社会理论应该是关于现代现象的思想行动，这种思想行动由具体的社会科学和人文科学各个学科的理论研究来支撑，但他自身不是其中的某一学科（如社会学）"。② 国内学者邹吉忠认为，社会理论概念介于社会（历史）哲学和作为实证科学的社会学之间，它既不像社会历史哲学那样是演绎性理论体系，又不像社会学那样是实证的经验科学，它是以社会（历史）哲学为前提、以实证社会学为基础的理论社会学。③ 社会学理论不等同于社会理论的另外一个明证，就是"那些在后现代主义运动中有影响的人物在专业训练和学术活动上大部分都没有社会学或社会理论背景

---

① Steven Seidman, *The Postmodern Turn: New Perspectives on Social Theory*, Cambridge: Cambridge University Press, 1994, pp. 119-137.

② 刘小枫、吴伯凡：《关于〈现代性社会理论绪论〉的对谈》（http://www.islambook.net/xueshu/list.asp? id=1829）。

③ 邹吉忠：《后现代主义社会理论初探》，《浙江学刊》2000年第3期。

（鲍德里亚和巴特是重要的例外），而一些有社会学或社会理论背景的学者（如吉登斯和尤尔根·哈贝马斯）在涉足后现代性的时候又否认后现代性的存在或拒斥后现代社会理论"。[1] 英国社会学家帕特里克·贝尔特认为，"社会理论是对社会世界的作用的相对系统的、抽象的、一般的反思"，[2] 在贝尔特看来，社会理论的抽象性质与经验社会学的实践取向有着明显的区别，所以不管社会理论是否以经验为基础，创立理论都会是社会理论家的首要目的。贝尔特所理解的社会理论是与社会学有着截然区别的，在他看来，就二者的关系来说，社会理论对在19世纪进程中作为独立的学科的社会学的出现具有十分重要的意义。这意味着在贝尔特那里，社会理论从时间上来说早于社会学，从研究范围上来看，社会理论探讨的是旨在跨越不同时期与不同社会涉及社会诸多领域的问题，而非如社会学那样仅仅探讨一个特殊社会的问题，就如吉登斯所明确指出的，现代社会问题。此外，与社会学极力撇清与哲学之间的关系，凸显其实证主义的精神不同，社会理论被认为与社会科学哲学之间有着非常密切的关系，因为，"任何有关社会世界的建立都依赖于某些绝对的哲学假定，例如，关于社会与自然界有差异的假定、因果关系的假定"。[3] 而与19世纪的社会学着力强调实证主义的精神不同的是，20世纪大部分的社会理论除了理性选择理论外，都非常明显地远离实证主义的社会科学观念。[4]

综合学界以上研究，本书认为的社会理论指的是以经验为导向，以解释社会性质为目的，以人类行为、社会制度及其相互联系的所有领域为研究对象，融合多种学科成分发展而形成的一种跨学

---

[1] 夏光：《后结构主义思潮与后现代社会理论》，社会科学文献出版社2003年版，第25页。

[2] ［英］帕特里克·贝尔特：《二十世纪的社会理论》，瞿铁鹏译，上海译文出版社2005年版，第1页。

[3] 同上书，第3页。

[4] 同上。

科、反思性理论。后现代社会理论则是指从后现代主义的立场和观点出发，对后现代性予以解释的综合性、反思性理论。用后现代主义的观点对后现代社会的解释，既包括通过后现代主义的立场和视角对现代性进行考察、质疑的理论探讨，也包括从现代性的角度，反思、批判后现代性的相关理论。随着科学技术的发展，我们当前的社会越来越成为一个信息化、全球化的社会，计算机和通信技术的发展、新知识形式以及社会经济制度等的变革，深深改变了我们当前的生产和生活方式，说明我们目前所处的世界是一个新的后现代社会。面对已经发生了深刻变化的崭新社会，以往的概念和理论已经无法再继续适用，我们必须创生新的概念和理论去阐述和解释当前的社会。后现代社会理论正是基于这种现实需要而出现的新的社会理论。

二　社会理论的特征

（一）社会理论是一种跨学科研究，具有综合性

社会学的任务，是"建立一个一般而抽象的社会理论，以解释社会生活和社会问题，造福于潜在的社会利益，或者是为了达到解放他人和自我解放的人道主义的目标"。[①] 但社会学的现状却是五彩缤纷的，人们不仅在关于社会学的起源上有不同看法，在社会学的身份归属上也会提出疑问，至于如何理解"科学"的含义，更是形成了多种解释。如此，对当代社会学进行分类而不讲它的统一性就成了理所当然的事情。社会学内部存在分歧，如何理解这种分歧的存在？正如华格纳所指出的，"以往对社会学理论进行分类的企图反映了这门学科令人困惑的多样性"。早在1963年华格纳就认为，社会学家所从事的理论研究尚未在一个一般理论的广泛旗帜下统一起来，由于现代理论家的著作能否构成

---

① ［美］艾伦·韦尔斯：《当代社会学理论流派》，《国外社会科学文摘》1980年第3期。

一个系统理论的连贯主体尚不确定，也由于缺乏一种统一的理论来有效地综合全部或大部分的现存社会知识，所以社会学被视为是"一门悬在研究和应用中间的科学，或者一门旨在'为知识而知识'的文科学科，或者一种集中在社会界发展新知识地盘的'运动'。但是，不管我们赞成哪种立场，都不能得出一个必然的结论，即这门学科倾向于建立'（经验和理论）知识的统一体'。社会学家可以指望他们的学科应当成为这样一个统一体，其中所有专门领域在逻辑上构成整体，在体系上相互联系，并且在一般理论的广泛旗帜下统一起来"。① 但华格纳同时又不无遗憾的认为，直到现在，美国社会学的实际发展并没有达到这种预期，恰恰相反，其发展是同这种期望背道而驰的。

在这样的背景下，社会学在创建伊始就致力于学科的独立地位，不断进行"专业化的努力"。从学科归类上来讲，社会学是学科体制化的产物。谋求学科的独立地位、进行学科的"专业化努力"，是社会学在创建伊始就具有的重任，但这种专业化努力在促进社会学谋求自身合法化获得独立学科地位的同时，也为其未来的发展设置了藩篱。传统观念认为，知识分化是促进知识进步的必要条件，学科专业化是促进知识进步的重要手段，但随着学科专业化程度的提高，各个学科之间形成了明晰的疆界，各自封闭，互不关联。这种相互割裂的知识研究现状在面对当代社会一系列问题，譬如环境保护问题、种族问题、人类身心健康问题以及社会发展等问题时，常常陷于无法单靠某一学科就予以解决的窘地，跨学科研究的重要性逐渐被大家所认识。正是在进行跨学科研究的过程中，"人们发现了许多在单一学科中不可能发现或提出的问题、方法、技术和理论，这在客观上刺激了人们进一步从学科综合的角度来考虑一些原来在单一学科知识框架内没有能够得到解决的问题，跨学

---

① ［美］华格纳：《社会学理论的类型：导向一个分类体系》，《现代外国哲学社会科学文摘》1964 年第 1 期。

科的综合性研究逐渐成为促进知识进步的基本方式"。①

芭芭拉·亚当和约斯特·房·龙认为，"以社会学为例，它存在的基础就是要和其他的学术领域（如心理学、历史学和自然科学等）在研究主题上（但并非在方法论上）明确而严格地划清界限"。② 而社会理论则体现为一种学科边界的互相渗透，二人还指出，"贝克认为在'风险社会'中这类划界纯属笑谈：如果构成当今存在的不可分割的部分的危险在时间上和空间上已不再有边界，那么相应地，对它们的理解以及将其转译为风险的分析也必须同样是'无边界'的"。③ 在他们看来，由于社会中所存在的风险或问题是跨学科的，负有理解这一社会现实和问题的理论也应该是跨学科边界的。与社会学谋求学科地位的"专业化努力"相反，社会理论不以归属任何学科为旨归。社会理论所包含的范围应该更为广泛，"除了帮助人们更好地理解自己所处的这个世界之外，它是否还应更为雄心勃勃地把这些理解与政治的、伦理的以及情境化道德的领域联系起来？它是否也可以涉及那些结合了理论与实际的实践问题"？④ 这些疑问句的提出，是对社会理论跨越学科的界限乃至跨越理论与实践之间界限的期望。所以芭芭拉·亚当和约斯特·房·龙指出，"有必要跨越各种知识的学科边界，并将注意力集中于知识—实践的'无边界'本性，这些知识—实践可以是科学的、媒介的，也可以是智能感知的、商业的"。⑤ 而后现代主义的一些主张，"后现代主义者怀疑在自然科学、人文科学、社会科学、艺术和文学之间，在文化与生活之间，在小说与理论之间，在想象与现实之间，以及在人类所从事的几乎每一个领域中，存在着严格

---

① 石中英：《知识转型与教育改革》，教育科学出版社 2001 年版，第 197 页。
② [英] 芭芭拉·亚当、乌尔里希·贝克、约斯特·房·龙：《风险社会及其超越》，赵延东等译，北京出版社 2005 年版，第 8 页。
③ 同上。
④ 同上书，第 2 页。
⑤ 同上。

的学科划界的可能性",① 实际上与社会理论是契合的。正如国内学者苏国勋明确指出的,"社会理论广义上关系到与人类行为有关的各门社会科学和人文学科,内容上则涵盖和跨越社会学和社会哲学,而不专属某一学科领域"。② 这体现了社会理论打破学科限制进行综合性研究的特点。在《释义学与社会理论》一文中,吉登斯对自己为什么在其讨论的大部分内容中选用了"社会理论"一词,而非"社会学理论"进行了解释。在他看来,"'社会理论'可以弥补社会科学。它是一种所有的学科都在研究的人的行为所共同具有的理论体系,因此,社会理论不仅研究社会学,而且还研究人类学、经济学、政治学、人口地理学和心理学,直至包括整个社会科学领域"。③ 而在《当代西方社会理论》中,吉登斯再次重申,"我们并不把社会理论视为任何一门学科的专有领地,因为关于社会生活和人类行动的文化产物的问题是跨越社会科学和人文学科的"。④ 如乔治·瑞泽尔直接指出的,"现代社会理论的一个定义性特征就是:它是跨学科的"。⑤ 也正是在这样的意义上,西美尔虽然生于1958年身居社会学初创的阶段,但由于其所阐发的思想观点仍可被视为后现代社会理论的先驱。正如《货币哲学》的译者陈戎女所指出的,"《货币哲学》一书出现伊始就带给学术界很大的迷惑和震撼,迷惑是因为学界不清楚应该把它归为哲学类、社会学类、还是经济类,震撼是由于韦伯等名家对此书尤为重视,据说他在书中发

---

① [美]波林·罗斯诺:《后现代主义与社会科学》,张国清译,上海译文出版社1998年版,第6页。

② 苏国勋:《社会理论译丛》,转引自詹姆斯·博曼《社会科学的新哲学》,上海人民出版社2006年版,第1页。

③ [英]安东尼·吉登斯:《释义学与社会理论》,《现代外国哲学社会科学文摘》1988年第12期。

④ Giddens A., Turner J. ed., *Social Theory Today*, California: Stanford University Press, 1987, p.1.

⑤ [美]乔治·瑞泽尔:《后现代社会理论》,北京大学出版社2004年版,第1页。

现了一种精辟的货币—文化学说,在西美尔之前,尚未有人对货币这一经济—社会现象作如此透辟的文化现代性解说"。①《货币哲学》名为哲学,但实际上如果按照社会科学的分类归属的话,其所采用的方法是形而上学的,其所涉及的内容是经济学的,其所论述的人与人之间的关系则又应该是社会学的,讨论的虽然是与金钱有关的经济现象,却又不止于经济现象,用西美尔本人言称的,"本书的这些考察没有一行字涉及经济学问题"。造成对《货币哲学》定位、归属的困难所在,恰恰在于其是一部社会理论著作,而非社会学著作或者经济学著作抑或哲学著作,也正是在这一意义上,西美尔被视为社会理论的先驱自然也就无所歧义。

由于研究范围的差异,即社会理论涵括了各门社会科学所共同关注的那些论题,而"社会学"则只关注"发达的"的现代社会,所以,在吉登斯看来,社会学理论可以被看作为更为普遍的社会理论的一个分支,但它不能拥有独立的身份。②

(二)社会理论具有反思性、批判性

社会学自创建以来,其羽翼日益丰满的过程就是社会学日益"科学化"而偏离"思想性"的过程。社会学脱胎于哲学。当它从哲学中独立门户之时,为了区别具有玄想色彩的哲学,孔德在《实证哲学教程》中一力主张把实证方法作为社会学科学化的途径,认为社会学不是形而上学或神学等既不能证实也不能证伪的问题,而应该是探寻有关社会诸现象之间相互联系与作用之自然法则的问题。他力图确立解释社会行为变异的社会法则,视知识的目的为对于社会法则的系统的解释,通过把经验知识以更正当、精化与自洽的方式组织起来。社会学理论发挥着的是单一的肯定性的社会作用,社会学的这种学科化要求是西方理论传统的体现。"社会学家

---

① [德]西美尔:《货币哲学》,陈戎女译,华夏出版社2002年版,第2页。
② [英]安东尼·吉登斯:《社会的构成》,李康译,生活·读书·新知三联书店1998年版,第35—36页。

已经了解到，他们自己的学科起源，是以'理性主义'的兴起和伴随世俗化过程的'世界的祛魅'为背景的。"① 西方传统理论是一种以笛卡儿的方法论为基础的正统理性理论，其主旨是科学化，通过把人们的各类经验分门别类，形成各门学科框架内的知识。其基本要求是在形成基本命题、派生命体和经验事实这三个等级序列基础上，通过逻辑推导保证演绎锁链的诸个部分互相联系，形成自洽，即通过奠立一个坚实的基础（该基础或者是经验的判断或者是不证自明的洞见），形成一个封闭的科学命题系统。这种用科学化的统一形式组织人们各类经验的方式，体现了传统社会学理论想象力的困乏，是一种非反思的科学化的知识性理论。真实存在的社会是一个由各个部分紧密相连组成的社会，但在学科分工的背景下，各门社会科学对社会施行了圈地运动，真实的社会被人为分割成了诸多部分加以研究。在社会科学发展的早期，这种专业化分割能够加深对社会某一层面和领域的认识，有助于社会研究成果的积累。"面对一种事物和诸多事物的整体，任何科学的成长都是通过分工把整体分解为各种单一的品质和功能，在此之前，找到一个概念，概念可以把这些品质和功能分离出来，并且在其现实事物的整个存在中，按照方法上的相互联系来把握这些品质和功能"。② 但随着社会科学的进一步发展，这种学科划界与专业分工日渐凸显其局限。

与社会学理论这种非反思的实证化的追求相反，社会理论更多的是着眼于分析人的行动与行动中自我的性质，通过从概念上理解互动与制度之间的关系，以把握社会理论研究的实践意蕴。针对社会学理论从未加反思的前提出发，只讨论抽象的概念和命题，社会理论要求"我们不再带着现代事业关于人的本性的形而

---

① Anthony Giddens, *Social Theory and Modern Sociology*, Cambridge: Polity Press, 1987, p. 28.

② ［德］盖奥尔格·西美尔：《社会学——关于社会化形式的研究》，林荣远译，华夏出版社 2002 年版，第 3 页。

上假定，关于一些先验不变的范畴的认识论假定，去积极投入这种事业。后现代的方法是一种谱系学性质的批判历史。谱系学所描述的无非是我们如何成为我们如今之所是……如果后现代谱系学说到底属于自我知识，那么由此途径而了解到的自我，也就证明不是单一的、统一的、完全的和完整的，而是复杂的、分散的、分裂的和脆弱的"。①

后现代社会理论摒弃具有整体化倾向的整个社会科学，把包括社会学在内的社会科学对整体性的寻求、客观性的追求归为"宏大叙事"，并展开了激烈的批判。正如艾伦·索卡尔在《超越界限：走向量子力学的超形式的解释学》中所指出的，"现在人们越来越清楚地认识到，物理的'实在'只不过是一种社会实在，根源于社会和语言的建构活动之中，科学知识远不具有客观性，它反映或隐含着其赖以生存的文化中的占统治地位的意识形态或权力关系，科学真理的断言本质上具有理论负载和自我指涉，因此，科学共同体的话语，尽管其具有不可怀疑的价值，但从不同见解者或受排挤的团体中产生出来的反霸权的述事来说，人们不能够断言它们具有一种认识论上的权威地位"。② 如果说在自然科学领域都不再承认客观真理存在的话，社会科学领域的所谓真理就更具有人为制造性。后现代主义者利奥塔把启蒙理想所讲述的人类进步故事称为元叙事，这一叙事承诺要保证人类社会理想的实现，但随着科学技术进入文化财富的生产、传播、分配和消费，这一诺言并未兑现，出现了元叙事的危机，利奥塔认为后现代就是对元叙事的怀疑，主张以"小型叙事"替代"宏大叙事"。福柯对总体性的态度是建立一种关注"局部的""非连续性"的知识的谱系学以解构和颠覆总体性，主张以差异性来对抗总体性，解放受到这种形而上学的控制和

---

① [英] 布赖恩·特纳：《社会理论指南》，李康译，上海人民出版社 2003 年版，第 545 页。

② [美] 奥利卡·舍格斯特尔编：《超越科学大战》，黄颖等译，中国人民大学出版社 2006 年版，第 15—16 页。

压抑的感性和身体。

（三）从研究旨趣上看，社会理论体现了公共知识分子直面现实的人文情怀

后现代主义的社会理论维度体现的是一种从人文思入社会的路径，这就决定了后现代社会理论与社会学理论相比，二者虽然都关注"世俗的事务与规则，但跟既定框架内的策论不同，真正体现出人文关怀的社会学说，决不会是医头医脚式的小修小补，而必须以激进亢奋的姿态，去怀疑、颠覆和重估全部的价值预设"。[①]"人文与社会译丛"丛书的主编刘东在该套丛书的序——"主编的话"中所论及的这段话，在某种意义上很好地诠释了社会理论和社会学理论之间的差别：与社会学理论突出其实证主义的特点，其实质是非反思的知识理论不同，后现代社会理论更多的是一种人文情怀和反思向度。正如塞德曼在《社会学理论的终结》一文指出的，"我们已经为自己设置了一个任务，即定义并维护基本前提、概念和社会学的解释性模型。……社会学理论家已经以社会学思想的虚拟警察的样子出现了。在维护理性和保护知识及社会进步的幌子下，我们已经提议通过提供一种可以充当概念决策的一般指南的认知论决疑法，来规定学科秩序的合法性……对于基础的探求已经将社会学理论变为一种元理论的话语。它的争论越来越带有自指性质和认知论性质。理论的讨论与主要的社会冲突和政治斗争没有什么关联，与关于当前社会事务的公众争论也没有什么关系"[②]。而与社会学理论只研究抽象的经验相反，社会理论与现实有着非常密切的联系，其研究主题都随着时代的变化而具有了新的内容，正如吉拉德·德郎蒂所指出的，"不管是在欧洲，还是在更广泛的世界范围内，取社会理论而舍社会学内部的社会学理论，无疑表明了重视新

[①] ［英］迈克·费瑟斯通：《消费文化与后现代主义》，刘精明译，译林出版社2002年版，第1页。

[②] ［英］史蒂文·塞德曼：《社会学理论的终结》，载谢立中主编《西方社会学经典读本》，北京大学出版社2008年版。

的社会学关注点，特别是有关文化、认同和全球化等议题的关注点"。①

美国的社会学家伯劳认为受芝加哥求学的经历影响（该大学在创建初期企图把社会科学的一切方面都纳入思考的范围），杜威在20世纪二三十年代所出版的著作就已经展示了他对于社会理论的兴趣。从实用主义的立场出发，杜威认为"一切政治制度和工业组织的最高考验就看它们对于社会里的每一个人的全面生长的贡献而定"。②但如何从事这种社会理论的研究，杜威认为，"社会"一词具有抽象性，实际上，没有一件事或一个实体能够匹配"社会"一词，杜威提出应该把概念的假设视为"哲学上唯一的谬误"，坚决主张一切概念只是假设，摒弃传统逻辑不直接研究具体的特殊事物，只就概念而谈论概念的弊端，用探索的逻辑来代替反映出实验科学所用的研究方法。③无独有偶，卢曼的社会理论也体现了这样一种旨趣和探索逻辑。卢曼理论的出发点在于研究使生活最终具有意义，生活秩序得以建立的最终根据。由于社会的分化，人们无法再依靠客观世界获得赋予自己生活以意义的根据，而必须在成为自律主体的构成作用中寻找意义，但这种意义的构成并不是在孤立的主体中形成的，而是以作为他我的存在为前提的，世界的意义构成被理解为主体间的活动，而这种主体间的意义构成由此不再具有"非如此不可"的必然性，而是具有复杂性和偶然性。由于世界的复杂性，所以卢曼认为应该运用"探索原理"来探索解决问题的多种可能性，而社会学的任务也应该重新理解为不是从终极原理引申出命题，而是在适应世界或社会的结构复杂性的基础上，增进理论本身的复杂性。

---

① ［英］吉拉德·德朗蒂：《当代欧洲社会理论指南》，李康译，上海人民出版社2009年版，第5页。

② ［美］伯劳：《杜威和美国社会思想》，《现代外国哲学社会科学文摘》1960年第6期。

③ 同上。

（四）注重另类、边缘性的议题

传统社会学理论关注宏观、重大的系统问题，在理论上追求建立鸿篇巨制，其所形成的往往是对社会系统所做的结构性或者制度性的研究。例如孔德、迪尔凯姆延至帕森斯一脉所形成的功能主义传统，虽然也意识到了行动对于社会系统的意义，但由于理论建构的偏好，其理论系统中的行动常常遭到忽视。实际上，"无论社会理论关注的问题多么'宏观'，它都要求要像解释社会的复杂性一样，对主体以及主体的能动性进行精确的理解"。[1]

与社会学理论关注宏观、核心的问题相反，社会理论尤其是后现代社会理论大多关注另类、边缘性问题。被视为后现代主义者先驱的西美尔就体现了这种另类的风格，以至于曾担任美国哈佛大学第一位社会学系主任的索罗金这样评论西美尔："从纯粹方法论的观点看，西美尔的社会学缺乏科学的方法。帕克博士和斯比克曼博士对于西美尔的社会学方法的高度评价，我实在不敢苟同。除了上面所说的逻辑缺陷（即'形式'概念的模糊性）外，西美尔的方法既没有实验取向、定量调查，也没有关于所讨论现象的系统的事实研究。……所呈现给我们的，只是一个颇有天分的人的思辨概括，点缀着三两个信手拈来的经常也是受到片面解释的例证。如果没有西美尔的天分，同样的东西将显得异常贫乏。是西美尔的天分挽救了这种局面，但也只是以天分弥补了科学方法论的缺乏。因此，若如帕克和斯比克曼博士那样，号召社会学家'回到西美尔'，也就意味着号召他们回到一种纯粹思辨、形而上学，回到一种科学方法的阙如。思辨和形而上学在其本身固然不错，但如果同社会学混淆起来，也就损害了这些科学中的任何一个。"[2] 20世纪80年代，随着社会理论的复兴，西美

---

[1] ［英］安东尼·吉登斯：《社会学方法的新规则》，田佑中译，社会科学文献出版社2003年版，第54页。

[2] 成伯清：《另一种精确——西美尔社会学方法论札记》，转引自张一兵、周晓虹、周宪主编《社会理论论丛》第一辑，南京大学出版社2001年版，第24—25页。

尔在学界的"复兴"似乎很好地对索罗金当年的批判进行了有力地回击。而在后现代社会理论家中最典型的代表当属福柯。学者成伯清在纪念福柯逝世20周年之际所撰写的《福柯对社会学意味着什么》一文中指出，福柯不是一位社会学家，而且按照先行规定的学科分工，福柯纳入任何一个学术范畴都会引起大家的分歧，造成这种分歧的根源在于福柯研究的内容都是诸如疯癫、性、监狱等另类、边缘性的话题。其次在于福柯方法的怪异。通过考古学和系谱学，福柯颠覆了真理、权力和性等主题的传统形象。塞德曼对福柯的社会理论做了如下评述："在1968年5月风潮中，福柯目睹了多种多样社会反抗群体的兴起。无论是监狱改革运动还是反抗对个体实行精神控制的运动，抑或是妇女解放或同性恋解放运动，所有这些反叛呈现出一种多样的社会与政治特征。它们不可能被归于任何统一的概念名下，如反资本主义、反国家主义或反自由主义。它们的社会根源也不会是相同的。"①

(五) 多元主义的方法论

针对传统社会学理论追求建立宏大、统一、整体化的理论目标，"后现代的目标不在于提出一组替代性假说，而在于表明建立任何诸如此类的知识基础之不可能性，在于消解所有占统治地位的法典的合法性。最极端的后现代主义者要求人们满足于确定性的缺乏，学会无需解释地生活，接受新的哲学相对主义"。② 后现代社会理论认为，由于现实社会世界是复杂多样的，单纯依赖自然科学的方法研究社会对于世界的解释，并没有唯一且权威的客观真理，应该从多元、多视角的角度从事对世界的解释。传统社会思想运用固定的概念和视角对现实的分析，具有僵化的局限，而要避免视角的僵化，我们应该在转换研究视角的同时，引进新的概念和研究框

---

① [英] 史蒂文·塞德曼：《有争议的知识——后现代时代的社会理论》，刘北成等译，中国人民大学出版社2002年版，第150页。

② [美] 波林·罗斯诺：《后现代主义与社会科学》，张国清译，上海译文出版社1998年版，第5页。

架，甚至还可以改变写作风格。① 正如美国哲学家麦金尼所看到的，现代主义者期望找到同一性、秩序、一致性、成体系的总体性、客观真理、意义以及永恒性，表征出来的是乐观主义；后现代主义者则期望发现多样性、无序、非一致性、不完满性、多元论和变化，表征出来的则是悲观主义。② 后现代主义的这种多元主义方法论还与其对话语分析的重视有关。在后现代主义者那里，语言不仅仅是知识的载体，而且还参与了知识的定义、分类和控制。按照拉康的说法，"真理来自语言，而不是来自现实"。实际上，社会理论对语言的关注并非肇始自后现代主义。早在韦伯那里，语言在理论系统中的变化就被认为与理论的演变之间有着非常密切的联系。知识并非外在于语言，语言、话语的多义性决定了后现代思维的多元性和方法论上的多元性。

国内学者张小山对社会理论的特征进行了比较系统的梳理，概括而言就是本体论上的建构主义，认识论上的怀疑主义，方法论上的多元主义，价值论上的相对主义，表述方式上的自由主义以及研究旨趣上的解构主义（或审美主义）。③

第二节　后现代主义概念辨析

虽然关于后现代主义的讨论已经进行了好几十个年头了，但目前学界关于后现代主义的界定仍然没有达成统一。正如美国学者戴维·R.肯迪斯和安德烈亚·方坦纳在其所撰的《社会科学中的后现代主义》一文中曾经指出的，"对后现代主义的讨论如今在当代艺术、人文学科和社会科学的各种理智学科中占据着一个显著的位

---

① 参见王治河《扑朔迷离的游戏——后现代哲学思潮研究》，社会科学文献出版社1998年版，第196页。

② 同上书，第10页。

③ 张小山：《西美尔社会研究方法的后现代主义特征》，博士学位论文，华中师范大学，2012年，第52页。

置。然而，要获得一个有关这个术语的清晰的共同定义已经被证明是极为困难的，这不仅是因为它在多学科之间的应用，而且也因为它的多种不同的起源"。① 对后现代概念的研究，最有效的践行方式就是如福柯所说的"追溯对象的出身而非探求'本源'（Origin）的幻想，并善于标示出对象的发生"。② 因为，关于"后现代"的话语如同关于"现代"的话语一样，从来就不是纯粹描述性的，而是经历了一个彼此争锋的话语历史的。

一 后现代主义概念家族

对后现代主义进行研究的一条有效途径就是看它反对的是什么。沃尔夫冈·韦尔施认为："谁谈论后现代，谁就不得不谈论现代。谁想明智地谈论后现代，就得说明他想抛弃的是哪一种现代。"③

后现代的对立面是现代。对"现代主义"一词的了解是认识"后现代主义"的前提，对现代话语的认识有助于我们对后现代主义的认识。在学术界，"现代主义"常常与"现代""现代性"等具有家族相似性的概念缠绕在一起。

1. 现代

现代是一个相对于古代而言的时间概念。关于现代一词的含义，学界观点纷呈。早在文艺复兴时期，人们就从比较、对比的角度提出了与古代相对的现代概念。瑞士学者汉斯·昆在《神学：走向"后现代"之路》一文中指出，"'现代'这个用语很古老，源于古代晚期，最初用于 17 世纪法国启蒙主义。它作为一种新时代感的正面标志，是对文艺复兴时期留恋古代的周期历史观的抗议表

---

① [美] 戴维·R. 肯迪斯、安德烈亚·方坦纳编：《后现代主义与社会研究》，周晓亮等译，重庆出版社 2006 年版，第 1 页。
② 岛子：《后现代主义艺术系谱》，重庆出版社 2007 年版，第 235 页。
③ [德] 沃尔夫冈·韦尔施：《我们的后现代的现代》，洪天富译，商务印书馆 2004 年版，第 66—67 页。

述语；而文艺复兴时代（随着与黑暗'中世纪'基督教前期时代距离的加大）也没有把'现代'当作时代概念来使用。不仅如此，文艺复兴还太过于向古代'后退'。只有到了17世纪，才形成了一种新的优越感，其基础是从哥白尼和笛卡儿以来的'现代'自然科学和哲学的成果"。美国的伯格认为，"'现代'这个词意味着人的意向是要操纵世界和他自己，虽然这种意向能否成为事实是另一回事。……现代人假设所有的人类问题都可以变为科技问题，如果现今科技尚未解决这些，就要发明一些新的科技"。[1]

相较于古代，现代的历史比较短，只有几百年的时间，但在这几百年的时间内，现代经历了好几个不同的发展阶段，在不同的发展阶段体现了不同的社会历史内容。英国学者奥斯本把现代理解为六个阶段：第一个阶段，现代概念被理解为古代和传统的对立，这个阶段的时间大概为12世纪下半叶到文艺复兴；第二个阶段，现代概念被理解为与中世纪相对立，大概时间为15世纪；第三个阶段，"新时代"的概念被提出，时间为16—17世纪；第四个阶段，由于科学发展，形成了新价值观，以及由于基督教关于世界末日到来的预期，出现了社会发展的新观念；第五个阶段，审美运动出现，时间为19世纪下半叶；第六个阶段被理解为第二次世界大战迄今。这种从发展变化的角度把握现代概念的做法，有利于我们更好地了解现代一词的内涵演变以及这种演变的社会历史背景，其所形成的关于现代概念的认知是动态的、具体的。

而美国学者马歇尔·伯曼则根据人们关于现代社会变迁的体现，把现代社会划分为三个阶段："第一阶段大致是从16世纪初至18世纪末，在这个阶段，人们刚刚开始体验现代生活，还不清楚自己受到了什么东西撞击。"[2] 该时期是农耕社会即将结束，工

---

[1] Peter Berger, *Pyramids of Saerifiee Bouble day*, Anekor, 20 Gerden City, NY1976.

[2] ［美］马歇尔·伯曼：《现代性的昨天、今天和明天》，转引自汪民安、陈永国、张云鹏主编《现代性基本读本》下，河南大学出版社2005年版，第661页。

业时代即将开始的时期。传统的生产和生活方式正在为资本主义的生产方式所代替,人们的社会关系也发生了巨大的变化,"一切等级的和固定的东西都烟消云散了,一切神圣的东西都被亵渎了"。① 第二阶段始于18世纪90年代,法国大革命的爆发意味着新兴资产阶级势力的崛起,《人权宣言》的发布,宣告了封建王权的灭亡,资产阶级夺取了政权,资本主义制度诞生。人们身处巨大的历史变革中,茫然而不知所措,在现代科学、文化等观念的冲击下,逐渐产生了"现代主义"等概念。第三阶段是伴随着现代文明的衰落而出现的,"在20世纪,也即在第三个也是最后的阶段中,现代化的进程实质上扩展到了全世界,发展中世界的现代主义文化在艺术和思想领域取得了惊人的胜利"。② 但与这种现代主义文化取得发展胜利相反的是人们对世界和人生价值、意义的追问。由于两次世界大战的炮火,人们对于现代文明的美好构想訇然倒地,施特劳斯在1962年做的两次讲演中指出,"西方的危机在于,西方事实上已经不能确信自己的目标。西方的目标曾经是普遍社会:一种由诸平等民族构成的社会,各民族又由自由平等的男人和女人组成。所有这些民族都可以借助科学提高自己的生产力,从而得到充分的发展。人们认为,科学在本质上有助于增强人的力量,并解除人的状态。科学会带来普遍的富裕。在那种状态下,没有谁会在觊觎侵略其他人或其他民族。普遍的富裕会带来普遍的且完全正义的社会,就像一个完全幸福的社会"。③ 但现代化历史发展的进程似乎表明,科学技术的发展,物质的富足并不一定会带来幸福。

---

① [德]马克思、恩格斯:《马克思恩格斯文集》第二卷,中共中央马克思恩格斯列宁斯大林著作编译局译,人民出版社2009年版,第34—35页。

② [美]马歇尔·伯曼:《现代性的昨天、今天和明天》,转引自汪民安、陈永国、张云鹏主编《现代性基本读本》下,河南大学出版社2005年版,第661页。

③ 刘小枫编:《苏格拉底问题与现代性》,彭磊、丁耘译,华夏出版社2008年版,第2—3页。

2. 现代性

现代性更多的被视为一个社会学意义上的理论范畴，其所研究的是现代社会内在质的规定性。关于现代性的理解学界众说纷纭，不仅不同学者所认为的现代性含义不同，即使同一学者其所分析的现代性概念也会呈现多层含义。例如在美国的学者那里，卡林内斯库认为现代性有五副面孔，分别是现代主义、先锋派、颓废、媚俗艺术和后现代主义；而英国的社会学家霍尔则认为，现代性有四个层面：体现在政治层面上是世俗政体与现代民族国家的确立，体现在经济层面上是市场经济的确立以及私有制资本的积累，体现在社会层面上是劳动和性别分工体系的形成，体现在文化层面上则是宗教的衰落以及世俗文化的兴起。现代性之所以会出现诸多解释的版本是因为它经历了一个建构的过程。正如霍尔在《现代性的多重构建》中所指出的："'现代性'具有悠久而复杂的历史。随后的每一个年代——文艺复兴、启蒙运动、十九世纪（革命的年代）、二十世纪——都怀有一种自我感觉，觉得自己就代表了历史的制高点；为了不与这历史的头奖失之交臂，它们都试图给自己加上'现代'这一称号。然而，在每一个时代，宣称的'现代'都被证实为虚幻的。每一时代都陷入了一个幻想——它才是高级生物、物质发展、知识与启蒙中的最新的词语。而每次'现代'都被更为新式的事物所替代！"

吉登斯认为的现代性是"后传统的秩序"，指的是在后封建时期的欧洲建立的一种社会生活或组织模式，在 20 世纪时该社会生活或组织模式已经在世界范围内产生了巨大影响，在某种意义上，现代性可以与"工业化的世界"相等同。[①] 但如何分析这一现代性，吉登斯也体现了多重角度和层面。针对马克思从经济的角度分析现代性（资本主义）的路径，吉登斯认为对于现代性的

[①] ［英］安东尼·吉登斯：《现代性与自我认同》，赵旭东等译，上海三联书店 1998 年版，第 3—16 页。

分析有四个维度,在资本主义之外,还有工业主义、监控和军事力量。尤尔根·哈贝马斯站在坚持现代性的立场上,致力于维护现代性,认为"现代性是一项未竟的事业"。尤尔根·哈贝马斯所理解的现代性具有多层面向,首先是一种精神指向,意味着人类的进步、幸福与自由;其次代表一种哲学思维方式,坚信理论对现实的指导作用;再次现代性被理解为是一种行为准则;最后尤尔根·哈贝马斯所理解的现代性概念是一个动态概念。基于上述理解,尤尔根·哈贝马斯认为,"我们不能像扔掉一件旧外套一样抛弃这种现代性的基本特征。它已经融化在我们的血肉中。现代性生活条件是我们所不能选择的——我们被抛入其中——它已经成为我们生存的必然"。[①] 利奥塔在《后现代概念的哲学诠释》中认为,可以把现代性概括为"建筑是它的包装,解放是它的基调,技术是它的工具,统一是它的诉求,资本主义是它的名称,思辨哲学是它的表达"。

正如海德格尔指出的,对现代性的解释"重点在于各个进程、因素和因果范式……这里没有单因素的解释——没有一个单一的现象或一组现象可以完全解释清楚(现代性的)崛起……只有把这些因素结合起来,才有找到……某种解释的希望"。上述学者对现代性的认识恰恰是对海德格尔所提建议的实践,即在认识到现代性多层面、多角度构建的基础上,致力于现代性概念的最新建构。

3. 现代主义

同现代、现代性一样,现代主义也被认为是一个非常复杂、难以给予统一定义的概念。美国的艺术理论家、景观设计师查尔斯·詹克斯在其所著的《现代主义的临界点》一书的中文版前言中,列举了多达 10 个现代主义观念:3—5 世纪——Modemus(拉丁语的

---

① [德]尤尔根·哈贝马斯:《作为未来的过去——与著名哲学家哈贝马斯对话》,章国锋译,浙江人民出版社 2001 年版,第 22—23 页。

"现代"），指早期的基督教徒较异教道德进步；1450—1600 年——（意大利语的"现代"），指古典再生的优越性；1600—1850 年——古代人和现代人之战，现代意味着比古代进步，是古典传统的再造；1755 年，塞缪尔·约翰逊把现代主义定义为"对古代和古典礼仪的背离"，1900 年——现代主义，指一场罗马天主教运动，考察了 1907 年曾被教皇庇护十世谴责为无神论的传统；1914—1930 年——现代运动，在文学领域，指自由诗、意识流和庞德、艾略特、乔伊斯及伍尔夫进行的试验，在设计领域，指实践着国际风格的技术和社会进步主义，在各门类艺术中，指源自波德莱尔的各种主义；1930—1950 年——反动现代主义，指墨索里尼、佛朗哥等人领导的运动；1960 年——后期现代主义，指与晚期资本主义相联系的文化运动，主要有光效应艺术、观念艺术等；1970 年——后现代主义，指的是产生于泛文化，使用其他语言与局部或广泛的听众交流的现代主义的双重解码；2000 年——批判的现代主义，指的是各种现代主义随着互相批判而发生的持续辩证，以及许多股现代主义力量压缩成一种自觉的临界状态。[①] 上面长篇累牍的文字展示的是现代主义生成的历史。通过对不同历史阶段各种现代主义的梳理，詹克斯指出，从字面上看来简单的现代主义其实在背后是迥异纷呈的各种趋势和观念。只有到了 20 世纪，现代主义才在从艺术到政治的各个领域，真正占据了各种形式的话语的主导地位。

刘小枫认为，"从现代现象的结构层面看，现代事件发生于上述三个相互关联、又有所区别的结构性位置。我用三个不同的述语来指称它们：现代化题域——政治经济制度的转型；现代主义题域——知识和感受之理念体系的变调和重构；现代性题域——个

[①] [美] 查尔斯·詹克斯：《现代主义的临界点》，丁宁等译，北京大学出版社 2011 年版，第 14—15 页。

体—群体心性结构及其文化制度之质态和形态变化"。① 在詹克斯和刘小枫那里,后现代主义都被认为是包蕴在现代主义之中的,利奥塔同样也持有类似的观点,但美国加州大学伯克莱分校教授罗伯特·霍勒伯认为,现代主义是一个充满混乱和争议的术语,它是在与传统主义、后现代主义进行区分的基础上而构建自身的,是产生于19世纪后期20世纪早期的一场运动。

美国伊哈布·哈桑指出:"现代主义和后现代主义之间并没有一层铁幕或一道中国的万里长城,因为历史是一张可以被多次刮去字迹的羊皮纸,而文化则渗透在过去、现在、未来的时间之中。"而利奥塔则认为后现代性是对"现代性的重写或改写"。② 后现代主义是通过对现代性的批判而出现的,了解什么是现代、什么是现代性和现代主义,有利于我们更深入地认识后现代主义。

二 后现代概念考古

除了从现代主义的坐标系对后现代主义进行研究之外,另外一条研究后现代主义的有效途径就是从时间纵向的角度了解后现代话语的流变史。因为后现代的历史没有一个绝对的起点,所以对后现代主义的形成过程采取考古式的研究或许是妥当的。纵观后现代主义概念的提出和流变,可以总结为在地理图景中,表现为由美洲到欧洲再到亚非等地的延异;在研究范围上,由审美向建筑、绘画、文学、哲学、社会学等诸多学科领域的渗透;在学界评价中,有一个由褒义向贬义再褒义等路程的演变过程。

本书赞同诺曼·K.登青的观点,即后现代主义一词内涵丰富,包蕴许多内容,指涉很多东西。"在艺术、建筑和人文学科中,它意味着对结构、意义、美、真理等传统现代概念发起挑战的新近的审美发展。在社会科学中,它意味着关于社会世界的非总体的、反

---

① 刘小枫:《现代性理论绪论》,上海三联书店1998年版,第3页。
② 王治河主编:《后现代主义辞典》,中央编译出版社2005年版,第644页。

基础的理论化形式。在时间上，它指从第二次世界大战结束到当前的世界历史时期。"①

从后现代关涉的领域看，后现代这一概念最早出现在艺术领域，使用者是英国画家约翰·瓦特金斯·查普曼。② 1870年前后，查普曼用"后现代绘画"一词指称那些据说比法国印象主义绘画还要现代和前卫的绘画作品。1917年，在查普曼之后，鲁道夫·潘诺维茨在《欧洲文化危机》一书中使用该词来描绘欧洲文化在当时所表现出的虚无主义和价值崩溃。像尼采一样，潘诺维茨描绘的"新后现代人"代表的是军国主义、民族主义和精英价值，而在他描述这种现象不久，法西斯主义也一道出现，二者的共同之处在于都立意与西方的现代文明决裂。③

作为一个词语的后现代概念早在19世纪就已出现，而作为一种观念的后现代主义则是在20世纪30年代出现的。荷兰学者认为"后现代"一词最早出现在大概20世纪40年代后期，阿根廷作家博尔赫斯是"第一位后现代作家"。而英国新左派学者佩里·安德森则认为"后现代主义"最初的发源地是西班牙语世界，使用者是乌纳穆诺和奥尔特加的朋友弗雷德里科·德·奥尼斯。在1934年出版的《西班牙与美洲诗选》中，奥尼斯用后现代主义这个词来描述现代主义内部一股保守的逆流：回避难以遏制的抒情性挑战，抑

---

① [美]戴维·R.肯迪斯、安德烈亚·方坦纳编：《后现代主义与社会研究》，周晓亮等译，重庆出版社2006年版，第224页。

② 在中外学者对后现代概念的追本溯源中，美国的学者贝斯特和凯尔纳在《后现代理论——批判性的质疑》一书中对后现代话语进行了深入细致的考察，英国学者克里斯·加勒特和扎奥丁·萨德尔在其所著的《视读后现代主义》一书中也表述了同样的观点。国内的艺术批评家岛子，后现代主义哲学研究者王治河也同样持有该观点。岛子《后现代主义艺术系谱》，重庆出版社2007年版，第12页；王治河主编《后现代主义辞典》，中央编译出版社2005年版，第9页。

③ [英]克里斯·加勒特、扎奥丁·萨德尔：《视读后现代主义》，宋沈黎译，安徽文艺出版社2009年版，第3页；《后现代理论——批判性的质疑》，张志斌译，中央编译出版社2004年版，第7页。

制情感，极力追求细节和反讽式幽默，它最独特的特色在于它能够全新而真实地表现女性。① 德·奥尼斯对该词的使用虽然很准确，但并没有产生广泛的影响。过了大概 20 年后，后现代主义才出现在英语世界中，但这时的后现代主义已经由一个美学范畴而成为一个表示时期的范畴。

英国历史学家汤因比和为其撰写《历史研究》概论的萨摩维尔用"后—现代"时期来描述 1875 年以来的西方历史的第四个发展阶段。汤因比和萨摩维尔认为西方历史可以划分为四个阶段：第一个阶段是从 675 年到 1075 年的黑暗时代；第二个阶段是从 1075 年到 1475 年的中世纪；第三个阶段是从 1475 年到 1875 年的现代时期，而普法战争开启的时代是"后现代时代"。在后现代时代，中产阶级不再处于统治地位，代之而起的是工业工人阶级和努力掌握现代性秘密的西方世界之外的知识分子。后现代时期与现代时期的区别在于，前者充满了危机、战争、社会骚乱和革命，社会处于剧烈变动的无序状态，而后者则是稳定有序、理性且坚信进步的中产阶级的资产阶级时代，由于理性主义和启蒙精神的崩溃，历史在此断裂，是为后现代时期。汤因比虽然把后现代时期理解为西方社会历史发展的一个阶段，但由于他认为人类社会历史是一个循环发展的过程，所以并没有对后现代这一时期进行系统的理论说明，或许也是由于这一原因，这一术语很快被忘掉了。

与后现代观念这一术语出现在英国几乎同时（实际上时间更早一点），北美的文学领域，特别是美国"放射派"诗人查尔斯·奥尔森在 1950—1958 年经常使用后现代这一术语。与汤因比一样，奥尔森从空间历史的角度理解后现代，认为"后现代世界"意指地理大发现和工业革命，是帝国主义之后的一个时代。奥尔森的诗歌创作与政治背景密切相关。在罗斯福新政时期，他曾出任民主党全

---

① ［英］佩里·安德森：《后现代性的起源》，紫辰、合章译，中国社会科学出版社 2008 年版，第 2 页。

国委员会外侨司司长，但当罗斯福大选胜利后，他却放弃了在政府中任职的初衷。而当美国在广岛和长崎投掷原子弹后，他大为震惊，认为，发射原子弹的行为是令人发指的，它终结了现代时代。在写给罗伯特·克里利的最后一封信中，他指出，"就是最近，有一扇门砰的一声关上了。生物化学是后现代的事物。电子技术已经成为传播科学，'人类'已经成为计算机器的'形象'"。① 以奥尔森、克里利等为代表的这些美国诗人，思想敏锐而激进，他们通过诗歌虽然表达的是对工业化和高科技局限性的担忧，但在政治上奥尔森仍对超越资本主义的未来充满了向往和憧憬，所以其后现代观念具有一种乐观的色彩。当20世纪50年代末，后现代术语重新出现时，已经成为一种负面标志为大家所用。

1959年，赖特·米尔斯在其《社会学的想象力》一书中声称，"我们正处在现代时期的终结点上。正如古代之后的几个世纪东方文化占支配地位，西方人狭隘地把这一时期称为黑暗时代一样，现代时代正在被一个后现代时代所取代"。② 米尔斯基于左派知识分子的立场，用后现代这一概念指称自由主义和社会主义的现代理想破灭之后的新时代。通过对当前变化局势的判断，米尔斯认为马克思主义和自由主义都恪守启蒙运动的信仰，认为理性和自由之间有着内在必然的联系，理性的增长会带来自由的增长，但这一假设现在已经遭到了质疑。与当初的假设相反，现实所显示的恰恰却是社会理性化的增加正在导致自由的丧失，理性和自由在后现代社会里正在分离。

在对"后现代主义"言说的概念史进行的深度拷问中，哈桑的贡献被认为是功不可没的。这位曾被视为"后现代主义之父"的美国学者早在60年代中期就坚持对现代主义和后现代主义的研

---

① ［英］佩里·安德森：《后现代性的起源》，紫辰、合章译，中国社会科学出版社2008年版，第5页。

② C. Wright Mills, *The Sociological Imagination*, New York: Oxford University Press, 1959, pp. 165–167.

究，对推广后现代主义这一术语起到了极大的作用。马泰·卡林内斯库指出，"由于哈桑，后现代主义开始有了较可辨识的身份，也正是通过他，一些欧洲人才得以发现这一术语"。[①] 哈桑通过其所从事的后现代主义文学研究，对后现代主义的界定、对后现代主义本质的把握都起到了开拓性的作用。哈桑对后现代主义的理解主要是从艺术角度出发的。在他看来，后现代艺术形式具有的最根本的特征就是"不确定性和内在性的游戏"。受限于这种艺术角度的理解，哈桑未能把后现代主义同孕育其发展的社会根源联系起来，所以他无法解决这样一个问题，即后现代主义"仅仅是一种艺术倾向，或者同时也是一种社会现象？……如果同时也是一种社会现象的话，那么，这一现象的各个方面（心理的、哲学的、经济的、政治的）之间的关系是怎样相互关联或不相关联的"？要探讨二者之间的差异的话，必须涉及政治，而哈桑坦言自己"对政治有某些矛盾心理"，[②] 所以他止步于此，未能实现从社会层面对后现代主义的研究。或许也是由于这个原因，哈桑在80年代末告别了后现代主义的研究。但哈桑对后现代主义的研究直接影响了利奥塔，用佩里·安德森的话来说利奥塔是直接从哈桑那里学到后现代这个术语的。

后现代概念登上哲学舞台，始于利奥塔1979年出版的《后现代状态》一书。这是一本被视为第一次将后现代性当作人类所处境况普遍变化的著作。[③] 迄今为止，这本书仍是研究后现代主义问题的经典著作之一。在该书中，利奥塔回答了什么是后现代的问题。凭借语用学的观点和方法，利奥塔认为当代西方的高科技社会处于后现代社会，在这一社会中知识的状态发生了嬗变，效用原则取代

---

① [美] 马泰·卡林内斯库：《现代性的五副面孔：现代主义、先锋派、颓废、媚俗艺术、后现代主义》，顾爱彬译，商务印书馆2003年版，第300—301页。

② [英] 佩里·安德森：《后现代性的起源》，紫辰、合章译，中国社会科学出版社2008年版，第20页。

③ 同上书，第28页。

了求真原则,因为"真"原本就不存在,在求真原则被消解的背后隐藏的是维系西方文明与认知基础的"元叙事"的衰竭枯萎,以及由此而产生的"叙事危机"与知识非合法局限。通过对上述问题的分析和探讨,利奥塔对资本主义发展到后现代的变异和文化症状进行了解释。在利奥塔看来,所谓后现代不能单单仅从线性的角度来理解,实际上后现代并不是继现代之后的一个时间概念,而更应该把后现代理解为是一种有别于传统的思维方式,即有别于体现在近代哲学中对理性、主体和总体性等启蒙理想追求的思维方式。在《非人》一书中,利奥塔谈到,他所曾使用的"后现代"一词,仅仅是一种略带挑衅的关于阐明知识的辩论方法。而后现代主义或后现代性并不指谓一个新时代,而是对现代性所要求的某些特点的重写。"首先是对建立以科学技术解放全人类计划的企图的合法性的重写。"这种重写是随着科学知识地位的变化而成为可能的。

时间进入20世纪80年代后,后现代主义已经像流行病毒一样由文学、艺术领域,迅速蔓延到建筑、语言、历史、政治、音乐、电影等社会文化生活的诸多领域。从地理分布上看,后现代主义也从源于美洲波及欧洲,以至世界其他不同的文化区域。由此,后现代主义在分延、流变的过程中出现了千差万别的形式。由于后现代这一概念既指涉哲学、文学、艺术等文化领域的新转变,又涉及西方发达国家的政治、经济、社会的最新发展,所以去综合诸多关于后现代和后现代主义的理解以形成一个统一性的认识,去界定一个大家公认的"后现代主义",其难度可想而知。但如果没有一个可操作性的定义,去探讨后现代主义社会理论维度就会成为问题。有鉴于此,从外延上提出一个后现代主义的定义就成了必需的功课。

三 后现代主义的三种形态

正如迈克·费瑟斯通指出的,"最初,'后现代主义'一词所涉及的艺术、知识与学术领域的范围之广，令人惊异"，[①] 他如数家珍地列举了在音乐、美术、小说、电影、戏剧、摄影、建筑、文学理论与评论、哲学、人类学、社会学等领域的诸多被视为后现代主义者的名字，指出，虽然在哪位学者更应该被归属于后现代主义阵营中还有歧异，但无疑这么大的阵容足以说明一个问题——作为一个学术词语很少有其他词语能像后现代主义这样受到大众的欢迎。

后现代主义在诸多学科、诸多领域中的出现，为我们理解后现代主义造成了实际上的困难。即使后现代主义内部众态纷呈，人们对后现代主义的理解充满歧义，但我们仍然可以从几个方面进行分别界说。伊格尔顿认为，对后现代主义可以从三个大的方面加以界说：首先，可以把后现代理解为一个历史阶段，在西方文化历史上，该阶段的出现是相对于近代和现代而来的；其次，把后现代主义理解为一种美学风格，这种风格是社会进入后现代历史阶段而出现的；最后，后现代主义体现为一种哲学思维，这一理解可以概括总结后现代历史阶段中各哲学流派的共同特征。被特·伊格尔顿誉为"不列颠最杰出的马克思主义知识分子"的佩里·安德森也采取了同样的理解后现代主义的策略。安德森认为后现代主义是一个十分复杂的概念，应该把后现代主义从四个方面来理解，即作为词源的后现代主义、作为艺术形式的后现代主义、作为历史现象的后现代主义与作为思想观念的后现代主义。艾利克森认为："后现代主义既是一场大众文化运动，也是一场思想运动，是当代西方社会的社会学特征之一，是一种玄奥复杂的思维方式。"[②]

在《后现代转折》一书中，哈桑认为，出现如下的诸多名字，

[①] ［英］迈克·费瑟斯通：《消费文化与后现代主义》，刘精明译，译林出版社2002年版，第2页。

[②] ［美］米勒德·J. 艾利克森：《后现代主义的承诺与危险》，叶丽贤、苏欲晓译，北京大学出版社2007年版，第3页。

或许可以用来勾勒后现代主义的轮廓，或者至少暗示其假说的范围，这些名字主要有雅克·德雷达、让·弗朗索瓦·利奥塔德（哲学）、米歇尔·福科、海登·怀特（历史）、雅克·拉康、吉尔斯·德鲁兹、R.D.兰格、诺曼·欧·布朗（精神分析学）、赫伯特·马尔库塞、让·波德莱尔、尤尔根·哈贝马斯（政治哲学）、托马斯·库恩、保罗·费耶阿本德（科学哲学）、罗兰·巴尔特、朱利叶·克里斯蒂瓦、沃尔夫冈·伊塞尔、"耶鲁批评家"（文学理论）、麦斯·卡宁汉姆、阿尔文·尼柯莱斯、梅里狄斯·蒙克（舞蹈）、约翰·凯奇、卡尔亨斯·斯托克豪森、皮埃尔·布尔兹（音乐）、罗伯特·罗斯亨伯格、让·丁格利、约瑟夫·贝伊斯（美术）、罗伯特·范图里、查尔斯·詹克斯、布朗特·波林（建筑）以及许多作家：塞缪尔·贝克特、欧也尼·奥尼斯科、乔杰·路易斯·鲍杰斯、迈克斯·本斯等等，虽然这些不同的名字尚未形成一种运动、范式或学派，但由于他们唤出的是一套相应的文化潮流、价值体系和行为态度的系统，所以，哈桑称其为后现代主义。①哈桑所列出的上述名单涉及哲学、历史、精神分析学、文学理论、音乐、美术、舞蹈、建筑等诸多领域，这说明了后现代主义不是一个总体性的范畴。如何在上述诸多领域里区别作为一种社会理论的后现代主义和作为一种哲学思潮、文化思潮的后现代主义，厘清三者之间的关系，对我们把握后现代主义的定义有着十分重要的意义。

（一）作为一种文化思潮（艺术形式）的后现代主义

正如我们在前文中对后现代主义一词所进行的回溯，后现代主义一开始是在文化领域（文学艺术和美学领域）中出现的，对于后现代主义的广泛流行，文学批评家实际上起了主要的作用。从文化的意义上去理解，后现代主义被视为西方现代社会/后现代社会所

---

① ［美］伊哈布·哈桑：《后现代主义转折》，转引自王岳川、尚水编《后现代主义文化与美学》，北京大学出版社1992年版，第109页。

发生的一场社会文化思潮。丹尼斯·麦奎尔认为,"要归纳后现代主义的特征,从文化的角度比从社会的角度简单些,因为'现代'社会的特征当前仍然很明显,甚至这种特征还可能更强化。假如考虑到这个世界仍受到在势不可挡的、统一的逻辑之下营运的全球性财务市场统治的话,后现代的概念更多地指向当前时代的主流价值观和精神,以及特定的美学和文化倾向"。①

与现代文化讲究形式美相反,后现代文化对传统标准文化的各种创作原则进行了颠覆,认为文化作品的创造与欣赏没有绝对、单一的答案或标准,传统的语言和表达形式应予以抛弃,作者完成作品后,就会与作品处于情感脱离的状态。而且在后现代主义者看来,作者、观众、展场与环境都可以视为艺术作品的参与者,由此文化走向了零散化、平面化、边缘化和无深度。借用约翰·罗素的话来说,"后现代主义的演进与其说是对现代主义的深化和补充,不如说是对现代主义的反拨——它直接与现代主义背道而驰。诸如图解化、平面化、人为的不和谐、怪诞的审美方式等,往往同现代主义作品大相径庭而成为后现代主义的基本特征。在美国、德国以及意大利,后现代主义制造了多不胜数的胡乱涂写文字的绘画作品,并以这一行为对具有深度的高尚严肃的艺术加以嘲弄"。② 在某种意义上说,后现代主义的文化是一种大众消费文化,与高雅文化只能为一小部分人所欣赏相反,后现代主义文化由于坚持多标准的审美角度,所以使得为艺术而艺术的独立艺术精神已经不复存在了。后现代主义宣布:没有高雅文化与通俗文化、纯文学与通俗文学之分,审美不是一种形而上学的思辨的形式而更应该是人人都可以享受的感性的愉悦,大众化而不是高雅成为了追求的目标。而由于"文化和工业生产和商品已经紧紧地结合在一起",艺术作品也

---

① [美]丹尼斯·麦奎尔:《麦奎尔的大众传播理论》,崔保国、李琨译,清华大学出版社 2006 年版,第 96 页。
② [美]约翰·罗素:《从现代主义到后现代主义》,转引自王岳川、尚水编《后现代主义文化与美学》,北京大学出版社 1992 年版,第 331 页。

不再具有超功利的纯洁性而成为供人消费的商品了。正是由于后现代主义文化的这一特点，詹姆逊认为，后现代主义反映的是晚期资本主义的文化逻辑。英国马克思主义批评家特里·伊格尔顿也认为，"如后现代主义文化所证实的，当代的主体与其说是资本主义意识形态早期阶段的奋发的独立的力量，还不如说是分散的、离心的本能附属性之网，缺乏伦理的实体和精神的内在性，成为消费行为、传播媒介经验、性欲关系、癖好或时尚的这样那样行动的短暂功能"。①

（二）作为一种哲学思维方式的后现代主义

从哲学思维方式入手理解后现代主义，是对后现代主义精神气质的把握。作为后现代主义的理论基础及重要组成部分，后现代主义哲学在本质上是一种与现代思维方式完全不同的思维方式，它是随着现象学、分析哲学、存在主义、结构主义和建构主义的衰落而登上历史舞台的，主要包括以伽达默尔为代表的新解释学，以德里达、福柯为代表的后结构主义，以奎因、罗蒂等为代表的新实用主义以及以科布、格里芬等为代表的建设性后现代主义。上述哲学流派虽然在理论来源上有所不同，分析和观察问题的角度也有异，但其在理论倾向、基本观点和思想实质上都是趋同的。

从理论倾向上来看，后现代主义哲学致力于对传统哲学的批判和瓦解，宣称"哲学的终结"，当然，这里的哲学指的是几千年来一统天下的思辨哲学和体系哲学，要求彻底摆脱西方哲学创建以来的形而上学传统，把后哲学不再视为科学之王，而是与其他文化形式同起同坐。

体现在基本观点上，后现代主义哲学反对独断专行的理性主义、本质主义、基础主义、表象主义。作为英国著名的文学

---

① 黄力之：《从文化工业到后现代主义》，《江苏行政学院学报》2009年第1期。

理论家伊格尔顿曾经在其新著《后现代主义的假象》中指出，"后现代性是一种思想风格，它置疑客观真理、理性、同一性和客观性这样的经典概念，置疑普遍进步或人类解放，不信任任何单一的理论框架、大叙事、或终极性解释。与这些启蒙时代的规范相左，后现代性认为世界充满偶然性、没有一个坚实的基础，是多样化、不稳定的；在它看来，这个世界没有一个预定的蓝图，而是由许许多多彼此不相连的文化系统和解释系统组成……"①

在后现代主义看来，西方传统哲学把理性视为人的本质，长期以来鼓吹理性的绝对原则，造成了理性取代上帝成为一统天下的神。这种对理性的过分弘扬不仅忽视，而且否定了非理性因素的作用，造成了理性的泛化和绝对化，而对理性的理解也有失偏颇。理性并不是宇宙中的一个"唯一者"，两次世界大战之所以爆发，恰恰就是独断的理性精神和"唯一者"理性精神发展到极端的明证。而真正的理性则是整个宇宙的多样性，凸显的是个体的"异质性"。从后现代主义的理论形态来看，后现代哲学家们虽然都对传统哲学进行了批判，但并没有在这种批判的基础上建立一个统一的理论体系，而是主张各种范式的并行不悖、相互竞争。在他们看来，"一切围绕一个太阳旋转的古老模式已不再有效，即使是真理、正义、人性和理性也是多元的"。② 针对表象主义认为事物后面有其不变的本质的观点，后现代主义哲学家批判传统哲学理论机械决定论的世界观，指出"最近的科学研究成果和近二十多年来的社会发展表明，用这种观念去看待自然和社会，许多现象无法得到解释。对于今天的世界，决定论、稳定性、有序、均衡性、渐进性和线性关系等范畴越来越失去效用，相反，各种各样不稳定、不确定、非连

---

① 张旭东：《后现代主义与中国现代性》（http://www.aisixiang.com/data/32267.html）。

② [德] 沃·威尔什：《我们的后现代的现代》，载《世界文论》编辑委员会主编《后现代主义》，社会科学文献出版社1993年版，第97页。

续、无序、断裂和突变现象的作用越来越为人们所认识，所重视"。① 反对基础主义关于认识论的根本任务就是寻找一个人类知识的无可置疑的阿基米德点的观点，认为这是一种"镜式哲学"。作为反基础主义的代表人物，罗蒂在其著作《哲学和自然之镜》中指出，"本书的目的在于摧毁读者对'心'的信任，即把心当作某种人应当对其具有'哲学'观的东西这种信念；摧毁读者对'知识'的信任，即把知识当作是某种应当具有一种'理论'和具有'基础'的东西这种信念；摧毁读者对康德以来人们所设想的'哲学'的信任"。② 在后现代主义哲学家看来，人是无本质的存在，世界上也没有先天崇高的知识或学科，事实上，所有的知识和科学都是在人类自身发展过程中慢慢生成的。

后现代主义哲学的思想观点体现了一种不畏权威、彻底反思和批判的精神，在其宣称"哲学的终结""真理的终结"以及"人的终结"的背后，是对西方启蒙运动以来现代性工程盲目乐观的反拨。后现代主义通过对理性主义、本质主义、基础主义和表象主义的批驳，揭露了人道主义的虚构性和暂时性，认为历史不是一维单向发展的，所谓的历史进步观念具有一定的盲目性，因为没有什么可以保证人类的幸福和社会的发展进步，现代神话体现的是资本主义意识形态的虚伪和欺骗，人类应该在批判现代工业文明所暴露出的弊端及其负面效应的基础上超越现代工业文明。

（三）作为一种社会理论的后现代主义

正如迈克·费瑟斯通所认为的，"在知识和艺术实践中，后现代主义得到了理论性的概况，其自身也因此而得以表达。这可以看作是广泛的后现代文化（文化商品的生产、消费、流通极其实践中

---

① [德]沃·威尔什：《我们的后现代的现代》，载《世界文论》编辑委员会主编《后现代主义》，社会科学文献出版社1993年版，第96页。

② [美]理查德·罗蒂：《哲学和自然之镜》，李幼蒸译，商务印书馆2003年版，第4页。

一系列广泛变迁）的标志或先兆"。① 而探讨作为一种社会理论的后现代主义就是要探讨在当代西方社会文化变迁的过程中后现代主义的形成，要做到这一点，"就必须要超越基础论与相对论、一元认识论与多元本体论的错误对立，去研究具体的社会和文化过程，去研究特殊知识积累的生产动力学"。② 这种研究包括以下三个方面的工作：首先就是对艺术、学术和知识场域中的后现代主义进行研究，运用布迪厄的场域理论分析该符号的产品经济学；其次就是考察产生该符号的艺术家、知识分子、学术专家之间的关系以及其与媒介中其他专家、消费文化、大众文化中的其他专家之间的关系，以呈现在该符号的生产、流通、消费背后的深刻权力因素；最后就是在全球化的视野观照下，考察社会间的激烈竞争，以揭示不同群体的日常生活实践与体验的变迁。③ 迈克·费瑟斯通之所以如此强调后现代观念在文化人（艺术家、知识分子、学者、媒介人）中的概念形成和消解过程，是因为他看到了虽然我们已经进入"后工业社会""消费社会"，这是一个客观事实，但或许更重要的一点是我们关于外部世界的认知发生了变化。因此，在费瑟斯通看来，理解后现代主义的关键就是从"严格的文化模型、阐释、概念性工具、理论的意义上，去试图阐明那些影响着专家们的文化生产的过程，即文化专家们不断变化着的实践、他们之间的相互依赖关系及权力平衡关系，才能更好地阐释我们关于'外边那个文化'的认知和评价"。④

正如我们前文中关于后现代主义所进行的历史起源分析所看到的，后现代主义在其发展过程中涉及了诸多领域，而上述关于后现代主义的理解都局限在某一学科或领域，所以导致对后现代主义的

---

① ［英］迈克·费瑟斯通：《消费文化与后现代主义》，刘精明译，译林出版社 2002 年版，第 50 页。
② 同上书，第 14 页。
③ 同上书，第 14—16 页。
④ 同上书，第 36 页。

理解会有失偏颇。在本书看来，从社会理论的角度采取跨学科的研究才是对后现代主义最好的研究。换言之，本书主张从社会理论的角度对后现代主义进行研究，除了由于种种原因，社会学对后现代主义研究具有局限之外，更重要的是由后现代主义的特征所决定的。

正如美国学者波林·罗斯诺所指出的，"后现代主义像幽灵一样时常缠绕着当今的社会科学。在许多方面，几分可信几分荒诞的后现代方法对最近三十多年来的主流社会科学的基本假定及其研究成果提出了诘难。后现代主义提出的挑战似乎无穷无尽。它摒弃了认识论的假说，驳斥方法论的常规，抵制知识性的断言，模糊一切真理形式，消解任何政策建议"。[1] 后现代主义之所以能够对诸多学科领域发起挑战，是因为它对几乎所有的科学的前提基础都提出了颠覆性的质疑，从而导致了科学（自然科学和社会科学）内部的"革命"。

本书认为作为一种社会理论的后现代主义是在与社会学理论的对话中体现出来的，因此，在第四章将展开对于作为一种社会理论的后现代主义的论述。

---

[1] ［美］波林·罗斯诺：《后现代主义与社会科学》，张国清译，上海译文出版社1998年版，第1页。

第二章　后现代社会理论
转型的理论背景

后现代社会理论是后现代主义对社会科学挑战后的产物，是在与社会学理论交锋的过程中形成的，由社会学理论向后现代社会理论的转型既与哲学领域深层次的价值争论有关，也是对社会学理论危机的反应。20世纪下半叶，以尼采、海德格尔、巴塔耶等人为代表，开启了一条非理性的哲学致思之路。作为后现代主义的理论先驱，在某种意义上，他们影响或决定了其后后现代主义者的思入方式，构成了后现代主义社会理论形成的路径。而社会学的危机则是后现代社会理论兴起的学术背景。这种危机主要体现为社会学为自己规定的任务和为完成任务而建立的方法论，竟成了问题。

第一节　后现代社会理论的先驱

后现代社会理论的转型并不是一蹴而就的，而是奠基于早期后现代主义者对现代性的批判与质疑工作。关于谁是后现代主义的先驱，不同的学者有不同的人选，贝斯特和凯尔纳认为，从现代通往后现代的道路有多条，其中一条是由浪漫主义经过存在主义再到法国的后现代理论的，而在这条道路上被视为后现代社会理论先驱的主要有尼采、海德格尔和巴塔耶，其所遵循的是一种非理性主义传统。① 在这条路途上，大家所看到的风景都与身体有关。

一 尼采

要谈论后现代社会理论的先驱，有一个人物是无法忽视的，这个人就是尼采。尤尔根·哈贝马斯在《现代性的哲学话语》一书中把尼采视为后现代性的开端，福柯把尼采奉为自己的精神导师，瓦蒂莫认为哲学的后现代性开始于尼采的著作，尤其是尼采所撰写的《不合时宜的思想》第二部分《历史对生命的用途和损害》与《快乐的科学》完成之间的那些作品，② 而德里达也是因为受尼采影响而开启自己的理论构想的。正如国内学者周国平所认为的，尼采喊出的那句口号——"重估一切价值"——预示了西方社会价值观念根本变化的一个时代，而不了解尼采，就不可能会了解这个时代的哲学思潮、文艺思潮和社会思潮。③ 尼采的影响主要体现在对现代性的批判——虚无主义、超人学说以及多视角的方法上。

首先，尼采对现代性的反思批判体现在他对于资本主义精神危机的判定——虚无主义上。在《快乐的科学》一书中，他说："我辈天生的猜谜者，我们好像在山上等待，置身于今日与明日之间的矛盾里，我辈正在来临的世纪的头生子和早生儿，我们现在应该已经看见不久必将笼罩欧洲的阴影了……"④ 所谓"必将笼罩欧洲的阴影"实际上揭示的是两次世界大战后，人们由于传统价值和信仰的失落，置身于虚无主义中的苦闷彷徨。人渴望在变动不居的世界中寻找意义，寻找的结果却发现这种意义并不存在，万事万物都毫

---

① ［美］斯蒂芬·贝斯特、道格拉斯·凯尔纳：《后现代转向》，陈刚译，南京大学出版社2002年版，第47页。
② ［意］詹尼·瓦蒂莫：《现代性的终结》，李建盛译，商务印书馆2013年版，第44页。
③ 周国平：《尼采：在世纪的转折点上》，译林出版社2012年版，第8页。
④ 参见周国平《尼采：在世纪的转折点上》，译林出版社2012年版，第15页。

无意义，当人们失去了继续寻找的勇气时，一种心理状态的虚无就出现了。为了避免这种虚无的状态，人们寄希望于虚构一个彼岸世界来引领人的生存，上帝被构造出来作为至善和真理的偶像。但随着人们关于上帝观念的逐渐淡化，彼岸世界失去了慰矢藉人的心灵的力量，生存价值出现了芜杂腐朽的状态，虚无主义接替上帝而存在。"虚无主义意味着什么？——意味着最高价值自行贬值。没有目的。没有对目的的回答。"① 在海德格尔看来，"'虚无主义'这个名称表示的是一个为尼采所认识的、已经贯穿此前几个世纪并且还在规定着现在这个世界的历史性运动"。② 这里的历史性运动实际上就是指形而上学的历史。所以，尼采的虚无主义具有对西方的形而上学进行解构的含义。当"上帝死了"，传统价值也随之崩溃后，尼采喊出了"一切价值重估"的口号。这种价值重估试图摧毁的是一切带有虚构色彩的价值体系。

尼采揭示了现代人身处虚无之中。但如何走出这种虚无，在海德格尔那里，尼采不但没有为克服虚无主义提供良方，反而陷入了更深的虚无主义。学者田立年认为，"尼采的意义不在于他为现代社会的精神——文化危机所提出的具体解决办法，而在于他以他自己的方式突出地表现和强化了这种危机"。③

"上帝死了"之后，人的处境如何？该何去何从？尼采指出，"虚无主义的结果（对无价值性的信仰）乃是道德估价的结果；——利己主义的东西已使我们兴味索然了（即使在认识到非利己主义的不可能性之后）；——必然之物使我们兴味索然了（即使在认识到一种自由裁决和'可以理解的自由'之后）。我们看到，我已经把我们的价值置于其中的那个领域，是不可企及的——这样

---

① [德]弗里德里希·威廉·尼采：《权力意志》，张念东、凌素心译，商务印书馆1991年版，第280页。
② [德]马丁·海德格尔：《林中路》，孙周兴译，上海译文出版社1997年版，第219页。
③ 王治河：《后现代主义辞典》，中央编译出版社2005年版，第473页。

一来，我们生活于其中的另一个领域还根本没有获得价值。相反，我们疲惫了，因为我们失去了主要动力。'迄今为止都是徒劳之举'"。① 鉴于这种处境，意义的赋予就应该由人自身来确认，尼采的超人理论体现了人对自身认识的转折。致力于研究尼采的德国学者安内马丽·彼珀认为，尼采的超人不是某种理想化的人格，而是生成于对自我的超越运动中。对超人的认识不是在玄思中进行的，恰恰相反，应该通过自我在生活实践中的不断接受挑战，肯定自我价值来认识超人的存在。"人们想看见超人，因为他们完全没有理解，超人是无法看到的。而是必须做出来的。那些人只能领悟到事物化了的、在客观上可以触摸到的形体。在这种意义上的超人是不存在的；只有当我们去做，即超越作为人类的自身，才有超人。"② 这种不断实现超越，永不满足、永不枯竭的强大力量是"生命的核心"，是生命的本质，也是意志的本质。正是在生命与其他异己者的斗争过程中，生命才显现出自身的力量，才把人生的快乐带给了生命本身。《悲剧的诞生》一书孕育了一种新的价值体系，即把生命本身视为价值标准，万事万物都要以此来进行价值重估和重建。在《权力意志》一书中，这一想法得到了更明晰的阐述，"世界除了强力意志之外什么也不是；同样，你本人除了强力意志之外，什么也不是"。③

尼采对传统形而上学的批判，对人的生命意志的肯定以及"重估一切价值"等口号的提出，揭示了两次世界大战后人的生存状况，结束了统治人们两千年的形而上学传统，终结了近代以来所形成的主体主义以及人类中心主义。正是在尼采宣称"上帝死了"之

---

① [德] 弗里德里希·威廉·尼采：《权力意志》，张念东、凌素心译，商务印书馆1991年版，第672页。

② [德] 安内马丽·彼珀：《动物与超人之维》，李洁译，华夏出版社2001年版，第55页。

③ [德] 弗里德里希·威廉·尼采：《权力意志》，张念东、凌素心译，商务印书馆1991年版，第700页。

后，福柯接过了尼采的战旗，宣告"人死了"，发布了主体死亡的讣告。

尼采的哲学是一种人生哲学，尼采最关心的不是以探寻外物之真为鹄的认识论，乃是人之存在的意义问题。对知识以及对追求知识的哲学传统的批判，彰显了尼采对人的存在状态的深切关怀。针对古希腊哲学家苏格拉底提出的"知识就是美德"，认为知识是人生最高目标，知识是道德行为的最高准则的观点，尼采进行了批驳。在叔本华看来世界首先不是人认识的对象，而是意志和表象的世界，"'世界是我的表象'：这是一个真理，是对于任何一个生活着的和认识着的生物都有效的真理；不过只有人能够将它纳入反省的、抽象的意识罢了"。[①] 受叔本华的影响，在尼采看来，既然认识所能得到的只是现象世界，而非所谓客观存在的世界和事物本身，所以，无论何种认识都会带有人的烙印，都不会达到纯粹的客观存在，而总是首先体现了人的利益和需要，因此真理性认识不过是主体用来满足自己目的和需要的工具或手段罢了。基于这种认识，尼采认为没有唯一的纯粹客观的真理的存在，不同的人有不同目的和需要，其所形成的关于事物的认识也会不同，只有与不同目的和需要有关的诸多真理的存在，所以对世界的感知必须具有多视角、多元性。从根本上来说，"哲学的迷误，就在于不把逻辑和理性范畴看成一种手段，用来使世界适应有用的目的，而认为可以在其中找到真理的标准、实在的标准。……其天真处就在于把那种以人为中心的怪癖当成衡量事物的尺度，鉴别'实在'与'不实在'的准绳：总之，是把相对性绝对化了"。[②]正如道格拉斯·凯尔纳和斯蒂文·贝斯特在《后现代理论——批判性的质疑》一书中对尼采的盛赞："尼采为福柯以及几乎所有的法国后结构主义者提供了超

---

① ［德］叔本华：《作为意志和表象的世界》，石冲白译，商务印书馆2013年版，第25页。

② 张秀章等选编：《尼采箴言录》，吉林人民出版社2003年版，第50页。

越黑格尔和马克思主义哲学的动因和理念。尼采不仅开创了一种后形而上学的、后人本主义的思维模式,而且使福柯认识到,我们可以写出关于理性、疯狂以及诞生于统治场域中的主体等等之类非传统主题的'系谱学'史。"[1]

二 海德格尔

虚无主义体现了西方社会历史发展的内在逻辑,在尼采之后,海德格尔承接了尼采的工作,也把现代性的危机理解为虚无主义,并认为导致虚无主义出现的根源是西方的形而上学。针对许多人所面临的这种虚无主义,海德格尔接着尼采说,为克服虚无主义提出了自己的方案。作为20世纪德国最伟大的思想家,海德格尔对当代西方哲学和人文科学发展的影响是深远的,这主要体现为在现代西方哲学方面,他是一个集大成者;在后现代思潮中,他是先驱,法国思想家德里达就是通过对海德格尔解构思想的继承,掀起了"解构主义"运动的。

存在问题是海德格尔哲学研究的基本问题。在海德格尔看来,以往的哲学都是忽视存在的哲学,离开存在而探讨关于世界的认识是一种本末倒置的行为,因为世界是依赖我的存在而展示出来的。而人的存在首先不是近代哲学所宣扬的理性的存在,恰恰相反,存在首先是非理性的事情,是人的本能的意识活动。要解决传统哲学在认识论问题上所产生的困境,海德格尔认为必须先把存在放在首位,视存在为真理之始源。"因为'真理'所意味的和'事情'、'自己显示着的东西'是一样的。"[2] 海德格尔认为,"必须把正确选择一种存在者作为出发点的可能性准备好,把通达这种存在者的真正方式勾画出来……因此,对存在问题的解答即是说,使某物存

---

[1] [美]道格拉斯·凯尔纳、斯蒂文·贝斯特:《后现代理论——批判性的质疑》,张志斌译,中央编译出版社2004年版,第45—46页。

[2] [德]马丁·海德格尔:《存在与时间》,陈嘉映、王庆节译,生活·读书·新知三联书店1999年版,第246页。

在者——即提问的存在者——在其存在中透彻可见。这种存在者,就是我们自己,我们称之为此在"。①

此在指涉什么?"此在"是主客体分化之前的"真在",真理是"此在"的展开。"真理意味着存在者的被揭示状态。一切被揭示状态在存在论上都基于源始的真理即此在的展开状态"。② 在海德格尔这里,此在是"在世界之中存在","在世界之中存在"的主体是常人,"常人怎样享乐,我们就怎样享乐;常人对文学艺术怎样阅读怎样判断,我们就怎样阅读怎样判断;竟至常人怎样从'大众'抽身,我们也就怎样抽身;常人对什么东西愤怒,我们就对什么东西'愤怒'。这个常人不是任何确定的人,一切人——却不是作为总和——倒都是这个常人。就是这个常人指定着日常生活的存在方式"。③ "在世界之中存在"揭示了此在的本质就是烦,因为此在在世是其无法选择的选择,此在在世不是以作为自己而是作为常人在世,海德格尔称之为沉沦。沉沦"这个名称并不表示任何消极的评价,而是意味着:此在首先通常寓于它所操劳的'世界'。这种'消散于……'多半有消失在常人的公众意见中这一特性"。④ 要克服此在的沉沦状态,应该"正确地倾听召唤就等于在其最本己的能在中领会自己,亦即在这样一种自身筹划中领会自己——这种自身筹划的所向就是能以最本己的本真的方式成为有罪责的。此在有所领会地让自己被唤上前去,唤向上面这种可能性……此在以领会呼声的方式听命于它最本己的生存的可能性"。⑤

对存在问题的探讨体现了海德格尔超越以往哲学主客二分的思维方式,消解传统形而上学,化解关于真理问题争端的有益尝试。

---

① [德] 比梅尔:《海德格尔》,刘鑫、刘英译,商务印书馆1996年版,第35页。
② [德] 马丁·海德格尔:《存在与时间》,陈嘉映、王庆节译,生活·读书·新知三联书店1999年版,第294页。
③ 同上书,第147—148页。
④ 同上书,第204页。
⑤ 同上书,第329页。

在此之后海德格尔转向了存在论的研究。19世纪的人被尼采视作最后的人：自满自足、受到压抑、失去了生命的意志。人的这种状态与他生活于其中的社会密切相关。现代人的处境是资本主义的生产方式造成了科学技术与人的对立，科学技术作为人类生存的一种基本样式，处于一种受压抑的状态。如弗洛姆所言，"人创造了种种新的、更好的方法征服自然，但却陷于这些方法的罗网之中，并最终失去了赋予这些方法以意义的人自己。人征服了自然，却成为自己所创造的机器的奴隶"。[1] 而马尔库塞也认为"政治意图已经渗透进处于不断进步中的技术，技术的逻各斯被转变成依然存在的奴役状态的逻各斯。技术的解放力量——使事物工具化——转而成为解放的桎梏，即使人也工具化"。[2] 人的这种存在状态促使海德格尔在20世纪30年代后，开始致力于对科学技术及其带给人类生活影响的思考。《技术的追问》一书，集中的便是海德格尔关于技术和现代技术本质的论述。

借助现象学的解释学方法，海德格尔区分了技术和技术的本质，指出二者在本质上有不同，现代技术是一种解蔽方式。"如是看来，技术就不仅是手段。技术乃是一种解蔽方式。倘我们注意到这一点，那么就会有一个完全不同的适合于技术之本质的领域向我们开启出来。此乃解蔽之领域，亦即真理之领域。"[3] 现代技术的去蔽孕育着极大危险，因为"贯通并统治着现代技术的解蔽具有促逼意义上的摆置之特征"。[4] 即现代技术的去蔽是一种促逼，这种促逼无视自然事物的尊严和独立性，是一种对在场者的限定。自然事物被强迫以非自然的状态来满足技术需要，而除了事物和自然之

---

[1] [美]埃·弗洛姆：《为自己的人》，孙依依译，生活·读书·新知三联书店1988年版，第25页。

[2] [德]赫伯特·马尔库塞：《单向度的人》，刘继译，上海译文出版社2011年版，第127页。

[3] 孙周兴选编：《海德格尔选集》，上海三联书店1996年版，第931页。

[4] 同上书，第934页。

外，人本身也受制于技术，被技术所异化。在技术进步的社会里，"人类本身也变成了技术发展中和被技术发展左右的轮子"，被限定了方向，按照技术的需要行动，只体现了存在的单纯的物质性和功能性，真正的存在却消失了。"在持存意义上立身的东西，不再作为对象而与我们相对而立。"① 而最危险的则是处于统治地位的现代技术的"座架"本质。海德格尔指出："对人类的威胁不只来自可能有致命作用的技术机械和装置。真正的威胁已经在人类的本质处触动了人类，座架之统治地位咄咄逼人，带着一种可能性，即人类也许已经不得进入一种更为原始的解蔽而逗留，并从而去经验一种更原初的真理的呼声了。"② 在《技术之追问》中，海德格尔揭示了"座架"的强制性，分析了座架对人与物的功能性展示方式的控制。工业社会中的技术不仅仅是一种工具，更成为了许多人无可规避一种生存方式。生活于其中的人"成了技术体系的职员、附属、辅助甚至是它的手段"。但无可否认，不管我们持何种态度，"没有任何个人，任何团体，任何委员会，没有任何举足轻重的政治家，研究人员和技术人员，也没有任何经济及工业首脑的协商会议，能够刹住或者控制核时代的历史进程。没有一个单纯的人类组织有能力夺得对时代的统治地位"。③ "座架"是西方历史的命运。

在现代技术统治和支配人和物的背后，是西方形而上学的思维方式在发生作用。在晚期著作《林中路》中，如海德格尔指出的："从笛卡儿到尼采的历史，是主客两极化发展的历史，是形而上学的历史。"但在这一历史里，由于形而上学遗忘了存在，所以也是不思存在的历史。不同于传统认知方式上与行动相对立的"思"，海德格尔的思是尚处于主客二元框架内的筹划。这仍然不是真正的思。只有能够显现存在的思才是真正的思，就如海德格尔所指出

---

① 孙周兴选编：《海德格尔选集》，上海三联书店1996年版，第935页。
② 同上书，第946页。
③ 同上书，第1238页。

的："科学不思是因为它的活动方式及其手段规定了它不能思，亦即不能以思想家的方式去思。科学不能思，这不是它的缺陷，而是它的长处。正是这一长处确保它有可能以研究的方式进入其对象的领域，并在其中安居乐业。"[1]

三　巴塔耶

除了海德格尔外，尼采通往法国后现代思想的另一条道路是经由乔治·巴塔耶而到福柯的。巴塔耶身份的辨识度很难，正如罗兰·巴特指出的，"你如何对巴塔耶这样的作家进行分类？小说家、诗人、散文家、经济学家、哲学家，还是神秘主义者？答案如此之难，以至于文学手册总是忘掉了巴塔耶"。[2] 由于巴塔耶着眼于"欲望"，以色情、性、邪恶等为主题而著述，所以常常被冠以色情作家、神秘主义者等名号，而实际上围绕欲望等主题而开展的工作体现的是巴塔耶批判理性、主体的一种策略。

在哲学发展史上，尼采对身体的关注开辟了哲学发展的新方向，在尼采之后，海德格尔、巴塔耶、福柯等人都把目光由探索外部转向对身体的关注，身体成为哲学研究的中心。在尼采那里身体就是权力意志本身。受尼采的影响，巴塔耶把理性主体和道德主体视为自己的批判对象，探讨的是色情、性、邪恶、死亡等"理性的他者"。在巴塔耶看来，黑格尔的哲学体现的是理性的主体的哲学，尼采的哲学较多的是突出了权力意志这一非理性的力量，世界在尼采的视野里是一个力量场，权力意志起着整合世界的作用，尼采的权力意志充满了力量与力量之间的竞争和合作。巴塔耶对尼采的这一思想进行了更进一步的阐发，在他看来，欲望有三层，分别是兽性、人性和神性。兽性是人还未把自己从动物界拔升出来的动物性

---

[1] 孙周兴选编：《海德格尔选集》，上海三联书店1996年版，第1209页。
[2] Roland Barthes, *From work to Text*, in *Image-Music-Text*, Fontana, London: Flamingo Press, 1977, p. 157.

欲望。人性和兽性作为两种对立的力量同时共存在人的身上，人性战胜了兽性，把人从动物界提升出来，产生的是黑格尔的理性和主体的历史。但对兽性的否定一定会遭到失败，因为兽性是受自然驱动而行事的，它对自然的欲望像一个得力的听差一样，随时待命，从无僭越，没有分离和对立，而人性则是通过与兽性的分离，在否定兽性的过程中体现出来的。虽然兽性不会被战胜，但在现代社会，它却成为被管理、被控制、被排斥的对象。即人通过克服兽性建立了一个世俗的世界，在这个世界里，兽性作为反人性的一面被超越和否定，这种否定形成了禁忌。禁忌"否定人对自然状况的依赖，以我们的尊严、我们的精神特征、我们的超脱对抗动物的贪婪"。[①] 性是动物的标志性特征，所以禁忌不能彻底否定性，但却对性建立规范的制度性框架予以安置。

巴塔耶和海德格尔都批判理性，都力图实现对主体主义的超越，但二者在批判和反思的途径上有所不同。海德格尔是通过对形而上学传统的批判而实现对理性和主体的超越的，巴塔耶没有选择在形而上学的领域作战，而是转向了对身体的关注。"巴塔耶感兴趣的是权力意志那种放荡不羁的特性，即权力意志的创造性和充盈性。权力意志在这里既表现为游戏、舞蹈、迷狂，也表现为由于解构、惊骇以及由于窥见痛苦和惨遭非命而引起的快乐等所导致的兴奋。"[②] 受尼采、海德格尔、巴塔耶等人关于身体论述的思想观点的影响，福柯对自己社会理论的构造也是从身体开始的。在《规训与惩罚》一书中，福柯通过身体的训诫来分析权力关系的实施与运作。在《性史》中，福柯写道："我是要写一部有关性的话语的考古学。这些话语指明在性这个领域里，我们做什么，我们被迫做什么，人们允许我们做什么，不允许我们做什么；还有，对于性行

---

① [法]乔治·巴塔耶：《色情、耗费与普遍经济》，汪民安译，吉林人民出版社2004年版，第188页。

② [德]尤尔根·哈贝马斯：《现代性的哲学话语》，曹卫东译，译林出版社2006年版，第116页。

为，我们被允许说什么，不允许说什么，不得不说什么。这才是关键所在。"①

第二节　社会学的理论危机

后现代社会理论是继社会学的衰落或危机而出现的。何谓社会学的危机？根据胡塞尔在《欧洲科学危机和超验现象学》中对"危机"含义的理解，我们可以把社会学的危机理解为社会学为自己规定的任务和为完成任务而建立的方法论，竟成了问题。以此为准，我们就可以判断社会学的危机是否真实存在，以及在什么意义上存在。同时，对社会学危机的分析也就分解为以下几个问题：社会学理论为自己提出了什么样的任务，它为完成任务而建立的方法论是什么以及它是怎样在解决这两个问题中陷入困境和危机的。

社会学危机是否存在？早在20世纪六七十年代，关于社会学危机的呼声就已出现。正值社会学在美国的发展还如日中天，帕森斯还沉浸在"在所有的基本战线上，社会学都有成长，而且——我认为——都有进步"的美好画面时，赖特·米尔斯已经在深入分析西方社会学所面临的深刻的理论危机，并大力倡导社会学的想象力。1970年，美国社会学家阿尔文·古德纳在其撰写的《正在到来的西方社会学危机》一书中指出，社会学之所以会出现几十年来占统治地位的帕森斯主义，原因在于理论与社会现实之间的契合，即帕森斯的社会学理论对战后的社会历史发展具有较好的解释力，但进入20世纪六七十年代后，这种解释力日渐萎缩。根本原因在于社会现实发生了变化，主要体现为各种社会冲突、运动浪潮的出现。这对帕森斯所持有的关于"秩序"与"进步"的观念是前所未有的冲击，也表明主流社会学和社会学家遭遇到了严峻的挑战。

---

① 包亚明主编：《权力的眼睛——福柯访谈录》，严锋译，上海人民出版社1997年版，第6—7页。

一 社会学理论的危机

社会学创建伊始,就肩负着双重任务:一方面是规范自己形成一门独立的、具有合法性地位的学科;另一方面,社会学的逻辑研究起点是现代性,社会学还肩负着为现代性工程论证的任务。但社会学发展的历史证明,社会学在这两个任务的完成上都遇到了问题。如国内学者肖瑛撰文指出的,"纵观西方社会学史上的危机意识,主要集中在:统一的方法论、理论范式的缺失;立场的模糊;理论同实践的关系歧左歧右,难以协调;认识社会和改造社会的目标无以实现;学科在民众、政府、学界的地位下降。若把视界放宽一点,'社会学危机'还应包括:社会学对现代性的危机性解读"。[①] 从社会学理论的危机上来看,社会学发展迄今尚未成为一门规范的学科,即在研究对象的界定、研究方法以及研究的任务上,遇到了理论整合的困境,尚未形成一个统一、为大家所公认的规范学科,这表征了社会学理论上的危机。

(一) 关于社会学研究对象的分歧

要形成一门独立的学科,首要的就是要明晰其所研究的对象,但社会学发展迄今关于社会学研究对象的问题尚处于边界不清的状态。从字面上看,社会学是以社会为其研究对象的学科,但关于社会在不同的社会学家那里有不同的理解。鉴于学界公认社会学在创建伊始就形成了三大传统,所以本部分从这三大传统分别阐述其对社会学研究对象的理解的分歧。

1. 实证主义社会学

作为一门学科的社会学可以追溯到孔德那里。甘恩指出,孔德竭其一生来实现的规划就是首先确立一套有关各门科学发展方式的理论,通过确立其逻辑及其方法论框架,组织并完善科学体系,最

[①] 肖瑛:《中国社会学理论与方法研究挑战、危机和超越的寻求》,《社会》2007 年第 2 期。

后创立关于社会本身科学研究的社会学,在其基础上,实现规划的最终目的——通过新的社会科学,搞出一套政治方案,以解决法国及其西欧的危机。为此,孔德做了一系列的工作。首先,孔德发明了科学分类法。为了论证社会实证研究的到来,孔德把人类的智力发展划分为三个阶段,在他看来,"我们的每一个主要观念,每一种知识都先后有三个不同的理论状态:神学状态或虚构状态、形而上学状态或抽象状态、科学状态或实证状态"。[①] 社会学是知识发展到第三个阶段的知识——此即实证主义社会学。为要成为一门独立的学科而划清和哲学之间的界限,社会学选择了形而上学的对立物——实证主义,认为社会是一个有机体,主张对社会的研究应该像物理学、化学等自然科学一样,采用经验而非抽象思辨的方法,从"经验事实"出发寻找社会发展的规律,认为应该把实证的精神引入对社会研究的体系中去,使得科学的概念从属于事实。孔德的实证主义原则主要有科学的研究对象是可观察、可检验的经验事实,科学研究的任务在于找到经验事实之间的关系,发现事物运动变化的规律,以未来进行预测和控制;虽然社会现象纷繁复杂且多变,但总体而言,社会现象和自然现象一样具有特定的规律。

在孔德、斯宾塞之后,迪尔凯姆秉承这种实证主义的思想,对社会学的发展做出了独有的贡献。1995年,为了庆祝迪尔凯姆《社会学方法的准则》刊行100周年,人们在波尔多举办了国际研讨会,并在献给迪尔凯姆的一块匾额上镌刻了"法国社会学奠造者"的字眼。之所以把迪尔凯姆而非孔德视为社会学的奠基人,是因为迪尔凯姆开启了社会学成为一门体制化大学学科的历程。"有了迪尔凯姆,社会学开始了第一次真正的复兴。"[②] 以《社会学年

[①] [法]雷蒙·阿隆:《社会学主要思潮》,葛智强等译,上海译文出版社1988年版,第128页。

[②] [英]麦克·甘恩:《法国社会理论》,李康译,北京大学出版社2011年版,第54页。

鉴》杂志为核心，迪尔凯姆创立了社会学学派，目的是确保社会学入驻大学，成为一门能够发挥关键作用，在法国社会动荡之时为其提供正常（规范）形式的制度结构的重要学科。

在迪尔凯姆看来，要使社会学成为一门独立的学科所必须具备的条件就是，社会学应该有自己所研究的特殊对象和相应的研究方法。在他看来，社会学研究的对象应该是社会事实，社会事实作为控制个人行为的外在力量，能够在人们违反社会规则时对个人施加影响。迪尔凯姆认为，"我们必须将社会现象看作是社会本身的现象，是呈现在我们面前的外部事物，必须摆脱我们自己对它们的主观意识，把它们当作与己无关的外部事物来研究，这种外在性使我们从外面观察事物的里面，从而免除一些谬误"。[①] 1895 年，迪尔凯姆发表了《社会学方法的准则》一书，首次系统的从社会现象本身所具有的特征出发，论证了实证社会学的研究对象和方法。这在西方社会学发展史上是一件具有里程碑意义的大事。在此之后，迪尔凯姆把这种实证精神践行到写作中。相继出版的《社会分工论》《自杀论》都是建立在对社会现象进行观察、分析、解释、检验的基础之上的，是对其实证精神的贯彻执行。

20 世纪 20 年代迄今，美国实证主义成为社会学发展的主流，此一阶段也被称为新实证主义。其关于社会学的理解是社会学是一门描述科学而非规范科学，其所研究的应该是社会的"实然"状态而非"应然"状态，所以其所理解的社会学的研究对象更强调感性资料的决定作用，把社会现象等同于自然客体，拒斥对人的意识的研究，认为应该取消关于人的内部状态的判断。这种把人的意识客体化的做法体现了社会客观说对社会学理论的影响。

20 世纪 50—60 年代，经验研究在美国日益流行，出现了对经验资料研究整体化的现象。处于社会学家研究中心的不是人，而是

[①] [法] 埃米尔·迪尔凯姆：《社会学方法的规则》，胡伟译，华夏出版社 1999 年版，第 23—24 页。

系统的行动,社会学研究的是社会结构、社会制度等,此即以帕森斯为代表的宏大社会理论体系。而这个时期也出现了社会学发展历史上的罕见一景,即形成了吉登斯所谓的学界的"正统共识",这种共识把社会的变迁视为一个遵循不以人的意志为转移的规律的演变过程,倾向于从功能主义的角度去理解和分析社会,因而被称为"结构—功能主义"。正统共识的形成深受现代实证主义哲学家如亨普尔、内格尔、波普等的影响,是完全建立在自然主义的基础之上的。

但正如当代哲学家温奇在其重要著作《社会科学的观念》中指出的,社会科学家错误地把其所关注的解释类型与自然科学家的等同起来,但实际上这两者存在着根本的区别。对研究对象理解的差异决定了所使用的研究方法的差异。正是基于这样的认识,温奇认为对社会科学的研究应该采取本质上异于自然科学的研究方法。

2. 人文主义社会学

在社会学创建之初,社会学理论就产生了实证主义与人文主义的对立。人文主义社会学认为,作为社会学研究对象的社会现象是与人的价值相涉的历史文化现象,其在本质上是异于自然科学的自然客观实在,所以不具有规律性,而只具有特殊性,因而自然科学的方法不适用于对社会现象的研究,而应该通过理解的方式去研究社会现象。其代表人物为韦伯。

受狄尔泰、文德尔班、李凯尔特等新康德主义者的影响,韦伯认为社会学研究的不是一个外在于人的"物",而应该是人的行动。因为在他看来,社会是一个由社会行动者组成的社会系统,真实存在的是社会行动的个体而非抽象的社会结构,因此,撇开个体去研究独立于个体或超越个体之上的社会实体是一种错误的行动,应该通过主观意图、个人行动去理解和诠释社会。"社会学(整个使用上含义十分模糊的词在这里所理解的意义上)应该称之为一门想解释性地理解社会行为、并且通过这种办法在社会行为的过程和影响上说明其原因的科学。"① 通过把社会学分析的基本单位确立为个体,韦伯也确认了社会学的研究对象是个体的社会行为。韦伯所理解的"社会行为（包括不为或容忍）可能是以其他人过去的、当前的或未来所期待的举止为取向（报复从前的进攻、抵御当前的进攻、对未来进攻的防卫措施），'其他人'可能是单个个人和熟人,或者人数不定的很多人和完全不认识的人（例如'货币'意味着是一种交换的财富,行为者在交换时所以接受它,因为他的行为以这样的期望为取向,即为数众多的、然而不认识的和人数不定的其他人,将来在交换时乐意接受它）"。② 在韦伯看来,可以被称为社会行动必须满足两个条件,其一,行动者的行动有一定目的和动机,这种目的和动机赋予了行动以意义;其二,行动者的行动不是心理学意义上的心理活动,而是指向他人的。韦伯这种关于社会研究对象的理解迥异于实证主义的理解,也决定了其研究方法的本质不同。

　　继承韦伯这一研究思路的主要是微观社会学理论。在韦伯之后出现了符号互动论、拟剧理论、交换理论、现象学社会学以及常人方法学等。上述理论流派都从"原子主义"的立场出发,把社会视为诸多个体的汇合相加。符号互动论的思想源远流长,最早可以追溯到18世纪的亚当·斯密和休谟那里,二者都认为有关人类的科学必须重视人与人之间相互关联的事实,人际间的交流、同情、模仿以及风俗等都是需要关注的主题。对符号互动论影响最大的学者是乔治·米德。他在前人研究的基础上,把符号互动论系统化了。在他看来,"精神和人类之间的符号沟通可使人类能够进行对于生存来讲十分必要的合作;从持续进行的社会过程开始,精神、自我和社会产生于这一过程"。③ 在其之后,布

---

① 韩水法主编：《韦伯文集》，中国广播电视出版社2000年版，第108页。
② 同上书，第127页。
③ 毛晓光：《20世纪符号互动论的新视野探析》，《国外社会科学》2001年第2期。

鲁默和库恩继承和发展了米德的思想观点。与实证主义把社会心理现象排斥在研究范围之外不同，符号互动论者理解的社会是由代表心理过程的姿态和语言的交换构成的。人们通过身体姿态、语言等符号进行交往，并在这一交往过程中理解现实、建构自我。符号互动论在不断发展的过程中，衍生出了社会角色理论与参照群体理论。拉尔夫·默顿、达伦多夫、古德、班杜拉等人都把个人行为的理论基础建基在角色之上，认为对人的各种社会行为的理解必须依凭人们对自身所扮演角色的理解、期望和要求，社会角色的形成要受到社会文化背景的深远影响，把人的社会化过程理解为角色学习和角色规范的过程。

符号互动论与实证主义社会学理论的不同之处在于，以功能主义为代表的传统社会学理论把社会理解为一种制度、结构或组织，把人的行为理解为由这种结构或组织决定的产物，肯定宏观的社会结构或制度对个体的决定作用。而符号互动论则与之相反，认为社会组织形成的仅仅是人们在其中活动的情境，它的作用就是为人们解释他们所处的情境提供一套固定的符号，只是在这一意义上，才可以说它参与并影响了人们的行动。

3. 批判社会学

社会学在创建伊始就形成了三大理论传统，除了实证主义、人文主义传统之外，还有批判理论传统。其奠基人物为马克思。正如学者孙津在《社会学研究规范对象的变化及其知识境况》一文中指出的，社会学以研究社会为己任，但关于"社会"的理解社会学诸种理论历来就不一致：社会实在论把社会理解为一种客观存在的东西；社会唯名论认为社会只是一个名称；而马克思主义的社会观则把社会看成某种交往关系和交往形态。霍克海默之所以用"批判理论"来指代马克思主义，是因为马克思本人著作的主线就是批判。与实证主义和人文主义在二元对立的框架下执其一端而出现观点的抵牾不同，批判理论谈论的不是社会的实然问题而是应然问题，其所体现的是一种历史分析的应用逻辑而非具体的理论和经验内容。与传统社会学理论以对社会的科学分析为目的不同，批判理论着眼于对资本主义社会的批判和改变。阿克塞尔·霍内特在分析阿多诺和霍克海默的批判社会理论中指出，二者都认为"科学以有计划、有步骤的系统化方式继续了这样的过程，在此过程中，社会首先学会通过对其外部自然的工具控制来保全自己，最后学会通过对其内部的社会控制来保全自己。科学消除了社会积累的支配知识的那种具有情境性的偶然性，从而使之理性化，正因如此，它参与人类对自然的支配和社会物化的那个文明循环过程"。[1]正如马克思在《关于费尔巴哈的提纲》一文中所指出的，"哲学家们只是用不同的方式解释世界，而问题在于改变世界"。马克思虽然被视为是批判理论的创始人，但第一次提出该概念的却是霍克海默，他也被认为是解释批判理论最经典之人。

1931年，霍克海默就任法兰克福社会研究所所长的就职演说可被视为社会批判理论的最初纲领。在该次演说中，霍克海默指出，"社会哲学的最终目标是对作为群体成员的人的命运作出哲学解释"，应该从社会经济结构、个人心理发展和文化现象三大领域，从哲学和社会学等入手对资本主义社会进行综合性研究。在他看来，由于社会科学已经被诸多学科瓜分为单个的研究领域，社会学已经失去了从总体上描述社会历史发展的能力，能够把握资本主义社会总体性的是社会—历史哲学。具体而言，就是通过促进社会理论对有关当代社会各个特殊领域的研究来把握总体性的社会过程。批判的社会学理论首先体现的是一种立场，其次才是一种理论。霍克海默指出，传统社会学理论的"科学专家研究的客体根本不受他人理论的影响。主体和客体是严格分开的。即使事实证明现实事件最后终究会受人类干预的影响，对科学来说，这也不过是另一个事

---

[1] ［德］阿克塞尔·霍内特：《权力的批判——批判社会理论反思的几个阶段》，童建挺译，上海人民出版社2012年版，第58页。

实而已。客观事件是不依赖于理论的,而这种独立性正是它的必然性的组成部分:观察者不能在客体中造成变化"。① 与实证社会学和解释社会学在主客二元对立的框架下理解社会学的研究对象不同,批判社会学否认主体与客体的分离,因为认识的客体并不是外在于主体的,而恰恰是主体的活动的产物。事实并不具有纯粹的客观性,而是劳动实践的产物。但正如霍内特所分析指出的,如果把所有的科学知识都置于支配性知识这一概念之下,从人类不断发展的自我异化角度来分析各门科学学科的话,传统的关于自然科学与社会科学和人文科学的划分就失去了它们可能存在差异的意义。② 很显然霍内特并不赞同这两位前辈的观点,在他看来,阿多诺的社会理论体现为一种对社会的排斥,"由于经济上的制度再生产与个体的行动主体之间的社会中介看起来随市场领域在政治和经济上的削弱在一切层面上都受到破坏,批判的社会科学不再适宜作为一种独立的对象领域",③ 其所体现的是由于过于强调从社会内部对资本主义的批判,所以丧失了社会性的维度。"批判理论的历史从其霍克海默的起点直到阿多诺后期的哲学,都是以一种引人注目的缺陷为标志的。"④

4. 小结

正如美国社会学家古尔德纳在其《即将到来的西方社会学危机》一书中所指出的:"无论是否喜欢、是否了解,社会学家都要根据预先确定的假设来组织自己的研究,社会学的特点就在于依赖于这些假设,并随这些假设的变化而变化。而要探讨社会学的特点,了解社会学是什么,就要求我们去辨认那更深一层的关于人与

---

① [德] 马克斯·霍克海默:《批判理论》,李小兵等译,重庆出版社 1990 年版,第 217 页。
② [德] 阿克塞尔·霍内特:《权力的批判——批判社会理论反思的几个阶段》,童建挺译,上海人民出版社 2012 年版,第 58—59 页。
③ 同上书,第 90 页。
④ 同上书,第 95 页。

社会的假设。"① 在实证社会学、解释社会学（或人文社会学）以及批判社会学中之所以会出现关于社会学研究对象理解的分歧，是因为隐含在这三大传统中的人的前提假设是不相同的。如果说实证社会学所理解的人是一个社会人，那么隐含在解释社会学中的人则是一个具有一定能动性、创造性的人，而批判社会学中的人则是一个具有人文关怀向度，具有反思和批判精神的人。

学者文军在其所撰写的《论社会学理论范式的危机及其整合》文章中也指出，"社会学理论至今还不能完全确定自己的研究对象和领域就是一个例证，因为对象是多变的，而研究领域几乎是没有任何界限。尽管新一代的社会学者所受到的学科训练中关于社会学的知识非常之多，但是，对于自己的学问是干什么的可能并不十分清楚，这或许正是社会学五花八门的原因。如果一门学科始终无法形成对研究对象的共识，那么，它的发展趋势便会变得越来越模糊。这或许正是困扰社会学作为一门独立学科的最大问题"。

（二）方法论之争：整体主义方法论与个体主义方法论

黑格尔曾经指出，"方法并不是外在的形式，而是内容的灵魂和概念"。由于不同社会学家对社会学研究对象理解的不同。其所对应的研究方法也会有质的不同，关于社会学研究对象的分歧，衍生了社会学的方法论之争：迪尔凯姆的整体主义方法论、韦伯的个体主义方法论以及马克思关于社会环境与个体互相创生的关系主义方法论。

此处的方法论并非指如何针对社会开展调查和研究等具体的方法，而是指在研究社会现象时所采取的立场。社会学自创建以来就存在着个人与社会、主体与客体、行动与结构等二元对立的理论困境。如果在从事研究过程中，优先考虑个人主体性立场，即个体主义的方法论，如果优先考虑社会整体的，即整体主义的方法论，而

---

① Alvin W. Gouldner, *The Coming Crisis of Western Sociology*, New York: Basic Books, 1970, p.5.

从主体和客体之间关系着手的可以视为关系主义的方法论。在社会学研究中之所以会出现这样的二元对立，根源在于自然科学研究范本对社会学的深远影响。在某种意义上可以说社会学是以自然科学为榜样来建立自己的知识体系的。

1. 整体主义方法论

早在18世纪，西方思想家就开始从个人与社会的关系上认识社会，并初步形成了关于社会是一个整体，应该从整体研究社会的这种理念。19世纪，近代自然科学的发展特别是生物学的发展启发了社会学整体主义方法论的形成。孔德、斯宾塞等人把社会视为像生物一样的有机整体，并认为其存在和发展也是有其自身的规律的，个体只能受其制约而非相反，因此在研究社会现象时认为应该借助于整体的系统来观察各个部分。孔德创立的社会学以发现社会发展和变动的规律、解决社会问题、建立正常社会秩序为己任。而要达成这一目的，仅仅以社会中的某一部分或单位为研究对象是行不通的，因为社会本身是一个由许多相互联系、相互作用的部分构成的复杂的系统。所以对社会整体进行研究是由社会学的任务决定的。

秉承孔德的思想，迪尔凯姆在《社会学方法的规则》一书中详尽介绍了整体主义方法论。首先，区分了社会现象不等于普遍现象。"'社会的'一词只有用来表示一种综合性的现象，一种与已经形成的个体现象相脱离的现象才有确定的意义。这样的现象，是社会学专有的现象。"[1] 其次，认为社会现象是独立于个人的特殊现象，社会现象是由外界的强制力作用于个人而产生的现象，突出了社会学研究对象对个体的强制性。在迪尔凯姆看来，社会现象可以如下定义："所有'活动'状态，无论固定与否，只要是由外界的强制力作用于个人而使个人感受的；或者说，一种强制力，普遍

---

[1] [法]埃米尔·迪尔凯姆：《社会学方法的规则》，胡伟译，华夏出版社1999年版，第5页。

存在于团体中,不仅有它独立于个人固有的存在性,而且作用于个人,使个人感受的现象,叫作社会现象。"① 在迪尔凯姆看来,社会现象具有外在性、强制性。所谓外在性指的是社会事实,是外在于个体的主观意识和观念范畴的,因而它与个体行动具有质的不同。社会事物虽然必须通过人才能实现,但只凭人们的主观想象并不能认识事物,也无法知道事物的本质,所以要研究社会事物必须摆脱我们自己对它们的主观意识。社会现象的强制性与外在性共同构成了社会现象的客观性基础。客观性有三层意义,"第一为外在事物的意义,以示有别于只是主观的、意谓的、或梦想的东西。第二为康德所确认的意义,指普遍性与必然性,以示有别于属于我们感觉的偶然性、特殊和主观的东西。第三为刚才所提到的意义,客观性是指思想所把握的事物本身,以示有别于只是我们的思想,于事物的实质或事物的自身区别的主观思想"。② 在社会学发展的历史上,迪尔凯姆是以方法而著称的。甘恩的研究指出,虽然迪尔凯姆撰写了《社会学方法的准则》一书,但在其后的研究过程中,他对这一方法的贯彻并不彻底,相反,由于方法上的困境,迪尔凯姆最后不得不借助于理论以对问题进行分析。

由于当时的法国处于社会的动荡状态,所以如何从理论上解决法国的这一现实问题就成了孔德、迪尔凯姆等社会学家的共同任务。要对社会进行病理性的分析首先要确定何种状态是正常状态。迪尔凯姆指出:"研究欧洲国家中目前无组织的经济状况是否为规则现象,首先要考察欧洲以往社会中经济组织的起源状况。如果它在当时的情况下与目前的经济状况相同,即使人们认为它混乱无序,仍然必须承认它是规则现象,反之,以往的经济状况在进入现代社会以后,已经逐渐改变了过去的情况,这种现象虽然还普遍存

---

① [法]埃米尔·迪尔凯姆:《社会学方法的规则》,胡伟译,华夏出版社1999年版,第12页。
② [德]黑格尔:《小逻辑》,贺麟译,商务印书馆1997年版,第120页。

在于目前社会,仍然应该看作不规则的现象。"① 即对社会现象规则与否的判断是建立在其所依赖的社会条件上的。在《社会分工论》一书中,迪尔凯姆一方面认为不能仅仅根据正常类型来区分健康状态和疾病状态,另一方面又认为应该限定正常类型,方法保持不变。这一前后矛盾的表述实际上说明的是迪尔凯姆自己所提出的社会学方法的准则是矛盾的,存在问题的。正如甘恩分析指出的:"我认为,迪尔凯姆为了使用自杀统计数据,被迫推翻了他在 1895 年如此出色地阐述的那些原则;这一事实本身就在相当程度上揭示了迪尔凯姆的方法论观念:方法论扮演的角色具备创造性、可塑性和非教条性。"②

由此来看,迪尔凯姆虽然强调社会现象的强制性、外在性、客观性,并力图说明在个体与社会之中,社会对个人具有决定性,以论证社会学在研究时何以整体优先于个体。而在当代持有整体主义方法论观点的是美国社会学家布劳,他也明确声称自己是一个"结构决定论者",在区分社会学与心理学的基础上,指出要把社会结构作为社会学的研究对象,关注社会对个体的影响和制约作用。但实际上,这一方法可能并不一定行之有效,正如迪尔凯姆自己指出的:"人们可能先验地认为,在自杀的性质和自杀者所选择的死亡方式之间有着某种联系。实际上,自杀者用来实现他的决心的方法取决于促使他这样做的感情,因而也是表达这些感情,这看来是很自然的。人们因此可能试图利用统计数字给我们提供这方面的材料,根据自杀的形式比较精确地说明不同种类自杀的特点。但是我们在这方面所做的研究只得出否定的结论。"③ 这一说法揭示了方

---

① [法]埃米尔·迪尔凯姆:《社会学方法的规则》,胡伟译,华夏出版社 1999 年版,第 50 页。
② [英]麦克·甘恩:《法国社会理论》,李康译,北京大学出版社 2011 年版,第 83 页。
③ [法]埃米尔·迪尔凯姆:《自杀论》,冯韵文译,商务印书馆 1996 年版,第 272—273 页。

法论与实质性的社会学假设之间有着非常密切的联系。原本认为能够延伸到行为外在形式的社会性因果关系并未得到证实,恰恰相反,在迪尔凯姆通过对19世纪70年代四个国家的自杀方式进行数据统计之后,他指出,自杀在整体上虽然依赖于社会原因,但他划分的自杀类型与现实生活中自杀的实施方法之间并不存在任何关联。这在某种意义上,证明了这种整体主义的方法论,即用整体的方式分析理解个体是存在难度的。

2. 个体主义方法论

个体主义方法论认为,在社会研究中应该从个体的社会行动入手来研究社会结构。对于个体的关注早在古希腊的原子论哲学中就已体现。在中世纪,唯名论继承了这种"从部分说明整体"的方法,认为共相是由个体构成的。共相是名称,个体先于共相。

作为关于个体行动研究的集大成者,韦伯认为社会是由个体组成的,现实生活中不存在脱离个体而存在的社会,实际上,社会是由诸多的社会行动者组成的系统,是其行动的产物或互动的形式,所以社会学的研究不能离开个体而去研究社会实体。在《社会科学与社会政策的客观性》一文中,韦伯批判了以往学者关于社会研究的局限,指出从前的社会研究没有区分事实和分析判断,没有区分的原因在于把当前存在的理解为一种永久性的存在,社会会改变,但如何改变、何时改变与人无关,因为一切改变都被认为是遵循"客观的"进化规律的,既然一切都是必然的,研究人的行动也就成了没有意义的事情。但事实发展并非如此,作为组成社会整体的个体并不是完全被动的,恰恰相反,行动者的所作所为会在很大程度上决定社会的样态和发展进程,所以对个体的社会行动探讨不但是有意义的,也是必需的。

针对孔德、迪尔凯姆等社会学家奉行的整体主义方法论,即把社会现象等同于自然现象,社会发展遵循社会客观规律、从社会整体角度理解个体行动的观点,波普在《历史决定论的贫困》一书中指出,"本书的基本论点是,历史命运之说纯属迷信,科学的或任何别的合理方法都不可能预测人类历史的进程"。① 在波普看来，社会学与物理学之间有着深刻的差异，"自然法则或'自然规律'在任何地方都是始终有效的；因为物质世界受着在整个空间和时间之内不变的物质统一体的支配，然而，社会学规律，或社会生活规律则随着不同的地点和时期而有所不同……因为它们取决于历史，取决于文化差异。它们取决于特定的历史境况"。② 此外，波普还通过对"整体"一词的分析，指出"整体"含义通常有两层："（a）一个事物的全部性质或某些方面的总和，特别是各个组成部分之间的全部联系的总和。（b）该事物的某些特殊的性质或方面使该事物表现为一个有机的结构而不是一个'纯粹的堆积'"。③ 在波普看来，（b）意义的整体可以成为科学研究的对象，但并不意味着（a）意义的整体也可以被科学的加以研究，因为对任一事物的研究，都是从某一或某些方面进行的，对事物的整体的观察或描述在事实上是不可能发生的，（a）意义的整体不是任何活动的对象，"在全部的意义上，整体不能成为科学研究的对象，也不能成为其他活动例如控制或改造的对象"。④ 通过对"整体"两层含义的分析，波普对整体主义方法论进行了有力的抨击。

（三）认识论之争：实证主义与人文主义、批判主义

经典物理学的巨大成功大大鼓舞了西方思想家。孔德建立"社会物理学"的初衷就是要把自然科学的成功经验移植到社会研究领域。在他看来，社会学就是一门旨在以实证的科学方法来研究人类社会的科学。何谓实证的科学方法？就是自然科学以经验为基础构建理论的方法。在孔德看来，虽然社会现象纷繁复杂，但作为宇宙的一部分，二者之间并没有本质的差别，因此，社会学也可以仿照

---

① ［英］卡尔·波普：《历史决定论的贫困》，杜汝楫、邱仁宗译，华夏出版社1987年版。

② 同上书，第4页。

③ 同上书，第60页。

④ 同上书，第61页。

物理学建立一个逻辑严谨并经得起事实检验的理论体系，并能够实现解释社会、预测社会和控制社会的目的。

在孔德之后，斯宾塞认为，"只要还存在认为社会秩序不顺从自然规律的信念，就不可能彻底承认社会学是一门科学"[1]。最早系统化并践行实证主义精神的迪尔凯姆，在把社会学研究对象理解为社会事实的基础上，提出了"社会事实必须由社会事实来解释"的方法论主张。迪尔凯姆在评价孔德的学术贡献时也指出，孔德把社会的现象当作自然的现象，认为社会现象也是受自然规律制约的，这一观点对于社会学的发展来说意义重大，孔德的贡献就在于已经"不知不觉地承认社会现象是客观事物，是在自然界里能够看得见摸得着的事物"[2]。自然科学以解释因果关系为目的，受这种自然科学范式的影响，实证主义社会学也把社会理解为是受一定社会历史规律支配的系统，科学的要义在于"将所有现象看作服从某些不变的规律"，而实证研究能够发现隐藏在纷繁复杂社会现象背后的必然规律，其所遵循的是自然科学的因果规律。

实证主义社会学产生后，对社会现象进行经验研究日益盛行。但随着这一方法的普及，其缺陷与不足也体现出来，为了寻找更适合研究社会的方法，韦伯在李凯尔特、文德尔班等人研究的基础之上，提出了解释社会学或人文主义的社会学。解释社会学以个体化的体验和理解方法研究人的行为。在韦伯看来，社会现象与物理现象有着本质的不同，社会现象都是由人的社会行动构成的，行动者对自己的每一行动都赋予了一定意义，所以要研究各种社会现象、社会制度和社会结构，必须对行动者的意义进行理解和解释，即社会学应该建立在对行动者的行动和意义研究的基础之上。一项行动被确认为社会行动需要满足两个条件，其一是行动者对其行为赋予

---

[1] [英]赫伯特·斯宾塞：《社会学研究》，张红晖、胡江波译，华夏出版社2001年版，第357页。

[2] [法]埃米尔·迪尔凯姆：《社会学方法的规则》，胡伟译，华夏出版社1999年版，第17页。

主观意义，其二，为了与心理学研究区分开来，行动者的行动是与他人关联、指向他人的行动。

针对实证主义极力排斥人在社会研究中的影响，把价值判断完全排除于科学研究之外的做法，韦伯认为，只有经验事实与文化价值相关联，研究者才能真正接近"实在"，因为"优先的人类精神对无限的现实的思维认识就建立在这一隐匿的前提条件下，即每次都只有现实的一个有限部分构成科学理解的对象，只有它才在'值得认识'的意义上是'根本'的"。[1] 即使是科学研究，其本身也没有摆脱预先假设，而"预先假设"实际上就是一种价值判断。在他看来，这一预先假设无论如何是不能证明的，而且也不能证明这些科学所描述的世界的存在是有价值的。虽然韦伯看到了"预先假设"与价值的相关性，但在其学术研究中，他实际上是主张并追求价值中立的。用科塞的话说就是，"（韦伯）忠实于科学精神，决不把科学与价值观混为一谈。他坚信，只有把价值观从科学研究中排除出去才可能捍卫科学事业。只有价值中立才能使科学事业免受社会上盛行的那些激烈冲突的喧嚣的伤害，他们使理性的对话成为泡影。尽管——也可能正因为——韦伯具有一整套政治的和道德的价值观，他坚信只有把客观性永久地放在学术的殿堂之内才能受到保护。学者们虽然根据各自不同的价值观而关心各自不同的问题，却要一直宣誓忠于理性的对话，追求难以把握的真理"。[2]

（四）对各种分歧存在的反思

社会学要想成为一门独立的学科，从学科建设上来讲需要具有自己独立的研究对象、研究方法。但正如我们前面所论述的，这一愿景从社会学创建迄今一直付诸阙如，究其根源在于主客二元分立的思维方式、科学主义和理性的僭妄、形而上学的追求。

---

[1] ［德］马克斯·韦伯：《社会科学认识和社会政策认识的"客观性"》，载韦伯《社会科学方法论》，韩水法、莫茜译，中央编译出版社2009年版，第18页。

[2] ［美］刘易斯·A. 科塞：《社会学思想名家》，石人译，中国社会科学出版社1990年版，第283页。

1. 主客二分

"近代认识论的共同倾向是主体和客体之间的对立，即认识着的心灵和它所面对着的、并试图加以认识的外部世界之间的对立。"[①] 这种主客二元分立的思维方式是社会学理论出现分歧的根源，也是它最显著的特点之一。关于这一点布赖恩·特纳在《社会理论指南》中指出，"社会理论尚未妥善地处理好那些业已构成理论竞争领域特征的经典两分对立，也就是说在行动与实践、行动与结构、微观研究思路与宏观研究思路之间的张力与矛盾，以及个人与社会之间的基本两分"。[②] 区分主体和客体是社会研究得以发生的前提，但受科学主义思维方式的影响，社会学理论的实证主义与人文主义常常出现执其一端而否定另一端的现象。

最早认识到主客二分的当属近代的哲学家。笛卡儿认为"上帝一方面把这些规律建立在自然之中，一方面又把它们的概念印入我们的心灵之中，所以我们对此充分反省之后，便决不会怀疑这些规律之为世界上所存在、所发生的一切事物所遵守"。[③] 休谟也指出，"除了知觉之外，没有任何其他东西呈现于心灵之前，心灵决不可能经验到知觉与对象的联系"。[④] 关于事物的知识都是以感觉为基础的，因此，感觉材料之外的任何东西的存在都是要被怀疑的。实证主义认识到了这一点所以极力主张在社会学研究过程中应该以经验事实为研究对象，并按照自然科学的方法来进行研究。

罗蒂等人揭示了"心身""主客"等名词都只是人为虚构出来

---

① [美] M.K. 穆尼茨：《当代分析哲学》，张汝伦译，复旦大学出版社1986年版，第4页。
② [英] 布赖恩·特纳：《社会理论指南》，李康译，上海人民出版社2003年版，第10页。
③ 《十六—十八世纪西欧各国哲学》，北京大学哲学系外国哲学史教研室编译，商务印书馆1975年版，第152页。
④ [英] 大卫·休谟：《人类理智研究》，吕大吉译，商务印书馆1999年版，第142页。

的词语，由笛卡儿开始提出的"心身问题""主客体问题"只存在于理论领域，而我们的日常生活实际上二者并不是如此对立二分的。正如布迪厄、吉登斯等当代社会学家所认识到的，实际上主体与客体、个体与社会、微观与宏观的二元对立是一种虚拟的存在，现实生活中，社会系统与个体行动是非常自然地结合在一起并形成互动的，因此，在社会学理论中不应将它们人为地割裂开来。

正如国内学者刘少杰撰文指出的，"在社会学诞生后的一百多年里，虽然出现了反对实证主义的社会学流派，也出现了试图把实证主义同其他原则综合起来的社会学流派，但是主观同客观二元对立的思维方式始终未能真正超越"。即不管是实证主义还是非实证主义，二者即或在某些观点和立场上有根本不同，但二者在仍然没有超越主观同客观二元分立的思维方式上是相同的。韦伯的人文主义社会学与实证主义社会学的分歧，只不过是传统形而上学思维方式内部的分歧而已。[1]

2. 理性主义

理性主义的历史源远流长，早在古希腊理性主义传统就已形成。作为西方文明的世界观和价值观基础，理性被视为人类区别于动物的根本标志，是人的最高本质，具有至高无上的权威地位。但这种对人的理性能力的过度宣扬，使得人被抽象化为一个思维的实体，其所具有的情感、意志、兴趣等因素都被当作非理性的因素剔除了，处于理性人视野中的世界也不再是那个感性的世界。正如马克思所言："霍布斯把培根的唯物主义系统化了。感性失去了它的鲜明色彩，变成了几何学家的抽象的感性。物理运动成为机械运动或数学运动的牺牲品；几何学被宣布为主要的科学。唯物主义变得漠视人了。为了能够在漠视人的、毫无血肉的精神的领域制服这种精神，唯物主义本身就不得不扼杀自己的肉欲，成为禁欲主义者。

---

[1] 刘少杰：《社会学思维方式的变革》，《吉林大学社会科学学报》1998年第3期。

它以理智之物的面目出现，同时又发展了理智的无所顾忌的彻底性。"① 在某种意义上，实证主义与人文主义也存在把理性极端化的做法。

迪尔凯姆把理性主义原则应用到人们的行为中，把实证主义理解为理性主义的一个结果。在对社会现象进行研究时，实证主义所走的路径是借助数学的方法和理性实验的方法。韦伯也把科学理性视为研究社会的主要方式，把行动区分为理性行动与非理性行动，指出人类历史演进的过程实际上就是一个"理性化过程"。实证主义与人文主义都肯定人的理性能力，但由于其过度宣扬理性，所以其所理解的人是一个抽象的实体。

3. 科学主义

在社会学理论中所出现的这种二元对立在某种意义上是因为受到自然科学榜样的影响。追求成为科学不仅仅是社会学的要求，实际上哲学在陷入危机之时也曾有哲学家试图用科学建立的方法来拯救哲学。也正是因为自然科学所谓的"客观性"吸引了人文和社会科学领域学者的关注和效仿。但随着时间的推移，科学这一传统形象受到了质疑，人们日渐认识到科学不是一个纯粹的认识活动或过程，从事认识的主体从来就不是一个无情感、无价值立场、无性别、无民族、无阶级的抽象人，知识不是被发现而是被生成的、被制造的。随着科学、知识是被制造出来的观点的抛出，不仅是社会科学，自然科学的科学性也被消解了，所有的知识都不可能是价值无涉的，因而也不可能是客观中立的，恰恰相反，所有的知识在本质上都具有人为构建的特点。这说明了以往关于自然科学和社会科学的区分在本质上是没有区别的。因此，社会科学的发展没有必要也没有意义去摹仿自然科学并把自然科学的方法视为通向科学的唯一道路，因为二者是截然不同的两种研究进路。如哈耶克在《知识

---

① 《马克思恩格斯文集》第一卷，中共中央马克思恩格斯列宁斯大林著作编译局译，人民出版社 2009 年版，第 359—360 页。

的僭妄》一文中指出的,"尽管社会科学在很大程度上与生物学相类似,但它却与绝大多数其他的自然科学学科不同,因为社会科学必须处理的乃是那些在本质上极为复杂的结构。换言之,社会科学必须处理的乃是那些唯有通过建构由较多变量构成的模型才能够揭示出其特性的结构"。[1] 即使是科学本身,迈克尔·马尔凯通过对自己所从事的射电天文学的研究也指出,科学发展与社会发展之间有着非常密切的关系,所以对科学进行社会学和历史的研究是有价值和意义的,在他看来:

1. 在相当大的程度上,科学家的研究贡献根据其科学价值被公正地评判而不论它们从哪里来,谁提出它们。

2. 科学家的职业行为完全是依据一套特殊的和明确的规定进行的。

3. 从事研究的科学家群体的集体行动可以被认为是在程序性行动和革新性行动之间来回摆动。

4. 当我们观察实验室里的活动,我们会清楚地发现科学家并不依照真理原则来行事。科学家更多地追求成功而不是真理。

5. 科学家的观点是他们的支持者设计出来的工具,这些人借以在特定的社会和文化情境中实现自己的目标。

……[2]

在科学这一客观性形象被揭示为制造的之后,社会学对科学的这种效仿在某种意义上就成了无意义的行为,而且由于对社会学研究对象的理解在社会学创建以来就具有分歧,迄今这一分歧也没有

---

[1] [英]冯·哈耶克:《知识的僭妄》,邓正来译,首都经济贸易大学出版社2014年版,第193—194页。

[2] [英]迈克尔·马尔凯:《科学社会学理论与方法》,林聚任等译,商务印书馆2006年版,第33页。

停止，这说明社会学成为一门独立学科的愿望远未达成，表征了其危机在社会学研究对象上的体现。

4. 形而上学

社会学理论研究还具有形而上学的特点，而这一特点的形成也是与其效仿自然科学有关的，是自然科学的形而上学在社会学上的体现。

近代即从15世纪，直到18世纪的自然科学对自然界综合、系统地研究，是以一定的材料收集为前提的，"自然科学主要是搜集材料的科学"。当时的自然科学家们对自然界各事物和各过程的研究，是通过把它们从自然界的普遍联系中抽取出来并分门别类的研究进行的。这一研究方法留下的后遗症就是，处于人们研究视野的只是一些孤立的、静止不变的、缺乏联系的事物的过程。正如恩格斯所指出的，他们"不是把它们看作本质上变化的东西，而是看作固定不变的东西；不是从活的状态，而是从死的状态去考察。这种考察方式被培根和洛克从自然科学中移植到哲学中以后，就造成了最近几个世纪所特有的局限性，即形而上学的思维方式"。① 不考虑事物的生成发展只就事物的现存形态研究事物的数学和力学的发展，更强化了这种"形而上学的思维方式"。这种形而上学的思维方式在社会学上的体现就是把社会及其有关社会的认识视为也是一成不变的、静止的、相同的。正如文军在为吉登斯的《社会理论与现代社会学》所做的代译序中指出的，"'社会'是一个含义模糊的词语，它可以是一般意义上的'社会交往'或'社会互动'，也可以是一个对特定社会体系的精确界定。但有时候，社会学家会故意利用它的模糊性，因为大多时候他们所关注的'社会'是他们自己头脑中建构出来的"。② 不

---

① ［德］马克思、恩格斯：《马克思恩格斯文集》第三卷，中共中央马克思恩格斯列宁斯大林著作编译局译，人民出版社2009年版，第539页。

② ［英］安东尼·吉登斯：《社会理论与现代社会学》，文军、赵勇译，社会科学文献出版社2003年版，第34页。

但社会被理解为一种文本，而且以往社会科学所强调的经验研究也成为了问题。以往所谓"经验的"意味着有一个外在于人的独立的客观实在在那里，"透过精心的程序设计，基于该设计的资料收集和加工，以及对这些资料的收集，经验研究能够判断与志在研究的大量现实相关的各种假设的是非"。① 所谓"经验研究"就是对这些客观材料的收集。但现在"社会科学中有越来越多的人对'收集'、加工资料来判断各种假说和理论的是非的可能性存有疑虑……把资料和经验探究当作知识发展基石的这一重要信念，近些年来受到大量思想趋向的质疑"。② 所谓"做研究以发现事实"被视为是成问题的，对自然科学存设前提的质疑在某种意义上必然会波及对社会科学效仿自然科学的质疑。

此外，社会学在理论研究上的分歧也是由于其所秉承的理论传统不同造成的。从地域上来讲，实证主义诞生于法国，是适应法国大革命后社会现实的产物。法国大革命后，法国的社会图景发生了极大变化："原有的社会图像已被打破，宗教的权威也已丧失，人们需要重新绘制社会地图，需要寻找社会的意义，需要一种'人道的宗教'。法国的实证主义作为一种科学的和'科学主义的'浪漫主义的混合物——在其中科学因素是主要和占支配的因素——是适应这种要求的。"③ 在孔德之前其业师圣西门就在《人类科学概论》中提出，"关于人的科学迄今只是一门猜想的科学"，要将这门科学"提高到以观察为基础的科学水平"，就应该赋予这门科学以实证的性质，"把它建立在像物理学等其他领域中所使用的那种观察和研究方法的基础上"。人文主义社会学的形成则深受德国思辨传统的影响。对韦伯的社会学研究方法影响比较大的当属康德。与以往把认识视为对对象的符合相反，康德提出了"人为自然立法"的主

---

① ［瑞典］麦茨·埃尔弗森：《后现代主义与社会研究》，甘会斌译，上海人民出版社2011年版，第3页。

② 同上。

③ 谢立中主编：《西方社会学名著提要》，江西人民出版社2005年版，第394页。

张，认为主体借助先天综合判断构筑的是属人的世界，而自在之物是不可知的，既然自在之物不可知，进入研究视野的当然就是主体，而体现在韦伯那里就是属人的社会行动；康德的另一个影响就是划分了自然科学和社会科学，这种区分的意义在于肯定人在文化领域和历史领域中是一个积极的、有目的的行动者，因而不可以用自然科学的方法来对人进行研究，其对韦伯的启示就是舍自然科学的方法而另辟蹊径，即开创了解释社会学的研究路径。

由于理论传统不同，即使发展到 20 世纪，北美社会理论与欧洲社会理论之间仍处于一种冲突、互相竞争的状态。正如布赖恩·特纳指出的，"欧洲社会理论家时常认为，美国的社会哲学和社会理论中的社会理论阐述形式太简单化，或者固守实证主义立场，或者干脆就是粗俗的，与欧洲的抽象社会理论形式所具有的哲学的精妙和深刻形成了鲜明对比，越发显得突出。美国经验主义冲突与欧洲社会哲学之间的这种张力或冲突，至少可以回溯到 20 世纪 30 年代，那时帕森斯试图将韦伯、涂尔干和帕累托的作品引入北美学术机构。而法兰克福学派移居美国则更加深入了这种冲突。在美国，霍克海默、阿多诺和马尔库塞等作者自觉地发展出一种理论思辨的形式，有意与美国的实用主义和经验主义冲突分清立场"。[①]

除了在理论研究上由于在诸如研究对象、研究方法等方面出现分歧而面临形成统一学科的危机之外，社会学在学科建制上也面临了一系列问题。美国社会学期刊《社会学论坛》的主编斯蒂芬·科尔认为，社会学的危机在制度上的体现就是社会学系和社会学研究机构的萎缩。由于资金的匮乏，有些机构面临关闭的威胁；在公众中社会学家的身份和地位出现了下降；社会学在学术领域中受到其他学科的轻视或排挤；社会学的研究生的教学和分配成为问题；

---

① [英] 布赖恩·特纳：《社会理论指南》，李康译，上海人民出版社 2003 年版，第 14 页。

等等。

二 现代性的危机

后现代主义继现代主义理想的破灭而出现,现代性是作为能够把人类从愚昧和非理性状况中解脱出来的进步力量而登上历史舞台的。但在实现现代性计划的过程中,现代性自身成为消极、压迫、压制之源、异化之本。多德指出,"在后现代批评者看来,现代性工程已经解体。因而,现代社会理论的概念、范畴和解释方式必须被放置一边。它们表达的是一个不再存在的社会,而且实际上,它们就是那一社会失败的征兆、甚至原因的一部分。现代性工程是社会理想化的结果,它试图在启蒙思想的基础上进行建构"。[①] 从根源上来看,社会学理论的危机在深层上体现的是现代性的危机。正如吉登斯、鲍曼等学者所认为的,社会理论与现代性之间有着非常密切的联系。或者在更明确的意义上来说,现代性被视为是社会学研究的逻辑起点。

(一) 现代性是社会学理论研究的逻辑起点

社会学的危机透视出来的是现代性的问题。何谓现代性?正如波林·罗斯诺所指出的,"现代性本身是一个复杂而异质的现象"。为了避免这一费力而不讨好的工作,他只是列举了一些关于现代性问题的著作,如图尔明的《国际都市:现代性隐藏的议事日程》,吉登斯的《现代性的后果》,科拉科夫斯基的《无穷尽试验的现代性》等,而很明智地回避对该问题的阐述。[②] 正如有学者认为的,"对'现代性'做精确的定义不仅不可能,也无特别的必要性"。[③] 如果把现代性理解为一个时间的概念的话,学界目前关于现代性究

---

① [英]尼格尔·多德:《社会理论与现代性》,陶传进译,社会科学文献出版社 2002 年版,第 1 页。
② [美]波林·罗斯诺:《后现代主义与社会科学》,张国清译,上海译文出版社 1998 年版,第 4 页。
③ 陈戎女:《西美尔与现代性》,上海书店出版社 2006 年版,第 9 页。

竟起于何时，尚众说纷纭，没有定论。而从其理论形态来看，由于不同的学科所关注的现代现象层面不同，所以其所着眼的侧重点也有所不同，由此而产生的对现代性的理解也不同。"社会学科对现代性的阐释主要定位于社会建制层面，如政治经济制度的转型，其代表论说为现代化（Modernization）理论。人文学科则锚定在知识理念和个体感受心性的现代转化，其代表论说为现代主义（Modernism）理论。但无论现代化还是现代主义理论显然不能涵盖相对性的所有题域，这说明了现代性具有更普泛化的特征。现代性实质上是指社会秩序、国家建制、文化理念、个体存在等进入现代以后的全方位更新和转换，因而它意味着社会—文化—个体多层面的、内外体制的结构性变化。"[1]

现代性与社会学体现的是理论与实践之间的关系。人类与生俱来的本性就是改善自己的生活状况。柏拉图的《理想国》可以视为这种愿望的典范。在柏拉图之后，如何在契合人的社会性基础上构建一个符合人们美好愿望的社会就成为不同时代人们的共同追求。正如尤尔根·哈贝马斯所指出的，"人类需求的相同性，以及人的能力的相同性，无论什么地方，都导致了社会发展各个阶段中的令人注目的共同性"。[2] 虽然在关于构建一个社会的具体内容上不同时期的思想家构想的有所不同，但赋予社会以进步性质大家都是没有异议的——与其说这种进步性质在一方面是因为受到当时达尔文社会进化论的影响，倒不如说是因为它符合了人们的利益和隐秘期望。如尤尔根·哈贝马斯所揭示的，"理论与实践的关系，在伟大的哲学传统中，始终与美好的和正确的，与个人和公民的'真正的'生活和共同生活相联系。在18世纪，这个受理论指导的生活实践范围，在历史哲学上有所扩大。自那时起，旨在实践，同时又

---

[1] 陈戎女：《西美尔与现代性》，上海书店出版社2006年版，第9—11页。
[2] ［德］尤尔根·哈贝马斯：《理论与实践》，郭官义、李黎译，社会科学文献出版社2004年版，第313页。

依赖于实践的理论,研究的不再是自然的、真实的,或者真正的,按其本质来说是不变的人类的行为和关系。确切地说,理论现在同创造自己、规定其本质(人性)的人类的客观发展联系相关联"。在尤尔根·哈贝马斯的社会思想中实践就是受到解放旨趣指导的行动,它的另外一个名字是启蒙。

实际上,正是由于人们的这种愿望,所以在孔德提出"社会学"这一概念之前,关于社会的思考和构想已经不计其数。这种思考和构想在某种意义上就是理论,并且是有强烈实践意图的理论。而理论是什么?卡尔·波普尔在《无尽的探索——卡尔·波普尔自传》一书中指出,体现在康德第一部《批判》的中心思想就是:"科学理论是人造的,而且我们试图把它们强加于世界:'我们的智力不是从自然界引出规律,而是把规律强加于自然界'。"[①] 在波普尔看来,理论对人类不是可有可无的东西,而是不可或缺的,最初的理论始于原始神话,并逐渐进化为科学理论,但不管是哪一种都具有康德所揭示的人造性。"我们确实企图把它们强加于世界,而且,如果我们希望的话,我们能够永远教条地坚持它们,尽管它们是假的(看起来不仅大多数宗教神话是假的,而且就连在康德心目中的牛顿理论也是假的),但是虽然起初我们不得不坚持我们的理论——如果没有理论,我们甚至不能开始,因为没有别的东西可依照——随着时间的推移,我们就能对理论采取一种更为批判的态度。如果我们借助于理论已经了解了它们在何处使我们失望,那么我们就能试图用更好的理论代替它们。因此,就可能出现一个科学的或批判的思维阶段,而这个思维阶段必然有一个非批判的阶段作为先导。"[②] 用吉登斯的话来说,社会行动者是有知识的。

---

① [英]卡尔·波普尔:《无尽的探索——卡尔·波普尔自传》,邱仁宗译,江苏人民出版社2000年版,第59页。

② 同上。

虽然早在人类出现之初，人们就是有知识的社会行动者，但人对自身所具有的这种能够认识自然、自己和社会的能力在社会发展初期还并不是很确认的。只有在近代随着科学技术的发展，人们才发现了大写的"人"字，并越来越确认自身所具有的这种认识和实践的能力。这种能力是与所谓的人的理性密切相连的。在尤尔根·哈贝马斯看来，"理论随着对自身形成过程中的联系的反思把自己理解成它所分析的那种社会的生活联系的一种必要的催化要素；这就是说，理论把社会生活的联系作为一种构成整体的强制性联系来分析，并且认为这种联系是可以废弃的"。① 在科学技术的催化下，当社会出现了巨大的变迁时，理论就肩负起了既研究"旨在控制自然、占有自然的社会实践（因为社会实践使人们认识社会的组成有了可能），又研究旨在彻底改变现存制度的政治实践"的任务。从这个意义来看，社会学的产生与现代性的产生是同时的。用学者文军的话来说就是，"社会学的诞生就是为了探索由前现代社会向现代社会转变及其所带来的后果，它既是民族国家的兴起、现代性的出现、工业革命的爆发、社会结构发生巨大变化的需要，也是现代性成长和人类科学知识不断分化—综合的直接结果。"②

正如有学者所指出的，社会学兴起的社会历史背景是英国的工业革命和法国的政治革命。欧洲传统秩序的瓦解则是其产生的根源。正是由于当时社会的急剧变化，社会处于失范状态，所以帕森斯认为社会学在本质上是要回答霍布斯的"社会秩序何以可能"的问题，并在解答这一问题的过程中衍生出了个人与社会、行动与结构、自由与秩序等二元对立的问题。欧洲的传统秩序出现了什么变化，1895年阿克顿爵士的一段话给出了很好的说明：

---

① ［德］尤尔根·哈贝马斯：《理论与实践》，郭官义、李黎译，社会科学文献出版社2004年版，第2页。

② 文军：《逻辑起点与核心主题：现代性议题与社会学理论的研究》，《华东师范大学学报》（哲学社会科学版）2002年第5期。

作为不速之客，它根据革新的法则，削弱了历史连续性的威力，为万物创立了新的秩序。在这些日子里，哥伦布颠覆了有关世界的观念，彻底改变了生产、财富和权力的状态；在这些日子里，马基雅维里将政府从法律的束缚中解脱出来；伊拉斯谟把古代的理智之流从世俗之沟导入基督教之渠；路德在最坚固的环节上打断了权威和传统的链条；哥白尼创造了一种不可征服的力量，为即将到来的时代竖起了进步的永久标志。一如神授权力之发现和罗马帝国扩张时的情形，少数哲学家表现出不受束缚的创造性和对传统权威的勇敢挑战。类似的结果随处可见，一代人见证了所有这一切。它是新生活的觉醒；世界在新的轨道上旋转着，为一种前所未有的力量推动着。①

18世纪末叶，西欧的英国、法国、德国正处于经济日趋繁荣时期。在此时期，英国和其他国家相比经济发展速度远远超前。在棉纺织业技术革新的带动下，虽然出现了迅速发展的机械化和工厂生产，但直到19世纪中叶，英国才算进入了真正意义上的"工业社会"。与英国相比，法国和德国的经济发展情况要远远滞后于英国的发展。不仅仅是经济发展滞后，其在政治上也岌岌可危。自由资产阶级在社会上日趋强盛，但在政治上仍没有获得与其经济地位相匹配的权力，自由资产阶级与没落的反动阶级之间的斗争在法国此起彼伏。把社会秩序视为社会学研究中心问题的孔德，在其一生中共经历了7次政权的更迭。在1870年后的法国政局，没有哪个政府维护自己的统治超过20年以上。暴乱、骚动与人民起义成为了这个国家的常态。而19世纪早期的德国虽然没有像法国那样历

---

① ［英］约翰·埃默里克·爱德华·达尔伯格·阿克顿：《自由与权力——阿克顿勋爵论说文集》，侯健、范亚峰译，商务印书馆2001年版，第5—6页。

经革命，但"却同他们一起经历复辟"。直到俾斯麦执政，德国才结束了分裂的状态，成为一个政治统一的完整国家。体现在这三个西欧国家上的巨大变化，就是工业社会在西欧的兴起。此即吉登斯所理解的现代性，它是指一种不同以往的社会生活或组织形式，大约17世纪出现在欧洲，其后在世界范围内都产生了程度不同的影响，成为了一种具有世界历史性影响的行为制度与模式。用最简单的话来说，现代性其实就是在传统社会之后而出现的现代社会或工业文明，它体现的是17世纪以来欧洲社会所发生的一系列剧变。"现代性为一段历史时期，它肇始于西欧17世纪的一系列深刻的社会结构和思想转型并成熟为一项文化筹划。随着启蒙运动的发展，一种由社会完成的生活形式伴随着工业的（资本主义的以及后来的社会主义）社会的发展。"[1]

理论应实践的需要而产生。现代性的历史境遇构成了社会学的问题域，这些问题实际上都是与这一社会转型的历史现实密切相关的。从对社会秩序问题的关注来看，对社会秩序的研究成为社会学的重要问题，而这一问题的形成实际上是起于社会的动荡不安。这种动荡在法国的体现尤其突出，在某种意义上这也许正是社会学为什么首先在法国创建的原因。社会学的奠基人孔德在其一生中经历了七次政权的易手。而关于法国的局势，法国的历史学家亚历克西·德·托克维尔可以作为很好的例证。作为一个没落阶级的政治代表，托克维尔身历法国的多次政局跌宕，亲眼目睹了法国的七月革命对波旁王朝的推翻，而二月革命又推翻了七月王朝。他在写给自己看的回忆录中，对法国的历史曾经有这样一段描述："我国从1789年到1830年的历史，无论是从长期来看，还是从整体来看，我都觉得它就像是旧制度，它的传统、它的回忆、它的希望、贵族阶级的代表与中产阶级所领导的新法兰西之间在41年中展开的激

---

[1] ［英］齐格蒙特·鲍曼：《现代性与矛盾性》，邵迎生译，商务印书馆2003年版，第7页。

烈斗争的画卷。"①"接替旧制度的是立宪王朝,接替立宪王朝的是共和国,而在共和国之后是帝国,帝国之后是王朝复辟,后来就到了七月王朝……"② 在托克维尔看来,1830年的胜利是属于中产阶级的胜利。"1830年,中产阶级取得决定性的胜利,而且胜利的十分全面……资产阶级不仅是社会的惟一主管,而且可以说是社会的大农场主。……中产阶级的固有精神成为政府的全体精神,不仅支配了内政,还支配了外交。"③ 虽然托克维尔揭露资产阶级这种精神是虚荣的,受利己心驱使的,不诚实的,但无疑这种精神在追求物质财富上取得了巨大的成功。

在这样的政权更迭中,托克维尔的感触是"我可以预见,不管我们的子孙会是什么命运,我们这一代人将在交替使用宽容和压迫的反动统治中消磨悲惨的一生"。④"我们越往前进越远离目标,越感到前途暗淡。我们能像其他的预言家或许也如他们的先行者煞费苦心所保证的那样,达到我们的祖先都没见到和想到的那种十分全面而深刻的社会变革吗?或者只能进入到间歇发生的无政府状态和染上老百姓熟知的不治之症吗?……我经常自问:我们长期以来寻找的安定的土地是不是真正存在!或者我们的命运是不是永远要在大海上飘荡!"⑤ 托克维尔的字里行间渗透的都是对稳定秩序求而不得之后的迷惘。而这种迷惘不惟托克维尔一人所有,而是那个时期法国人共同的迷惘。社会的动荡是现实,不安则是这种现实引发的个体心理反映,其所体现的是日常生活不再例常后对本体性安全感的威胁,而要重建这种安全感,人类就必须掌握支配社会和自然的规律,"因为只有掌握了现象的规律、从而能够预见未来,我们

---

① [法]托克维尔:《托克维尔回忆录》,董果良译,商务印书馆2012年版,第29页。
② 同上书,第100页。
③ 同上书,第29页。
④ 同上书,第100页。
⑤ 同上书,第100—101页。

才能……为了自己的利益逐一改变现象。……科学产生预见，预见产生行动"①。孔德等人敏锐地认识到了危机的原因在于社会结构的转型，所以力图通过一门新的学科——社会学的创建来重建社会秩序。

但正如鲍曼在《对秩序的追求》一文中曾经指出的："在现代性为自己设定的并且使得现代性成其为是的诸多不可能的任务中，秩序的任务——作为不可能之最，作为必然之最，作为其他一切任务的原型（将其他所有的任务仅仅当作自身的隐喻）——凸现出来。"②就像托克维尔警告后人的，"没有任何事情比法国大革命史更能提醒哲学家、政治家们要谦虚谨慎；因为从来没有比它更伟大、更源远流长、更酝酿阐述但更无法预料的历史事件了"。③ 在《旧制度与大革命》一书中，托克维尔描述了不同阶层的人们对大革命行将爆发之际的诸种预测。被视为大革命的代理人、大革命的先行者的弗里德里希（腓特烈大帝，普鲁士国王）接触到了大革命，但却对其视而不见；各国的君主和大臣最初认为革命只不过是一场周期性的疾病，把法国大革命视为一次转瞬即逝的地方性事件；英国著名经济学家和农学家阿瑟·扬"对于这场革命的意义一无所知，甚至以为大革命的后果会使特权增加"；英国的辉格党领袖之一、英国政治家伯克等人则对大革命没有定见。但出乎所有人预料的是，大革命的发展是按照自己的进程来的，因为它出乎所有人的预料且失去控制。所以托克维尔把其描述为有着"奇特恐怖的面的魔鬼"。法国的政治家德·梅斯特尔认为"法国革命具有恶魔的特点"，伯克则认为法兰西

---

① [美] 刘易斯·A.科塞：《社会思想名家》，石人译，上海人民出版社2007年版，第3页。
② [英] 齐格蒙特·鲍曼：《对秩序的追求》，《南京大学学报》1999年第3期。
③ [法] 托克维尔：《旧制度与大革命》，冯棠译，商务印书馆2013年版，第41页。

"从这座被谋杀的君主制的坟墓中,却走出来一个丑陋、庞大、超出人类全部想象力的可怕的怪物"。①

既然秩序常常是求而不得的,为何人们仍无法对其置之不理?秩序问题为何如此重要?理查德丁·伯恩斯坦在解读笛卡儿的《沉思录》时的一段思考或许能给我们一点启示:"将《沉思录》作为灵魂的旅程来阅读有助于我们理解笛卡儿对基础或阿基米德点的寻求并不只是解决形而上学和认识论问题的一种手段。它是对某种固定支点的探求,对某种稳固的岩石的探求,在那块岩石上我们能够在时时威胁我们的自然变迁面前确保生命无虞。萦绕在这个旅程的背景中的幽灵并不只是激进认识的怀疑论,而是对疯狂和混沌的畏惧,在疯狂和混沌中没有任何东西是固定的,我们在那里既不能触及水底,又无法将自己托出水面。"②

(二)现代性的危机

现代性肩负重建社会秩序的重任。众所周知,"现代性是作为一种许诺把人类从愚昧和非理性状态中解放出来的进步力量而进入历史的"。③ 当但人类走近 20 世纪末的时候,"关于'现代'的诸多记载——世界大战,纳粹的兴起,(东西方都有过的)集中营,种族灭绝,世界范围的经济萧条,广岛原子弹,越南战争,柬埔寨战争,波斯湾战争和日益扩大的贫富差距——使得我们对进步观念和对未来的任何信念似乎都产生了怀疑"。④ 正是基于这样的社会现实背景,后现代主义才应运而生。用罗斯诺的话来说:"后现代对社会科学提出挑战也不是

---

① [法]托克维尔:《旧制度与大革命》,冯棠译,商务印书馆 2013 年版,第 41—45 页。

② [美]理查德丁·伯恩斯坦:《超越客观主义和相对主义》,郭小平译,光明日报出版社 1992 年版,第 22 页。

③ [美]波林·罗斯诺:《后现代主义与社会科学》,张国清译,上海译文出版社 1998 年版,第 4 页。

④ 同上书,第 4—5 页。

偶然的。它的到来是与社会剧变、文化嬗变、政治变革、核心价值的深层次哲学争论和学术危机同时发生的，并且可能是对它们的反应。"①

对于现代性和后现代性，尼格尔·多德是从两个角度来理解的。其一是把二者理解为两个不同版本的社会理论，其概念、范畴和解释模型是用来理解我们所处世界的工具；其二是把二者理解为相互冲突或竞争的规范工程，规范工程关涉的是思想和信念，在其价值指导下能够改善社会。此前我们已经就社会学理论的困境做了说明，因此在这里更多的是从规范工程的角度探讨现代性所体现出来的危机。尼格尔·多德认为，"现代性工程是社会理想化的结果，它试图在启蒙思想的基础上进行建构。它关注的是普遍价值，并从这样一种信念中汲取营养：历史是对那些价值的认识过程。现代社会理论不仅仅是一个解释的手段，它更主要的是为那些价值和那一信念进行辩护的手段"。② 但当这些价值和信念崩塌时，便会出现现代性的危机。正如施特劳斯在其讲演中所指出的，虽然现代方案在某种意义上已经取得了成功，并创造了一种史无前例的新型社会，但其弊病也众所周知，而造成我们时代危机的并不是西方在力量上的没落，而更主要的是起于对"现代方案"的怀疑，即西方曾经把建立一个普遍社会，即由诸平等民族构成的一个自由平等的社会作为自己的目标，但现在这一目标已经遭到了怀疑。③"西方过去一直确信自己的目标，确信可以实现所有人的团结。因此，西方十分清楚地看见自己的未来就是人类的未来。如今，我们不再有那种确信和清明。我们有些

---

① [美]波林·罗斯诺：《后现代主义与社会科学》，张国清译，上海译文出版社1998年版，第9页。
② [英]尼格尔·多德：《社会理论与现代性》，陶传进译，社会科学文献出版社2002年版，第1页。
③ 刘小枫编：《苏格拉底问题与现代性——施特劳斯讲演与论文集：卷二》，彭磊、丁耘译，华夏出版社2008年版，第1—5页。

人甚至对未来感到绝望。这种绝望说明了当今许多西方的堕落形式。"① 这种堕落在更多的意义上是因为科学无助于解决人性中恶的问题。不惟如此，现代性似乎还带来了恶，当我们谈及现代性危机的时候，会发现几乎每个学者，不惟后现代主义者，甚至早在社会学初创时期，人们就已经看到了现代性危机的存在。

1. 世界的祛魅与价值的缺失

正像国内学者冯克利在韦伯的《学术与政治》所做的代译序《时代的韦伯》中指出的，"韦伯在1919年向慕尼黑一批青年学子发表的两篇演说——'以学术为业'和'以政治为业'——再明确不过地显示，虽然作为一种理论形态的'后现代主义'在本世纪初尚未产生，它的问题却已必露无遗了；这些问题，尽管还没有赋予当时的思想家们勇气去建立既往价值秩序的消解体系，却也已经给一些心智敏感的人带来极大的麻烦"。② 在韦伯那里，这些后现代主义的问题主要为由于世界的祛魅导致的信仰的危机、科层制所带来的无法破解的"铁囚笼"。

何谓祛魅？1917年，韦伯在其著名的演讲"世界的祛魅"中曾经指出，"祛魅"指的是一个理性化的过程，在这一过程中世界被去神秘化，由神圣走向了世俗，人的理性精神被凸显，祛除了非理性的魅力。科学在祛魅的过程里扮演了一个十分重要的角色，它既隶属于祛魅过程，又充当了其动力。在马克思、恩格斯那里，科学被视为是一种在历史上起推动作用的革命力量。马克思在其著作《政治经济学批判大纲（草案）》中曾经提到："随着大工业的发展，现实财富的创造较少地取决于劳动时间和已耗费的劳动量，相反地却取决于一般的科学水平和技术进步，或者说取决于科学在生

---

① [美]列奥·施特劳斯：《我们时代的危机》，载刘小枫编《苏格拉底问题与现代性——施特劳斯讲演与论文集：卷二》，彭磊、丁耘译，华夏出版社2008年版，第4页。

② [德]马克斯·韦伯：《学术与政治》，冯克利译，生活·读书·新知三联书店2007年版，第1页。

产上的应用。"科学的这一角色是因为大家都对科学解决人类问题寄予厚望，认为科学在本质上是服务于人类的力量，借助科学技术的联姻和发展，人们就能解决人与自然之间的矛盾，即发展生产力，实现人类社会历史的发展和进步。但这一目标能否实现？正像施特劳斯诘问的："是否有理由期待正义与幸福会是富裕的必然结果之一？富裕真的是美德和幸福的不充分但必要的条件之一？自愿贫穷的观念是否包含某些真理？对于美德和幸福而言，不自愿的贫穷是否是一个不可逾越的障碍？……相信科学在本质上服务于人类力量，这种信念难道不是一个错举甚至可耻的妄想？"① 在这种诘问背后隐藏的是对科学的不信任或者更直接点说是对科学解决人类问题能力的否认。

首先，科学不能解决人类所有的问题。韦伯早已敏锐地看到了这一点，指出科学并不能解决人类的所有问题，尤其是关于"我们应当做什么？我们应当如何生活？"等关涉人生意义的问题。在他看来，"我们这个时代，因为它所独有的理性化和理智化，最主要的是因为世界已被祛魅，它的命运便是，那些终极的、最高贵的价值，已从公共生活中销声匿迹，它们或者遁入神秘生活的超验领域，或者走进了个人之间直接的私人交往的友爱之中"。② 其所表现的就是工具理性的发展和价值理性的萎缩。作为实现人之幸福的工具理性在发展过程中逐渐离开了自己的初衷，由手段而成为目的，生活更重要的目标——自由和幸福则被排斥在外了，即人们生活在日益理性化（工具理性）的同时，丧失了人生意义的追求。在对资本主义社会进行研究的过程中，韦伯看到了现代化的过程在造就辉煌的物质文明的同时，也形成了

---

① ［美］列奥·施特劳斯：《我们时代的危机》，载刘小枫编《苏格拉底问题与现代性——施特劳斯讲演与论文集：卷二》，彭磊、丁耘译，华夏出版社2008年版，第4页。

② ［德］马克斯·韦伯：《学术与政治》，冯克利译，生活·读书·新知三联书店2007年版，第48页。

按照理性原则运行的文化价值。由于文化的去神秘化，宗教在意识形态中的统治地位不复存在，其整合作用也逐渐瓦解。但欧洲文明的信仰是建立在基督教文化之上的，宗教出现衰微就会导致欧洲文明的信仰危机。正如彼得·考斯指出的："人类针对各种普遍意义系统的信仰，往往集革命性和破坏性于一身，其中隐含的危险是每当探索失败，意义系统及其价值观念被证明无效时，日常生活的意义基础也随之遭到破坏，这便导致新一轮深重的意义危机和价值危机。"[1]

其次，科学技术是一把双刃剑，其进步为人的发展提供了条件，带给了人们高度的物质文明，但与此同时却造成了人之异化。科学本来被视为是解放人的力量，但现实的发展常常与人们的预期相反。如瓦托夫斯基指出的："一方面我们知道科学是理性和人类文化的最高成就，另一方面我们同时又害怕科学业已变成一种发展超出人类控制的不道德和无人性的工具，一架吞噬着它面前的一切的没有灵魂的凶残机器。"1942年，"曼哈顿计划"集中了西方世界除德国以外的最优秀的科学家参与研制原子弹，并成功地于1945年进行了世界上第一次核爆炸。其所制造的两颗原子弹分别于1945年8月6日和9日投掷到日本的广岛和长崎，成功促进了二次世界大战的结束。但其所造成的20万人的死亡带给科学家们的并不是成功的喜悦，而是对于这种科学技术的震惊和痛心。最初提议研制核武器的爱因斯坦曾把这一提议视为其一生中最大的错误和遗憾，并对后人发出这样的忠告："如果你们想使你们一生的工作有益于人类，那么，你们只懂得应用科学本身是不够的。关心人的本身，应当始终成为一切技术上奋斗的主要目标。在你们埋头于图表和方程式时，千万不要忘记这一点。关心怎样组织人的劳动和产品分配这样一些尚未解决的重大问题，用以保证我们科学思想的成果会造

---

[1] 赵一凡：《从胡塞尔到德里达》，生活·读书·新知三联书店2007年版，第238页。

福于人类,而不能成为祸害。"

最后,西方资本主义的管理制度及其社会组织具有越来越官僚化的趋势。这种管理制度具有形式的非人格化精神,虽然具有形式上的合理性,却不具有实质上的合理性。"官僚制发展得越完备,它就越是非人化,在成功消除公务职责中那些不可计算的爱、憎和一切纯个人的非理性情感要素方面就越是彻底。这就是它得到资本主义肯定的特殊品质。现代文化变得越复杂、越专业化,它的外在支撑组织就越是需要不带个人感情,越需要严格客观的专家,以取代旧时社会结构中依靠个人投契与宠信,依靠施恩与感恩行事的领主。"[1] 整个官僚组织似乎一台没有生命的大机器,完全是按照效率设计出来并以效率为目的运转的。为了追求效率,不仅专家是非人性化的,而且被管理之下的工人也必须遵守一定的组织纪律,从而呈现出非人性化的一面。"工厂中的组织纪律有着绝对的理性基础。借助于适当的度量手段,个人劳动的最佳获利性可以像任何物质生产资料的获利性一样被计算出来。在此基础上,美国的科学管理体系随着它对劳动技能的理性训练和教育,从而随着由工厂的机械化和纪律得出的最终结论而突飞猛进。人的生理——心理官能完全适应了外部世界、工具和机器的需要,简言之,它被功能化了,个人被剪除了由他的机体所决定的天然节奏……他适应了一种新的节奏。"[2] 在这样的追求效率的过程中,人也成为机器上的一个零部件,成为了机器。

如何看待现代性所暴露出来的问题,不同的学者所持有的立场不同,态度也不同。韦伯对解决这一问题的前景抱持有悲观的态度。在他看来,在资本主义社会中,对物欲的追求已经成为人们的主要目标,"物质产品对人类的生存……获得了一种前所未有的控

---

[1] [德]马克斯·韦伯:《经济与社会》第2卷,阎克文译,上海人民出版社2010年版,第1114页。

[2] 同上书,第1312页。

制力量，这力量不断增长，且不屈不挠"，"变成一只铁的牢笼"，[1]无法轻易逃脱。查尔斯·泰勒在《现代性之隐忧》中也指出，工具主义理性具有控制我们生活的威胁。由于工具主义理性遵循的是效益或"代价—利益"原则，所以常常会出现用美元来估算人的生命的荒诞现象。虽然我们认识到了这一行为的荒诞性，但去改变和抗争却是非常困难的。孔德和迪尔凯姆都具有保守主义的色彩，倾向于改良的方案。而马克思则持有乐观的态度，致力于通过推行社会主义的方案以发现克服人之异化的道路。但在苏联解体之后，泰勒对上述学者的观点都采取了保留的态度。在泰勒看来，马克思和韦伯对这一无人情味的机制早就进行了探索，但这种探索似乎并没有取得成效。与悲观的宿命论者相反，泰勒主张对于工具理性既不能全盘的否定，也不能完全的拥护，因为现代的文化性质远比利益和代价之间的平衡关系要复杂与微妙。[2] 泰勒之所以尽力抱持客观的立场，是因为在他看来当前的技术社会并不会任由制度把不断深化的工具理性强加诸人，而是常常对制度的方案进行反思和评判以避免该种可能性的发生，但如果说要取消市场和制度的话则是不可取的。"共产主义社会的崩溃最终使得许多人一直感受的东西成为无可否认的事实：某种形式的市场机制对于工业社会来说是不可缺少的。"[3] 这种归咎过于简单，但可以肯定的是，主观上的意愿不能代表现实的发生，所以泰勒把击退工具理性的希望寄托在民主上。与泰勒这种乐观积极的态度不同，韦伯论调更为悲观："没人知道将来会是谁在这铁笼里生活；没人知道在这惊人的大发展的终点会不会有全新的先知出现；没人知道会不会又有全新的先知出现，没人知道会不会有一个老观念和旧理想的伟大再生；如果不会，那么

---

[1] ［德］马克斯·韦伯：《儒教与道教》，王容芬译，商务印书馆2003年版，第142页。

[2] ［加］查尔斯·泰勒：《现代性之隐忧》，程炼译，中央编译出版社2001年版，第8—14页。

[3] 同上书，第127页。

会不会在某种骤发的妄自尊大情绪的掩饰下产生一种机械的麻木僵化呢,也没有人知道。"① 在韦伯看来,把这个阶段视为文化发展的最后的阶段应该是不无道理的,因为在这个阶段,韦伯看到、感受到的是"专家没有灵魂,纵欲者没有心肝;这个废物幻想着它自己已达到了前所未有的文明程度"。②

2. 文化的悲剧

与韦伯同时代的西美尔在文化社会学方面关注的主要议题就是对资本主义文化矛盾和危机的揭示。这一危机和矛盾体现为"客体文化与主体文化的分离与冲突",此即西美尔的"文化悲剧"。研究西方文化历史并持有悲观立场的不惟西美尔一人,历史学家斯宾格勒在考察了西方文化发展的历史后所得出的结论是"西方没落"。西美尔身处大都市,通过对大都市人们的日常生活研究,也形成了其别具一格的货币文化研究。国内较早研究西美尔的学者陈戎女认为:"西美尔文化——现代性思想的独特,实质上完善了古典社会学理论的结构框架,而且微妙的是,古典社会学家中唯有他的文化学说对后现代文化更具有阐释力。"③

从文化的角度去看视资本主义社会,通过资本主义社会的日常生活场景去把握人的现代性体验及其内在本质是西美尔与韦伯等人的不同之处。西美尔所理解的文化是与自然相对的一个概念。在他看来,文化是生命产生出来以表现和认识自己的某种形式,其在内容上表现为"优雅的言谈举止,生活精神化的形式,以及内部劳动和外部劳动的劳动成就"。④ 上述文化内容超出了其纯粹的自然的本性,体现为一种被教化的自然,它们是"我们自己的欲望和情感

---

① [德]马克斯·韦伯:《新教伦理与资本主义精神》,于晓、陈维纲译,陕西师范大学出版社2006年版,第106页。
② 同上。
③ 陈戎女:《西美尔与现代性》,上海书店出版社2006年版,第9—11页。
④ [德]西美尔:《货币哲学》,陈戎女译,华夏出版社2002年版,第360—361页。

的产物，是观念利用事物可利用的可能性产生的结果"。[①] 从文化的分类上来看，文化有主体文化和客体文化两种。主体文化也称为"个体文化"，指的是主体对各种客观文化因素生产、吸收和控制的能力与倾向，是行为者身上已经被内化了的各种文化因素；而客体文化则是指人们在历史发展过程中所产生的诸如宗教、哲学、组织、团体等的各种文化因素，虽然客体文化外在于个体，但却能够对个体生活的方方面面产生影响。[②] 在西美尔看来，在理想状态下，主体文化与客体文化应该互相协调发展，共同促进，一起实现促进人类自我完善和发展、丰富人格内涵、提升生命品质的根本目的。但西美尔通过对以往社会发展历史的研究指出，这一理想状态并不存在，实际上恰恰相反，主体文化与客体文化的发展并不平衡。客体文化本来是作为一种手段用来发展主体自身的，但其在产生之后却越来越脱离了创造者的控制而成为凌驾于创造者的一种异己力量。在前现代社会，文化的内容与形式、主体文化与客体文化之间尚处于一种和谐发展的状态，而进入现代社会之后，这一状态被打破了，出现了以手段异化为目的的结果。

造成主体文化与客体文化背离的根本原因在于社会分工和货币经济的发展。从社会分工的发展来看，社会分工有其合理性，专业化的劳动分工大大提高了人们的生产效率，但也造成了人的专业化和片面化。由于劳动分工的精细，每个人所负责的只是文化产品生产的一部分，因此其对文化的整体感觉和把握不复存在，劳动者创造了产品，但却不能在产品中发现自己，反而失去了自己。从货币经济的发展来看，在日益发展的交换中人们创造了货币这一媒介以利于交换的进行，从而形成了一种新的经济形式——货币经济。货币经济的出现替代了以往的自然经济，但随着货币经济的发展出现

[①] [德] 西美尔：《货币哲学》，陈戎女译，华夏出版社 2002 年版，第 361 页。
[②] 侯均生主编：《西方社会学理论教程》，南开大学出版社 2010 年版，第 100 页。

了客体文化超越主体文化并对主体文化压制的结果。体现在人们对待货币的态度上就是"大多数的现代人在他们生命的大部分时间里都必须把赚钱当作首要的追求目标,由此他们产生了这样的想法,认为生活中的所有幸福和所有最终满足,都与拥有一定数量的金钱紧密地联系在一起。在内心中,货币从一种纯粹的手段和前提条件成长为最终的目的"。① 货币在生活中的这一地位早在托克维尔那里也有精彩的描述:"在这类社会中,没有什么东西是固定不变的,每个人都苦心焦虑,生怕地位下降,并拼命向上爬;金钱已经成为区分贵贱尊卑的主要标志,还具有独特的流动性,它不断地易手,改变着个人的处境,使家庭地位升高或降低,因此几乎无人不拼命地攒钱或赚钱。不惜一切代价发财致富的欲望、对商业的嗜好、对物质利益和享受的追求,便成为最普遍的感情。这种感情轻而易举地散布在所有阶级之中,甚至深入到一向与此无缘的阶级中,如果不加以阻止,它很快便会使整个民族萎靡堕落。"② 之所以会出现这种主客体文化的脱离,是因为生命与形式二者处于永恒的对立与冲突中。在西美尔看来:"生命只能以特殊的形式取代自己;然而,由于它本质上是永不停歇的,所以它永远不停地同自己的产物进行斗争,这一点是不变的,不以它自己为转移。这个过程表明旧形式为新形式所取代。……生命总是持续不断地在死亡复活—复活死亡之间运动着。"③ 生命与形式之间的这种冲突对立无法改变,导致二者发生冲突的社会分工和货币经济的发展也无法消除。如何实现文化悲剧的突围,西美尔所持有的也是一种悲观立场。他的预言是"'未来的牢笼'(韦伯语)将把人禁锢在社会功能里,完美的客观

---

① [德] 西美尔:《金钱、性别、现代生活风格》,刘小枫编,学林出版社 2001 年版,第 10 页。

② [法] 托克维尔:《旧制度与大革命》,冯棠译,商务印书馆 2013 年版,第 35 页。

③ [德] 西美尔:《现代人与宗教》,曹卫东译,中国人民大学出版社 2003 年版,第 24 页。

世界的实现将以人的心灵衰退为代价"。① 不同的社会学家关于现代性都看到了其弊端所在。虽然每个人都试图给社会开出自己的诊断和药方，但每个社会学家似乎都对自己的诊疗方案没有十足的信心。

3. 病态社会与单向度的人

20世纪初，弗洛伊德创立了精神分析学说，试图从心理学的角度对当代人的心理状况进行分析。从弗洛伊德开始，越来越多的人从非理性的角度去关注人的生存及其状态。马尔库塞通过把自己的社会批判方法与弗洛伊德的精神分析理论相结合，揭示了社会的病态，并指出生活于其中的人是一种单向度的人。

其实对社会是否处于病态的研究马尔库塞并不是第一人，孔德和迪尔凯姆早就提出了社会病理说。判定一个社会是否处于病态，最关键的在于确立什么是正常的社会状态。正如迪尔凯姆指出的，政治科学无法一劳永逸地摆脱谬误，尤其因为疾病在人类社会中的位置与其他任何地方相比都要重要，所以正常状况更不确定，更难以界定。而马尔库塞对病态社会的评判首先是通过对当前社会的描述开始的。马尔库塞认为，以电子技术为标志的第三次科技浪潮使西方社会由传统社会进入一种新的社会——"富裕社会"。"富裕社会"是社会发展的一个特殊阶段，以美国为代表，富裕社会一般具有如下特征。

第一，工业技术力量的高度发达。这一力量大部分被用来生产和分配奢侈品，被用来玩乐，挥霍，"有计划地消费"日用品，和用到军事和半军事方面上去——换句话说，用到了经济学家和社会学家通常所指称的"非生产"品和服务行业上去了。第二，生活水平的提高，甚至连非特权阶级也分享到了一部分好处。第三，经济和政治权力的高度集中。政府不断加强对经济生活的组织干预更促

---

① [美] 刘易斯·A. 科塞：《社会思想名家》，石人译，上海人民出版社2007年版，第169页。

进了这一集中。第四，科学和伪科学的研究。对个人和集团在工作和业余时间的行为的控制和操纵——对心理、无意识和下意识的行为的研究取得的成果，为了商业目的和政治目的，它们造成了由"富裕社会"的正常功能所表现出来的综合病征。①

回顾近一百年以来人类发展的历史，可以看到由于科学技术的发展，生产力得到了迅猛的发展，物质财富极大丰富，但这样的社会并不是人们预期的社会。社会批判理论批判社会的价值判断有两点：首先要看这一社会是不是人类生活值得过的，或者可能是和应当是值得过的；其次要看在一个既定的社会中，是否存在改善人类生活的特殊可能性以及实现这些可能性的特殊方式和手段。在马尔库塞看来，如果"一个社会的基本制度和关系（它的关系）所具有的特点，使得它不能使用现有的物质手段和精神手段使人的人性充分发挥出来，这个社会就是病态的"。② 以此为准，则马尔库塞笔下的"发达的工业社会"就是一种病态社会，因为这一功能正常的社会带给个人的是紧张和负担，而这种紧张和负担的根源不在于个人自身，而是在于其所处的这个社会。之所以做此判断，是因为科学技术在推动社会发展的同时，也体现了其作为一种新的意识形态对人的压抑和操纵。马尔库塞把资本主义的进步理解为这样一个等式：技术进步＝社会财富的增长（国民生产总值的增长）＝奴役的扩展。在资本主义社会，技术不但无助于解放人性，实现人的"自由而全面的发展"，反而借助人们的需求对个人施行着社会控制。由于这样的社会没有反对派，在工业社会日趋一体化时，批判理论失去了超越这一社会的理论基础，传统的"工人""阶级"等范畴失去了它们的批判性意味，技术的合理性演变成为了社会政治的合理性，在这样的状况下社会失去了批判的向度，而成为单向度

---

① ［美］赫伯特·马尔库塞等：《工业社会和新左派》，任立编译，商务印书馆1982年版，第1页。

② ［美］赫伯特·马尔库塞：《当代社会的攻击性》，《哲学译丛》1978年第6期。

的社会。

单向度的社会是这样的一种社会：在控制形式上，该社会体现为一种新的控制形式——技术形式。发达工业社会和发展中的工业社会对政治权力的运用主要体现在对技术及技术组织的操纵上，通过动员、组织和运用工业社会的技术，提高生产率，满足人们的需要而获得统治的权力。需要有真实与虚假之分。真实的需要是要实现个人与所有个人的全面而自由的发展，而虚假的需要则会妨碍对社会病态的认识。当前大多数需要都是虚假的，例如休息、娱乐、按照广告的宣传进行消费，以及按照他人的喜好来决定自身的喜好，等等。其所体现的是社会对个体的控制，这种控制是一种全面的控制，不仅是对人的外部控制，即人要适应机器，而且也是对人的一种内在控制。"生产设备和它产生的商品和服务，'出卖'或欺骗着整个社会体系。大众运输和传播手段，住房、食物和衣物等商品，娱乐和信息工业不可抵抗的输出，都带有规定了的态度和习惯，都带有某些思想和情感的反应，这些反应或多或少愉快地把消费者同生产者，并通过生产者同整体结合起来。"操纵人们的工具由政治宣传的意识形态转而为产品所灌输的虚假意识，后者更具有隐秘性，也更不易引起人们的反抗。相反，"随着生产设施的合理化及其功能的多样化，所有的统治都采取了管理的形式。而在这种统治发展到登峰造极的时候，集中的经济力量把人完全吞没了。任何人，即使身居高位的人，面对这种设施本身的运动和规律，都软弱无力。控制一般由政府机关实施。在这个机关中，无论雇主和雇工都是被控制者"。[①] 病态的社会塑造的是单向度的人。在技术理性大行其道时，个人被社会同化了，失去了独立的思考和批判的能力。当科学技术从特殊利益的控制中摆脱出来而成为一种统治的力量时，当它扩展到社会总体结构和社会生活的各个方面时，当技术

[①] [美]赫伯特·马尔库塞：《爱欲与文明》，转引自张康之《"社会批判理论"的文化批判》，《教学与研究》1998年第10期。

知识扩展到人的思想和活动范围时，作为一个具有自主性、独创性、想象力的个人，其抵制社会的能力也就随之削弱了。[①]

单向度的社会在政治领域上处于封闭状态。在马尔库塞看来，发达工业社会在发展中出现了如下趋势：由于政府的干预，国民经济集中体现的是大公司的需要，这种经济是和世界性体系相协调的。企业中不同阶层之间出现了同化，蓝领工人与白领工人、企业中的领导和劳工，社会不同阶层之间的愿望日渐同化……以企业和劳工组织为例。在马克思所处时代，工会与企业、资本家属于泾渭分明的两个阵营，利益直接冲突、对立，而现在的劳工组织和企业则几乎没有任何区别。由于技术的使用，机械化的操作大大降低了劳动者体力的数量和强度，自动化和半自动化的生产使得被劳动者的态度和地位在悄然发生着变化，蓝领工人有向白领工人成分转变的趋势，工人阶级似乎不再与社会处于相互矛盾的状态，统治转化为了管理，组织者和管理者越来越依赖于他们所组织和管理的机器。虽然丧失了自由，但当前这个受管理的福利国家却提供了舒适的生活，人们很难放弃这种舒适而在政治上去反抗这一国家的存在。

单向度的社会在文化领域的体现就是艺术的俗化趋势。马尔库塞把文化划分为高层文化和大众文化。所谓高层文化是为少数人所享有的，与社会现实相矛盾的文化。在前技术社会，这种文化具有超越的向度，对社会具有批判、反思的功能。但现在，在技术合理性的进程中，艺术对社会这一远离、指控和批判的特征已经不再存在了，艺术成了商业性的东西，被出售，被消费。对高层文化中这些对立、异己和超越性因素的消除并不是通过否定文化价值的方式进行的，而是通过把文化纳入已确立的秩序的方式进行的。

单向度的社会塑造的是单向度的人、单向度的思想。当人们组

[①] 王凤才：《追寻马克思：走进西方马克思主义》，山东大学出版社 2003 年版，第 102 页。

织社会劳动的方式发生变化后,阶级社会中的人身依附关系就逐渐转化为对事物客观秩序的依赖关系。"劳动的科学管理和科学分工大大提高了经济、政治和文化事业的生产率。结果:生活标准也相应得到提高。与此同时并基于同样理由,这一合理的事业产生出一种思维和行为的范型,它甚至为该事业的最具破坏性和压制性的特征进行辩护和开脱。科学—技术的合理性和操纵一起被熔接成一种新型的社会控制形式。"[1] 技术是通过对自然的统治而成为对人的统治的工具的。科学原本是作为一种价值中立的技术学,现在则成了社会控制和统治形式的技术学。按照马斯洛的理论,人的最高需要是自我实现的需要,但在技术社会通过这种自我裁决的生活以实现自身价值是不可能的。技术装置能够扩大舒适生活、提高劳动生产率。当我们接受这一安排,遵循技术合理性的原则时,我们就已经放弃了自由的权利,成为了单向度的人。

---

[1] [美] 赫伯特·马尔库塞:《单向度的人》,刘继译,上海译文出版社 2011 年版,第 117 页。

第三章　后现代社会理论转型的现实背景

后现代社会理论转型的深层根源是后现代社会的来临。社会存在决定社会意识，社会意识反映社会存在，后现代主义作为一种上层建筑、社会意识，其产生是社会发展到一定阶段的产物，用詹明信的话来说就是它反映的是晚期资本主义发展的文化逻辑。艾森斯塔德在中国社会科学院社会学研究所做的题为《论前现代社会、现代社会和后现代社会》的学术报告中曾经指出，其报告中所区分的前现代社会、现代社会与后现代社会，并不意味着一个新的后现代社会已经出现，更为妥当的说法应该是后现代趋势，所以他在文章的最后澄清，"以上是一些后现代趋势。这些都只是趋势，还不是后现代社会"。① 虽然学界关于后现代社会这一称谓尚未达成共识，称谓这一社会存在的新变化为后现代社会似乎有点贸然，但毋庸讳言，当前的社会已经出现了与前此的所有社会迥异且这种迥异足以让人感到我们已经处于一个新的社会形态的时代。本书姑且称其为后现代社会，以说明后现代社会理论范式产生的社会现实基础。

后现代社会是后现代社会理论研究的问题域，作为一种历史范畴的后现代，比较普遍的一种表述方式就是在"现代之后"，即后

---

① [以] 艾森斯塔德：《论前现代社会、现代社会和后现代社会》，《国外社会科学》1991年第12期。

现代社会是一个继现代之后的社会。① 如果以时间来计的话，可以把第二次世界大战以后，尤其是20世纪五六十年代视为区分现代和后现代的界线。但也正如后现代哲学家利奥塔所指出的，单纯从时间区分现代和后现代注定是要失败的，以20世纪五六十年代为界仅仅是现代向后现代转变的象征性时间，因为决定现代和后现代二者之间分野的是不同历史时代所呈现的社会特征。如果把现代理解为工业革命成功后资本主义发展的比较稳定的历史阶段的话，后现代就意味着20世纪晚期的资本主义。在这一时期，资本主义社会在政治、经济、文化等领域出现了危机。资本主义社会总危机的出现显示，在资本主义社会内部其政治、经济、文化等方面发生了根本性的变化，社会已经进入了一个新的历史阶段。对于这一历史阶段，不同的学者有不同角度的理解。戴维·哈维从时空压缩的视角对后现代的状况予以描述，贝尔称其为后工业社会，吉登斯对此的表述是全球化社会，贝克把其理解为风险社会，鲍德里亚笔下的社会是消费社会。

第一节　时空压缩机制与后现代状况

政治学家、社会学家米歇尔·瓦卡卢利斯认为，在20世纪70年代中期发达国家的内部社会关系发生了重大转型。判断这一转型发生的根据是这一时期的经济发展模式与"光辉三十年"的经济发展模式出现了断然决裂，这种决裂不仅发生在国家层面，也发生在国际层面，其标志性事件就是1973年10月所爆发的第一次石油危机，它标志着资本主义结构性危机即福特主义调节危机的开始。② 戴维·哈维也认为，对后现代主义性质的探讨，"与其说它是一系

---

① ［英］尼格尔·多德：《社会理论与现代性》，陶传进译，社会科学文献出版社2002年版，第160页。

② ［希］米歇尔·瓦卡卢利斯：《后现代资本主义：社会学批判纲要》，贺慧玲、马胜利译，社会科学文献出版社2012年版，第3—4页。

列观念，不如说是一种需要阐明的历史状况"。① 这种状况大概发生在1972年前后，表现为在政治—经济实践中出现了一种剧烈的变化，而这种变化与我们体验空间和时间的新的主导方式的出现有着密切关系。②

一 福特主义向灵活积累机制的转变

第二次世界大战后的1945年到1972年，是资本主义经济复苏重建的时期，在这期间，资本主义建构起了一系列围绕"劳动控制"（戴维·哈维语）的实践、技术、消费习惯和政治—经济力量的结构。这种被称为福特主义的结构，使资本主义的经济发展达到了一个顶峰时期，其独特之处在于"大规模生产意味着大众消费、劳动力再生产的新体制、劳动控制和管理的新策略、新的美学和心理学，简言之，意味着一种新的理性化的现代主义的和平的民主社会"。③ 但福特主义在一开始并未得到有效传播，从1914年到1945年，经历了将近半个世纪，直到国家权力被适当运用，福特主义与凯恩斯主义成了牢固联盟，才使得福特主义成了羽翼丰满和与众不同的积累体制，形成了战后长期繁荣的基础。

20世纪60年代中期，"布雷顿·伍兹协议"的破裂和美元的贬值显示了福特主义和凯恩斯主义在遏制资本主义的固有矛盾时遇到了困难。这些困难用一个词语来概括的话就是——刻板。这种刻板有的属于大规模生产体系中长期的和大规模的固定资本投资，有的属于劳动力市场、劳动力分配和劳动契约方面。国家在承担义务方面的刻板也变得更为严重。到1973年，这种刻板造成了经济的剧烈衰退，出现了世界范围内的资产市场的崩溃和金融机构的严重困难。福特主义开始为一种新的体制所取代。"一直到1973年的明

---

① [美]戴维·哈维：《后现代的状况》，阎嘉译，商务印书馆2004年版，第2页。
② 同上。
③ 同上书，第167页。

显衰退，才破坏了这种构架，一个迅速的、迄今还没有被很好理解的、积累体制中的转变过程开始了。"① 这种新的取代福特主义的机制被称为"灵活积累"机制，它与福特主义的刻板相对抗，其灵活性来自与劳动过程、劳动力市场、成品和消费模式有关的灵活性。

灵活积累机制的特征是出现了全新的生产部门、为金融提供服务的各种新方式、新市场，尤其是商业、技术和组织的创新。灵活积累制表现在劳动力市场上是从常规就业转变为日益依赖非全日的、临时的或转包劳动的安排。劳动力市场结构的转变，伴随着同样重要的工业结构的转变，主要体现为有组织的转包为小企业的形成开创了机会，很多小型企业加入了转包技术任务或咨询的阵营，与福特主义追求大规模的生产相抗衡，出现了日益增加的小批量廉价制造商品的区域经济。如果考察妇女在劳动力市场和生产中的角色，这种结果更明显。新的劳动力市场结构对非全日制妇女的剥削成为了一件非常容易的事，所以低工资的女性劳动可以代替付费更高的劳动力或不容易解雇的男性核心工人，而转包和家庭以及家族领导体制的复苏也使家长式的实践与家庭劳动得以复活。而在消费领域，灵活积累密切关注快速变化着的时尚，能调动一切引诱需求的技巧和它们所包含的文化转变。

从福特主义到灵活积累机制的转变，实际上也是由现代主义向后现代主义的转变。在戴维·哈维看来，战后的福特主义并不单纯是一种大规模的生产体制，在更深层的意义上，它是一种全面的生活方式。"大规模生产意味着产品的标准化和大众消费；意味着一种全新的美学和文化的商品化。……福特主义也以各种非常明确的方式建立了现代主义的美学并为它出了一份力。"② 而灵活积累体

---

① [美]戴维·哈维：《后现代的状况》，阎嘉译，商务印书馆2004年版，第184页。

② 同上书，第179页。

制则体现了弹性的、充满活力的生产方式。"它导致了不平衡发展模式中的各种迅速变化，包括各个部门之间与各个地理区域之间的迅速变化。"① 通过对资本主义政治—经济领域的分析，戴维·哈维认为"福特主义的现代主义相对稳定的美学"已经为灵活积累的"后现代主义美学的一切骚动、不稳定和短暂的特质"② 所代替。"资本更加灵活的流动突出了现代生活的新颖、转瞬即逝、短暂、变动不居和偶然意外，而不是在福特主义之下牢固树立起来的更为稳固的价值观。"③

二 时空压缩与后现代的状况

在从福特主义到灵活积累机制，从现代主义转向后现代主义的过程中，"变化着的时间和空间的体验，至少是部分地构成了向后现代主义的文化实践与哲学话语的冲击性转折的基础"。④ 法国结构主义者列维·斯特劳斯认为，人类任何社会和文化都是以特定的"结构"而存在的，而要把捉这种结构，必须首先把结构的概念放在时空概念上。实际上，在辨识社会基本性质的社会理论活动中，时间和空间已经成为众多社会理论家分析和诊断社会的基本工具。所以，在对资本主义的政治—经济领域考察后，戴维·哈维"更加仔细得多地考察了对时间和空间的体验"，因为这种体验在他看来，"本身就是资本主义历史—地理发展之动力与文化生产和意识形态上的转变的复杂过程之间重要的中介环节"。⑤

作为人类存在的基本范畴，时间和空间在人类社会初期并没有得到人们太多的关注。随着社会的发展和人类认识能力的增

---

① [美] 戴维·哈维：《后现代的状况》，阎嘉译，商务印书馆 2004 年版，第 191 页。
② 同上书，第 202 页。
③ 同上书，第 220 页。
④ 同上书，第 248 页。
⑤ 同上书，第 3 页。

强,时间和空间慢慢进入人们的视野,并被视为自然的两种不同的属性。在早期的研究中,时间被视为是线性的,而空间则是固定的不变的容器。到了近代,康德提出了人为自然立法,时空并不是外在于人的认识的,由此时间和空间被视为人脑中固有的感性直观形式,空间被视为外部现象的"纯直观",而时间必须通过空间才能被设想为一种直观形式,因而是一种"内直观",是比空间更具内在本质性的直观,优于空间。康德虽然突出了时空体验性的重要,但这种时空观在本质上仍然是抽象的。直到马克思实践观的建立,时间和空间才由概念而成为现实。正如恩格斯所指出的,"因为一切存在的基本形式是时间和空间,时间以外的存在像空间以外的存在一样,是非常荒诞的事情"。[①] 与从传统的时空框架中引申出实践概念不同,马克思是从人的实践活动中引申出时空概念的。作为深受马克思主义影响的新马克思主义者,戴维·哈维致力于在历史唯物主义的分析和解释框架中分析后现代的状况,认为时间和空间是社会地建构起来的,它们随着社会政治—经济实践的变化而变化,在社会中所起的作用并非中立的。"时空概念和相关的实践,在人类的事务里,绝非是社会性中立的。"[②] 戴维·哈维通过把时空的理解与资本主义的生产方式联系在一起而提出了时空压缩的概念。

"时空压缩"是戴维·哈维从人文地理学出发独创的一个重要概念。所谓时空压缩指的是一种"历史—地理状况"。遵从马克思实践的观点,戴维·哈维视"空间"为实践的产物,在《社会正义与城市》一书中,他指出,"如果我们要理解资本主义制度下城市的进程,就必须得仔细思考空间的本质"。通过把时间观区分为绝对的空间观、相对的空间观和相关性的空间观,戴维·哈维认为

[①] 马克思、恩格斯:《马克思恩格斯文集》第九卷,中共中央马克思恩格斯列宁斯大林著作编译局译,人民出版社2009年版,第56页。

[②] 包亚明:《现代性与空间的生产》,上海教育出版社2003年版,第387页。

对空间的理解应该结合与空间相关的实践进行，要根据不同的情境从不同的角度做出不同的解答，特别是在当代社会，"由于电视、远程通讯和国际互联网的广泛应用，开辟出一个超地理的全球性的技术空间。它具有前所未有的共时性；它具有自如的跨空间性（任意地穿梭于感觉空间、地域空间、私人空间、身份空间、经济空间、交往空间等各种各样的空间形式之间）；它具有强大的连通、整合诸空间的能力"。[1] 空间概念已经成为一个多元化的概念。正如戴维·哈维在《后现代的状况》一书中所认为的："我使用'压缩'这个词语是因为可以提出有力的事例证明：资本主义的历史具有在生活步伐方面加速的特征，而同时又克服了空间上的各种障碍，以至世界有时显得是内在地朝我们崩溃了。花费在跨越空间上的时间和我们平常向我们自己表达这一事实的方式，都有利于表明我所想到的这种现象。由于空间显得收缩成了远程通信的一个'地球村'，成了经济上和生态上相互依赖的一个'宇宙飞船地球'……由于时间范围缩短到了现存就是全部存在的地步（精神分裂症患者的世界），所以我们必须学会如何对付我们的空间和时间世界'压缩'的一种势不可挡的感受。"[2]

时空压缩概念提出的用意在于表示"那些把空间和时间的客观本质革命化，以至于我们被迫、有时是用相当激进的方式来改变我们将世界呈现给自己的方式的各种过程"。[3] 戴维·哈维用"地球村"和"宇宙飞船地球"两个比喻，说明资本主义伴随着科学技术的发展，交通和通信技术的发达，改变了人们对时间和空间的知觉。这种改变不仅仅意味着社会物质生产实践的改变，还意味着人们的生活方式和表达方式的改变。正如戴维·哈维所认为的，"最

---

[1] 陈雷：《理解空间：现代空间观念的批判与重构》，中央编译出版社2008年版，第175页。

[2] ［美］戴维·哈维：《后现代的状况》，阎嘉译，商务印书馆2004年版，第300页。

[3] 同上。

近这20年我们一直在经历一个时空压缩的紧张阶段,它对政治经济实践、阶级力量的平衡以及文化和社会生活已经具有了一种使人迷惑的和破坏性的影响"。①

随着资本主义生产方式的转变,戴维·哈维认为:"我们就这样逼近了核心的悖论:空间障碍越不重要,资本对空间内部场所的多样性就越敏感,对各个场所以不同的方式吸引资本的刺激就越大。结果就是造成了在一个高度一体化的全球资本流动的空间经济内部的分裂、不稳定、短暂和不平衡的发展。集中化与分散化之间在历史上有名的紧张关系,现在以各种新的方式产生出来了。"②在米歇尔·瓦卡卢利斯看来,后现代的状况导致了对时间和空间感知的变化,即时间成了转瞬即逝的东西,缺乏历史性,空间则与人体之间发生了脱节,个人无法在空间中被感知,也无法完成对外部世界位置的"测绘"工作。这种现象就是詹姆逊所认为的后现代超空间现象或多国家的后现代空间现象。这种现象指代的不是一种文化的存在,而是一种独特的历史和经济社会现实,是"世界范围的第三个资本主义大扩张阶段"。③

三 传统意义政治的终结

由于资本主义经济领域的深刻变化,西方国家的政治状况也出现了新的特点,传统意义上的政治终结了。

传统意义上的政治是以不同阶级或政治集团的存在为前提的。阶级是历史的核心主体,具有内在的合理性和肯定的社会认同性,常被认为肩负一定的历史使命。对资产阶级来说,其历史使命是推翻封建阶级,而对于无产阶级来说是推翻资本主义的统治,实现社

---

① [美]戴维·哈维:《后现代的状况》,阎嘉译,商务印书馆2004年版,第355页。
② 同上书,第370页。
③ [希]米歇尔·瓦卡卢利斯:《后现代资本主义:社会学批判纲要》,贺慧玲、马胜利译,社会科学文献出版社2012年版,第37—38页。

会主义，但在米歇尔·瓦卡卢利斯看来，阶级实体终结了。[①] 这主要表现为"阶级斗争不再是首当其冲的概念运算器，而成了一个离经叛道和无事生非的想法，成为一种心照不宣，要么就是一种不予起诉，一种对已消逝的工业主义分级化的幻象形态"。[②] 虽然在资本主义社会，仍然存在一些冲突，但这种冲突的性质已经发生了变化，其主要体现为社会文化取向和道德选择的冲突，而不是阶级冲突。

阶级实体终结并不意味着阶级不再存在，而是指其存在方式和其所占据的主导地位发生了变化，产生了工薪阶层的重组。"阶级回撤事实并非纯粹的阶级瓦解，而是社会政治力量和意识形态力量对比的消失使附属阶级显露出来，并将其视做'整体主义共同体'。"[③] 在灵活积累机制背景下，分裂的物质基础，资本的弹性流动机制，以及"福特制时代'工厂—堡垒'的分裂，工人群体的去集体化、失业的增长和劳动的不稳定化、被统治者团结的传统形式的断裂往往使得工薪阶层的构成异质化"，[④] 工人阶级进一步被碎片化了。"世界范围雇佣关系的转型使福特制时代'集体劳动者'的相对同质性破碎，一种摇摆不定和移动的劳动力的存在往往加剧了社会分裂，并使曾经统一大众类别的工厂和地域之间的紧密关系瓦解。工薪阶层如今更为多样化，甚至是'多级的'。"[⑤] 由于资本的流动和跨国经营公司的存在，"最小化"的基础生产单位，子公司和分子公司的网络化等因素，使得阶级结构并不是静止不变的，而是可以演化的。对这种分裂、碎片化可能带来的危险，查尔斯·泰勒也深以为然。他指出，"危险的东西并不是现实的专制控

[①] 参见［希］米歇尔·瓦卡卢利斯《后现代资本主义：社会学批判纲要》，贺慧玲、马胜利译，社会科学文献出版社 2012 年版，第 144—145 页。
[②] 同上书，第 144 页。
[③] 同上书，第 152 页。
[④] 同上书，第 154—155 页。
[⑤] 同上书，第 153 页。

制，而是分裂——那就是，人民越来越以个人利益至上主义的方式看待自己之时，换句话讲，人们越来越少地认为自己有必要与其同胞公民在共同的事业和忠诚里结合起来"。① 斗争失去了自己的共同目标，也不复存在一个共同的阶级主体，因而也没有共同的阶级敌人，传统意义上的政治因而是终结的。

　　传统意义的政治虽然终结了，但却出现了新的政治和新的权力。1968年法国的五月风暴之后，在西方国家出现了以生活为取向的新社会运动，如生态保护运动、反核运动、女权运动、同性恋运动等。与传统政治致力于对经济和国家结构的改变等宏观目标相比，新出现的社会运动指向的是日常生活领域，因而又被称为微观政治、生活政治等。所谓微观政治是指发生在社会微观层面上的，关注家庭、性别、性、身体、欲望等日常私人生活领域，具有反体系、多元化、反中心等特征的政治。"微观政治关注日常生活实践，主张在生活风格、话语、躯体、性、交往等方面进行革命，以此为新社会提供先决条件，并将个人从社会压迫和统治下解放出来。"② 微观政治关注的是日常私人生活领域中人与人之间关系的考察和分析。例如，在福柯看来，"肉体也直接卷入某种政治领域；权力关系直接控制它，干预它，给它打上标记，训练它，折磨它，强迫它完成某些任务，表现某些仪式和发出某些信号……肉体基本上是作为一种生产力而受到权力和支配关系的干预；但是，另一方面，只有在它被某种征服体制所控制时，它才可能形成为一种劳动力"。③ 而更激进的后现代主义者从差异性出发，否定任何政治存在的价值和意义，所以在实际活动中，他们也反对对政治的参与或关心。如

---

　　① [加]查尔斯·泰勒：《现代性之隐忧》，程炼译，中央编译出版社2001年版，第130页。
　　② [美]道格拉斯·凯尔纳、斯蒂文·贝斯特：《后现代理论——批判性的质疑》，张志斌译，中央编译出版社2004年版，第150页。
　　③ [法]米歇尔·福柯：《规训与惩罚》，生活·读书·新知三联书店1999年版，第27页。

鲍德里亚认为,"政治参与没有任何意义,在革命都爆发了,原子弹也爆炸过之后,已经没有什么是让我再担心的了,留给我们所能做的或许就是'对一切都平心静气地泰然处之'了"。①

通过对现代主义和后现代主义诞生的两种经济基础——福特主义和灵活积累机制——进行考察,可以看出在由福特主义向灵活积累机制转变的过程中,资产阶级仍然遵循扩张的本质,"利用时间消灭空间",通过资本的加速而实现对空间的征服,形成了一轮甚于一轮激烈的"时空压缩"。这种生产领域的压缩在文化层面引发了后现代主义的诞生。由于这种经济领域的转型,传统的政治不复存在,出现了关注日常生活领域的后现代政治。

第二节 后工业社会

多德认为,后现代思想的历史背景是由三个相互联系的主题提供的,首居其位的就是后工业主义。在多德看来,"后工业主义概念是蕴含于后现代社会理论中的(却很少被探索过)经济分析思想的重要先导"。②

一 后工业主义

何谓后工业主义?1922年,潘迪在其所著的《后工业主义》的序言中对这一术语给出了自己的解释:

> 有关本书书名我要说这样一席话。从一种观点上看,后工业主义使人联想到了中世纪主义,从另一种观点上看,它可以被界定为"颠倒的马克思主义"。但是,在任何意义上,它都

---

① [美]波林·罗斯诺:《后现代主义与社会科学》,张国清译,上海译文出版社1998年版,第209页。
② [英]尼格尔·多德:《社会理论与现代性》,陶传进译,社会科学文献出版社2002年版,第160—161页。

意指将在工业主义崩溃之后到来的社会状况，因而可以被用来含纳所有工业主义已告终结的推测。我们早就感觉到需要有某种这类词汇（语），以充分包容那些人们的观点，他们同情社会主义者的理想观念，但他们对工业主义又持有与之不同的态度，而后工业主义这一术语，在我看来仿佛恰如其分地满足了这种需要。我使用的这一术语是 A. K. 库马拉斯瓦美博士提出的。①

但贝尔并不认同潘迪的这一提法，讥诮其为"基尔特社会主义者"，意图返回的是一种所谓能够"使劳动变得高尚的分散的、小手工业作坊式的社会"。马歇尔·麦克卢汉曾做出预测，认为世界将进入一个新技术时代。这是继 20 世纪中期的第三次技术革命后所出现的又一次新的技术革命，二者的不同之处在于前者的标志是原子能、电子计算机和半导体，而后者则是以信息、能源、材料和生命科学为主要内容，其先导是电子技术。每次技术革命都能带来生产力的巨大发展，而这场新的技术革命带来的除了生产力的飞速发展之外，还使得"全球问题"凸显出来，正如鲍德里亚在"交流的狂喜"一文中所表述的：

> 某种变化发生了，生产和消费的浮士德式的、普罗米修斯式的（也许是俄狄浦斯式的）时代让位于网络变幻无常的时代，让位于连接、接触、临近和反馈的自恋式的、变幻无常的时代，一体化的分界面与世界的通信同步运行。由于电视形象——电视成为我们这个新时代的终极的、完善的对象——我们终极的身体及周围世界变成了一个控制的屏幕。②

---

① ［英］罗斯：《后现代与后工业》，张月译，辽宁教育出版社 2002 年版，第 28 页。
② 同上书，第 31—32 页。

作为"后现代主义"主要理论家的詹姆逊,在《晚期资本主义的文化逻辑》一书中指出,后现代主义这个概念就其正确的用法来说,"它并不只是用来描述一种特定风格的另一个话语。至少在我的用法里,它也是一个时期的概念,其作用是把文化上新的形式特点的出现,联系到一种新型的社会生活和新的经济秩序的出现——即往往委婉地称谓的现代化、后工业或消费社会、媒体或大观社会,或跨国资本主义"①。"我相信,后现代主义的出现和晚期的、消费或跨国的资本主义这个新动向息息相关。我也相信,它的形式特点在很多方面表现出那种社会系统的内在逻辑。"②

在所有论述后工业主义的学者中,贝尔的工作或许被视为是最有影响力的。③ 在贝尔那里后工业主义常常被另外一个名词代替,即后工业社会,但正如贝尔自己也认为的,所谓的后工业社会实际上是带有预测的性质,"后工业社会这个概念,是有关西方社会结构变化的一种社会预测",④ 使用这一概念是一种认识图式,是基于方法上的考虑。在贝尔看来,虽然"后工业社会的概念并不是一幅完整的社会秩序的图画;它是描述和说明社会上社会结构(经济、技术和等级制度)中轴变化的一种尝试。但是这种变化并不意味着'基础'和'上层建筑'之间具有特殊的命定论;……后工业社会的概念就是使西方社会结构的复杂变化更易理解的这样一种'主导方法'"。⑤ 在再版的《后工业社会的来临》中,贝尔再次指出,在全部社会结构的意义上,用"后工业社会"这一用语来指称社会并不恰当。贝尔所理解的社会是由三个不同的领域——技术—

---

① [美]弗雷德里克·詹姆逊:《晚期资本主义的文化逻辑》,张旭东、陈清侨译,生活·读书·新知三联书店1997年版,第399页。

② 同上书,第418页。

③ [英]尼格尔·多德:《社会理论与现代性》,陶传进译,社会科学文献出版社2002年版,第161页。

④ [美]丹尼尔·贝尔:《后工业社会的来临——对社会预测的一项探索》,高铦译,商务印书馆1984年版,第14页。

⑤ 同上书,第137页。

经济体制、政治秩序和文化构成的。如果从五个方面来说明的话，社会主要包括"（1）经济方面：从产品生产经济转变为服务性经济；（2）职业分布：专业与技术人员阶级处于主导地位；（3）中轴原理：理论知识处于中心地位，它是社会革新与制定政策的源泉；（4）未来的方向：控制技术发展，对技术进行鉴定；（5）制定决策：创造新的'智能技术'"。①

虽然贝尔很谦虚的指出，后工业社会这一概念并不意味着对未来社会的预报而仅仅是预测，但正如我们认识到的，这种预测不是没有根据的猜测，而是有其深刻的现实基础的。在贝尔看来，按照发展阶段不同可以把社会划分为前工业社会、工业社会和后工业社会三个相互联系但又有不同的三个阶段。前工业社会属于以消耗自然资源为主的第一产业，劳动主体主要是农民、矿工、渔民、不熟练的工人等，使用的是比较简单的原料技术，应对的主要是人与自然之间的矛盾，强调常识和经验的作用，面向的是过去；工业社会则以第二产业为主，其特点是注重能源技术和机器技术的使用，劳动主体主要为半熟练工人和工程师，这一时期的技术主要为能源技术，处理的主要是人与人造自然之间的关系，在强调经验的方法时，也比较重视实验的方法，能够基于现实根据形势进行预测和分析；与前两个阶段比较，后工业社会在经济部门主要以第三产业为主，由产品经济转变为服务经济。贝尔指出，"如果工业社会的定义是根据作为生活标准的商品数量来确定的话，后工业社会的定义则根据服务和舒适——保健、教育、娱乐和文艺——所计量的生活质量的标准来确定"。② 在职业上后工业社会主要以专业性和技术性的职业以及科学家为主。"这是职业结构方面正在发生的一场新的双重革命，就职业决定着其他行为方式而言……它也是一次社会

---

① ［美］丹尼尔·贝尔：《后工业社会的来临——对社会预测的一项探索》，高铦译，商务印书馆1984年版，第20页。

② ［美］丹尼尔·贝尔：《后工业社会的来临》，高铦等译，新华出版社1997年版，第153页。

阶级结构的革命。生产与职业性质的这种变化，是后工业社会产生的一个方面。"① 在贝尔之前，一些后工业理论大多都持有"技术决定论"，但在贝尔看来，后工业社会的"轴心原则"不是技术，而是理论科学知识，所以贝尔把脑力劳动分工和信息部门的增多视为后工业社会的主要特征之一。贝尔之所以如此重视理论的重要性，是因为他看到了理论知识在技术知识中的先导作用，技术被认为是短时间可以复制的，但理论知识则需要科学家长时间的不懈努力才有可能出现突破。在技术上，后工业社会把信息技术放在首位；在计划上，后工业社会主要筹划的是人与人之间的对策，强调的是对未来的预测。

但正如国内学者周嘉昕在其所撰写的《后工业社会何以可能？》一文中指出的，"后工业社会"概念的意识形态诉求十分明显，E. 阿拉伯·奥格利还曾把贝尔称作"官方社会学家"。我们如果能够看到贝尔在某种意义上是以美国为首的一些西方国家"阶级利益"的代言人，则有助于我们看到他的局限，尤其是他对马克思主义立场拒绝的局限。

二 资本主义的文化矛盾

如果说在《后工业社会的来临》一书中，贝尔较多考虑的是一种新型社会到来的话，而在《资本主义文化矛盾》一书中，贝尔通过对政治、经济、文化三个领域的分析，指出进入后工业社会阶段的资本主义处于分裂状态，由于三大领域遵从不同的原则，所以产生了不可调和的资本主义文化矛盾。

> 与社会统一观相反，我认为较有益的方法是把现代社会看作由三个特殊领域组成，每个领域都服从于不同的轴心原则。

---

① [美] 丹尼尔·贝尔：《后工业社会的来临》，高铦等译，新华出版社1997年版，第136页。

我把整个社会分解成经济——技术体系，政治与文化。它们之间并不相互一致，变化节奏亦不相同，它们各有自己的独特模式，并依此形成大相径庭的行为方式。正是这种领域之间的冲突决定了社会的各种矛盾。①

受马克思关于上层建筑与经济基础划分的影响，贝尔把社会划分为三个领域，即政治、经济、文化。在资本主义发展初期，这三个领域关系和谐，彼此协调，但经过200多年资本主义的发展，三者出现了难以调和的矛盾。这种矛盾主要体现在这三大领域遵从不同的轴心原则。

在现代社会里，技术—经济体系领域遵从的轴心原则是功能理性，遵守的是少投入多产出的生产要求。它通常通过金钱形式来反映其在成本和收益方面的对比。为了实现这一原则，其所采取的轴心构造是官僚等级制度，即韦伯意义上的科层制。其所造成的结果是权威由于不是经过人而是经过职位来传递的，所以企业的管理在本质上是一种技术官僚，企业的任务具有功能性和工具性，任务的执行要求必须服从组织的目的。而它强调最大限度，最佳选择以及对雇工和原材料混合的同样处置，所以处在这个世界中的人，常常被视为物件或"东西"，从而造成了只见角色，不见人的异化现象。政治领域掌管的是暴力的合法使用，其轴心原则是合法性。这种合法在某种意义上可以等同于平等，即认为所有的人都具有在政治上平等发言的权利，其轴心结构是代表选举制或参与制，政治行动的基本目标是调和彼此之间的冲突和不相容的利益要求，或寻求覆盖性条令及宪法允许的权威立场。为实现这一目标，其所采取的手段主要为依靠谈判协商或法律审裁而不是技术官僚的理性判断。文化领域不断表现并再造

---

① ［美］丹尼尔·贝尔：《资本主义文化矛盾》，赵一凡译，生活·读书·新知三联书店1992年版，第56页。

"自我",以达到自我实现和自我满足为其轴心原则,它的目的是要为人类的生存提供意义。① 但由于这三大领域之间遵从的原则不同,所以当后工业化社会到来时,诸领域之间的断裂非常明显且难以遏制,最为严重的断裂和冲突发生在经济基础和文化领域。在经济主宰社会生活、文化世俗化、商品化日趋严重、高科技变成当代人类图腾,反过来压迫人的局面下,资本主义无法再为人们的生活和工作提供终极意义的支撑,由此产生了信仰危机问题。用贝尔的话说就是"现代主义的真正问题是信仰问题。……一种精神危机,因为这种新生的稳定意识本身充满了空幻,而旧的信念又不复存在了。如此局势将我们带回到虚无"。②

由于贝尔所论述的如下论题,"时空中的变迁、文化中心的缺失、视觉文化的支配地位、非理性和无理性、反智性主义、高雅文化和低俗文化之间界限的消除、自我的丧失、安东尼·阿托德的戏剧文学等等"③,所以,乔治·瑞泽尔视贝尔为现代主义批评家,认为他在20世纪70年代所论述的社会变迁,尤其是文化变迁,显示了他对后现代发展因素的觉察。"……在许多方面,贝尔更应是一位对随后出现的后现代文化富于预见性分析的理论家。"④

第三节　全球化社会

谈及社会学而不谈及吉登斯肯定是一个很大的失误。吉登斯对于社会学和社会理论的贡献众所周知。但正如国内学者张小山

---

① [美]丹尼尔·贝尔:《资本主义文化矛盾》,赵一凡译,生活·读书·新知三联书店1992年版,第56—60页。
② 同上书,第74页。
③ [美]乔治·瑞泽尔:《后现代社会理论》,谢立中译,华夏出版社2003年版,第244页。
④ 同上。

撰文指出的,"严格意义上的后现代理论家,应该专指'后现代主义理论家',即那些认同后现代主义基本观点、运用后现代主义视角或思维的理论家"。① 以此为标准的话,吉登斯作为一个后现代社会理论家的身份堪疑,因为严格说来吉登斯对于现代性似乎并未持有明确的反对、批判的立场。在某种意义上吉登斯是一个按部就班的社会理论家,其所谈论的话题似乎与传统社会学并没有断裂之感。但无可置疑吉登斯也看到了当前社会与传统社会相比已经发生了巨大的变化。这也是我们把吉登斯安置在本节的原因。吉登斯笔下的现代性实际上并不外在于后现代主义者眼中的后现代社会,只不过因为关于现代性的立场不同二者在学术观点上也有所分歧而已。

从制度视角对现代性进行解读和剖析,是吉登斯现代性理论的核心部分。在吉登斯看来,现代性的四个制度性维度分别是:资本主义、工业主义、监控和军事力量。

一 资本主义

在吉登斯看来,现代性的四个制度性维度分别是:资本主主义、工业主义、监控和军事力量。吉登斯指出,经典社会学家马克思、涂尔干和韦伯等人在解释现代性的性质时,都倾向于从某种单一的驾驭社会巨变的动力来分析。如韦伯和马克思都侧重对资本主义的特性进行分析和研究。但实际上,从欧洲发展的历史来看,二者是两个不同的不能化约的概念。从时间来说,资本主义要早于工业主义的发展,大概在15世纪或16世纪就已出现在欧洲。在资本主义规模扩大为了扩张降低成本的过程中,催生了工业主义。所以从这个角度来说,资本主义还是工业主义产生的前提。与马克思关注资本主义的商品生产过程不同,吉登斯更多的是从企业模式和经

---

① 张小山:《谁是后现代社会理论家》,《中国社会科学报》2014年2月28日A08版。

济活动来理解资本主义。在吉登斯看来，资本主义是一个商品生产系统，它形成的是以资本的私人占有与一无所有的雇佣劳动者之间的关系为中心的阶级体系。与以往任何一种社会相比，资本主义做为一种经济制度所起的作用都处于一种支配地位，这种地位主要体现为以下几个方面：首先，资本主义在经济领域的运作对资本主义的发展起着十分重要的导航作用；其次，资本主义与私有财产的联合能够在很大程度上决定国家"统治"模式的性质；最后，资本主义还能够对民族国家以往的经济活动起到一定的促进作用，因而资本主义被视为是一种非常重要的经济制度。

二 工业主义

工业主义被吉登斯视为塑造现代性社会的独立力量。在吉登斯那里，工业主义不仅仅是指机械化的技术和机器生产，也不仅仅是指在工厂里所发生的现象，而是指生产过程使用的是无生命的物质能源；生产和其他经济过程一样都具有机械化的性质；工业主义并不是单纯的产品制造还指的是一种生产方式；工业主义处在不断扩张的资本主义企业的架构中。

三 监控

受到韦伯、福柯等人思想观点的影响，吉登斯把监控也视为现代性的制度性维度之一。吉登斯指出，在当前社会的官僚统治下，大部分的人对日常生活进程常常处于无能为力的状态，作为行政权力的基础，监控既可以是直接的也可以通过对信息的控制，间接的进行。其所涉及的范围广泛，既包括政治领域、经济领域还包括日常生活领域。

四 军事力量

最后吉登斯突出了军事力量在现代社会中的作用，认为现代社会的演进是与现代军事力量的发展相一致的。特别是当科学技术运用于军事后,战争的性质发生了改变,战争的工业化会使人们陷入"全面战争",人们目前生活的社会是一个"军事社会"。现代性的四个维度彼此之间不可化约、相互独立但又相互影响、紧密交织。吉登斯认为这四个维度能够构建为一个分析现代性、理解现代社会的框架,同时这一框架不但可以用来分析现代性的成因和构成,还能够解释现代社会中的许多重要现象,如全球化。

吉登斯对全球化问题的分析是从对现代性的分析入手的。在不同的著作中,吉登斯所谈论的现代性的含义均有不同,但一般而言,现代性在吉登斯那里指的是现代社会或现代工业文明,主要包括在思想观念上具有转变、开放的想法;在经济制度上主要为工业生产和市场经济;在政治上主要指民族国家和民主。而当现代性高度发展进入"高度现代性"阶段后,时代就体现出了全球化的性质。与其他许多学者把这一阶段理解为是反现代性的、后现代性的不同,吉登斯认为这一阶段仍隶属于现代性,不过是其更高阶段的发展。"在工业化社会中,某种程度上在整个世界中,我们正进入一个高度现代性的时期……"[1] 全球化意味着什么,在其所著的《现代性的后果》一书中,吉登斯指出"现代性的后果就是全球化"。

如何理解这种全球化,在《全球化和对其不满者——后现代社会主义的兴起》一书中,罗杰·伯贝奇、奥兰多·钮尼兹和鲍里斯·卡哥里兹基认为:全球化打破了经济和政治生活的国界限制,是撼动当今世界的各种力量的中心,但由于经济对全球化方向的影响,人们建设一个更美好世界的能力受到了限制。他们力图提出更好的建设世界的方法。基于"资本主义已经处于最后阶段,后现代社会和经济这些反资本主义的因素已经在其内部形成",[2] 出现了

---

[1] [英]安东尼·吉登斯、克里斯多弗·皮尔森:《现代性——吉登斯访谈录》,尹宏毅译,北京新华出版社2001年版,第154页。
[2] 罗杰·伯贝奇、奥兰多·钮尼兹、鲍里斯·卡哥里兹基:《全球化和对其不满者——后现代社会主义的兴起》,转引自作者《不切实际的后现代社会主义》,《国外理论动态》2000年第11期。

新的资本主义的掘墓人——参加种族运动者、穆斯林原教旨主义者及其城市的造反群众。虽然这些力量尚未充分地组织起来，但"这些运动的多样性正是其力量所在，而且从长远来看，一个新的后现代社会将会出现，它包含了所有这些被资本主义美宴所抛弃的迥异和不同的群体"。① 虽然在论证一个新社会即将到来上还有不足，但罗杰·伯贝奇、奥兰多·钮尼兹和鲍里斯·卡哥里兹基的观点却启发我们从全球化的角度去思考未来社会发展的方向。而英国学者戴维·赫尔德认为，全球化就是"一个（或者一组）体现了社会关系和交易的空间组织的变革过程——可以根据他们的广度、强度、速度以及影响来加以衡量——产生了跨大陆或者区域间的流动以及活动交往以及权力实施的网络。在这里，流动指的是物质产品、人口、标志、符号以及信息的跨空间和实践的运动，而网络指的是独立的能动者之间有规则或者模式化交往、活动的接点或者权力的地点"。吉登斯则从时空伸延的角度理解，认为全球化的本质是时空的伸延过程，是"我们生活中的时—空的巨变"。现代性内在地具有全球化的特点。过去几十年以来，由于科学、技术、交通、通信和工业的空前发展，不同地域的人日益密切地联系在一起。时间和空间对人的阻隔作用在某种意义上成了可以忽略的因素，人们在世界范围内的社会关系得到了强化。"这种关系以这样一种方式将彼此相距遥远的地域连接起来，即此地所发生的事件可能是由许多英里以外的异地事件而引起，反之亦然。"② 把地理学中的时间和空间引入社会学研究，这也是吉登斯对社会学的贡献之一，是一种新的分析社会和生活实践的视角。在吉登斯看来，全球化意味着现代性的激进

---

① 罗杰·伯贝奇、奥兰多·钮尼兹、鲍里斯·卡哥里兹基：《全球化和对其不满者——后现代社会主义的兴起》，转引自作者《不切实际的后现代社会主义》，《国外理论动态》2000年第11期。

② [英]安东尼·吉登斯：《现代性的后果》，田禾译，译林出版社2000年版，第47页。

化,是社会历史进入一个重要时期的标志,体现为风险社会的形成和世界的失控。"全球化并不是我们今天的附属物,它是我们生活环境的转变,是我们现在的生活方式。"[①] 全球化是我们时代的重要知识语境,也是我们生活的现实背景。"在晚期现代性的条件下,我们生活'在这个世界中',而这个世界是与先前的历史时代意义不同的世界,每个人依然过着一种当地性的生活,并且身体的局限性使得在每一个时刻所有的个体都处于时间和空间的特定情境之下……虽然每一个个人都过着当地式的生活,但是大部分现象世界还是表现出真正的全球化。"[②]全球化带来的是什么?在吉登斯看来,全球化的出现还意味着人们要面对一个失控世界的出现,是人的未预期的后果。如何应对全球化及其带来的风险,这是吉登斯在阐述其全球化观点时竭力要解决的问题。

　　吉登斯认为要有效应对由于全球化而带来的全球风险,应该建立一种全球意识,推动全球的制度性变迁,建立全球层面的后现代秩序。这主要包括建立调整经济增长期望,改造社会生活方式和能够重新分配全球财富的超越匮乏型秩序。这一路径是否可行?在吉登斯看来,目前已经出现的跨国公司这一社会化经济组织的发展,对促进这一秩序的建立会起到有益的作用。实际上,不惟吉登斯,1990年以来全球公民社会已经成为一个日益流行的概念。首先,要推动民族国家的多元政治,"使现存的制度进一步民主化,而且要以满足全球时代要求的方式进行民主化"。[③] 跨国非政府组织的出现能够有益于国际治理。其次要实现技术的人道化,对技术的发展要有反思的维度,要用人文精神约束工业的发展以避免越来越严重

---

　　① [英]安东尼·吉登斯:《失控的世界》,周红云译,江西人民出版社2001年版,第15页。
　　② [英]安东尼·吉登斯:《现代性与自我认同》,赵旭东等译,生活·读书·新知三联书店1998年版,第220页。
　　③ [英]安东尼·吉登斯:《失控的世界》,周红云译,江西人民出版社2001年版,第6页。

的环境破坏。最后由于军事力量在当前社会中的重要作用，倡导国家之间解决问题与冲突采取非军事化的手段，实现没有战争的世界。

第四节 消费社会

消费社会这一概念的提出体现了人们对当代社会进行研究和分析的新视角和切入点——消费。这一概念是与"后工业社会""信息社会"等同时期出现的，都是用来表征当代社会某一个方面的概念。马克思在《德意志意识形态》中曾经指出："人们用以生产自己的生活资料的方式，首先取决于他们已有的和需要再生产的生活资料本身的特性。这种生产方式不应当只从它是个人肉体存在的再生产这方面加以考察。更确切地说，它是这些个人的一定的活动方式，是他们表现自己生命的一定方式、他们的一定的生活方式。"[①]在马克思所处的时期，由于生产力发展的局限，物质产品尚不极大丰富，生产处于社会的主导位置，但在一些后现代主义研究者看来，资本主义进入后工业社会的标志是消费的地位和本质发生了变化，消费取代生产占据了社会的主导位置。

人天生是一个消费者，自从有了人类，消费行为就已出现，但消费进入社会学家研究的视野却并不是伴随着这种消费行为的出现而出现的，而是经历了一个逐渐发展的过程。在最初，消费被划归到经济学的领域，而从20世纪80年代开始，社会学家也加入了对消费及消费者的研究，从而产生了一门新的社会学分支——消费社会学。何谓消费？国内学者王宁指出，"所谓消费，指的是在现代经济、社会条件下，人们为满足其需求和需要，对终极产品（物品、设施或劳务）的选择、购买、维护、修理和使用的过程，该过

[①] 马克思、恩格斯：《马克思恩格斯文集》第一卷，中共中央马克思恩格斯列宁斯大林著作编译局译，人民出版社2009年版，第519—520页。

程被赋予一定意义，并带来一定的满足、快乐、挫折或失望等体验"。① 对消费的关注与当前社会由以"生产"为中心向以"消费"为中心的转变有关。

鲍德里亚以提出消费社会理论而跻身于当代著名社会学家之列。作为一位十分重要的社会理论评论家，鲍德里亚认为传统的社会理论已经过时了，应该建立一个新的社会分析模式——消费社会理论对当前的社会进行分析和研究。在其著作《消费社会》一书中，他指出，当今社会是一个为物所包围的社会。"今天，在我们的周围，存在着一种由不断增长的物、服务和物质财富所构成的惊人的消费和丰盛现象。它构成了人类自然环境中的一种根本变化。恰当地说，富裕的人们不再像过去那样受到人的包围，而是受到物的包围。"② 首先，"我们生活在物的时代"，③ 但物品的丰裕并没有带给人们幸福。在鲍德里亚看来，幸福实际上并不需要证据，即不需要平等维系的量化标准，幸福是一种自然倾向，是建立在个人主义原则基础上的"完全的或内心享受的幸福"。④ 工业革命和19世纪革命以来，人们对追求幸福的关注带来了严重后果，幸福被当作媒介与平等建立了联系。所谓平等或民主就是要实现每个人在"物与社会成就和幸福的其他明显标志面前的平等"。这一理解十分具体，但仅仅关涉的是形式，作为更重要的幸福的内容——隶属于每个人的不同的幸福感受则在这里被转移了、忽略了。追求幸福被等同于追求财富，福利型社会的合法性被理解为实现幸福的有力保障，建立一个福利型的社会可以通过财富的增加实现最终的平等和平衡。⑤ 但真正的现实是，在这种为物所包围的社会和时代中，人

---

① 王宁：《消费社会学》，社会科学文献出版社2011年版，第11页。
② ［法］让·鲍德里亚：《消费社会》，刘成富、全志钢译，南京大学出版社2008年版，第1页。
③ 同上书，第2页。
④ 同上书，第29页。
⑤ 同上书，第28—29页。

不但没有达成幸福，反而成了官能性的人，人不是物的主人，相反人们是根据物的节奏和不断替代的现实而生活着的。其次，"消费并没有使整个社会更加趋于一致，就像学校并没有使大家获得一致的教育机会一样，它甚至加剧了其分化"。① 盲目崇拜物的逻辑实际上体现的是消费的意识形态。人们从来不消费物本身（使用价值）——而更多的是消费物的符号价值。在物体系中，每个物体现的都不是它自己本身，而是被编码。正如凯尔纳所指出的，"商品之于鲍德里亚如同语言之于索绪尔，二者都具有能指和所指结构，具有抽象、等价和可互换性这些索绪尔所赋予语言符号的特点，也就是说，对于符号学家来说语词是抽象的概念，这些概念根据等价、交换、可替代性等具体的规则在语言结构中可以被整合在一起，同样，商品也构造了一个系统，在这个系统里，交换价值——商品的价格、市场价值等——和商品符号构造了价值的形式系统，其中，个人或物品可以被相互替代。因此，鲍德里亚证明，商品被结构化为一个符号价值系统，受到规则、符码和社会逻辑的制约"。②

正如鲍德里亚在《物体系》的导论中所指出的，"我们分析的对象不是只以功能决定的物品，也不是为分析之便而进行分类之物，而是人类究竟透过何种程序和物产生关系，以及由此而来的人的行为及人际关系系统"。通过对现代资本主义社会的消费活动所进行的符号政治经济学批判，鲍德里亚提出了"社会差别逻辑"。他指出："今天，很少有物会在没有反映其背景的情况下单独地被提供出来。消费者与物的关系因而出现了变化：他不会再从特别的用途上去看这个物，而是从它的全部意义上去看全套的物。"③ 针

---

① ［法］让·鲍德里亚：《消费社会》，刘成富、全志钢译，南京大学出版社2008年版，第39页。

② Douglas Kellner, Jean Baudrillard, *From Marxism to Postmodernism and Beyond*, London: Polity Press, 1989, p.21.

③ ［法］让·鲍德里亚：《消费社会》，刘成富、全志钢译，南京大学出版社2008年版，第3页。

对马克思所强调的生产的重要性,鲍德里亚揭示了当前社会的消费性质,指出了消费在社会组织和社会行为中的重要作用,即消费原本是为了维持人的生存和发展的一种经济行为,但随着资本主义的发展,生产力极大增强,物质财富极大增加,消费的目的不再仅仅局限于满足生产和生活的需要,而成为一种生活方式,一种符号消费和象征性消费的文化活动。为了实现资本主义生产扩张的需要,同时也为享乐合理化制造理由与条件,推动资本主义的发展,以休闲、享乐为目的的消费需求代替了以改善生产条件、更新商品制造设备、发展重工业和基础设施、培养生产技能的生产需求。在这一过程中,人们注重的不是商品的使用价值,而是其所代表的品牌和形式。正是基于后工业社会的发展由生产转向消费的变化,布迪厄等人提出了声望经济的说法。而在这种消费过程中,其所体现的不是人与人之间身份上的平等,恰恰相反,"人们从来不消费物的本身(使用价值)——人们总是把物用来当作能够突出你的符号,或让你加入视为理想的团体,或参考一个地位更高的团体来摆脱本团体",[①] 符号消费变成了社会分类和区分过程。

消费社会的到来对社会控制模式也具有很大的影响。传统社会起到控制和影响作用的主要是社会经济体制、意识形态或者传统的伦理道德,但现在这些传统价值观日渐为消费所取代,社会统治的模式发生了根本性的变化。如鲍曼所指出的,对这一统治模式分析最为深刻的当属布迪厄:"以诱惑取代镇压,以公共关系取代警察,以广告取代权威性,以创造出来的需求取代强制性规范。今天,使个人联结成社会的力量,是他们作为消费者的活动,是他们的由消费而构成的生活。"[②] 在这样的消费社会中,广告起着十分重要的作用。"广告的作用本来是提供信息以促进销

---

① [法]让·鲍德里亚:《消费社会》,刘成富、全志钢译,南京大学出版社2008年版,第48页。

② [英]齐格蒙·鲍曼:《立法者与阐释者》,洪涛译,上海人民出版社2000年版,第223—224页。

售，但它已逐渐演变为对消费者的'悦服'（或隐藏的说服）和对消费者的管理。"① 在鲍德里亚看来，广告作为当前社会中十分有力的传媒具有战略性的价值。首先，广告在当前社会中能够起到激发人类欲望、刺激消费的作用；广告通过打破精英和大众之间的等级界限，实现了市民文化的认同，能动地构造社会生活，实现对人的欲望的刺激；借助高科技手段，广告营造了一种虚幻的世界，宣扬的是一种消费社会的新道德——"享乐道德"，即通过消费，以享乐为原则，逃避现实的道德。其次，广告通过与高科技的联姻，实现了对现实社会的模仿和美化，引导着人们的消费。再次，广告具有意识形态的功能。当代社会经济和文化互渗增强，广告借助巧妙的包装能够使自己的观点转化为人们的观点，成为人们的无意识。最后，广告具有创造商品象征价值的功能。广告的大众传播功能不是来自其内容，而是受其自主化媒介逻辑的影响，它通过"让一个符号参照另一个符号，一件物品参照另一件物品，一个消费者参照另一个消费者"而实现对物品的编码，在物品差异的背后对应的是人与人的区别。正是通过把商品进行编码，变为特定社会阶层的符号，广告才能大行其道，诱发人们的消费行为，实现其刺激消费的目的。

第五节 风险社会

20世纪后半叶，随着工业社会运行机制所发生的悄然变化，一系列全球性危机的爆发和蔓延，世界从工业社会转型为"风险社会"，对社会风险问题的关注日益成为学界研究的焦点。关于风险的争论经历了从专家和公众对技术和环境的关注到对社会的制度基础的关注的转变。工业生产的无法预测的后果转变为全球的生态困

---

① 夏光：《后结构主义思潮与后现代社会理论》，社会科学文献出版社2003年版，第270页。

境，揭示了工业社会本身是一种意义深远的制度性危机。以贝克、吉登斯、拉什等为首的社会学家，基于当前社会风险特征的凸显，提出了风险社会一说。

自从有了人类，人类的存在和生活就面临着来自自然和社会的各种威胁，这就是风险。贝克认为，"人类历史上各个时期的各种社会形态在一定意义上都是一种风险社会"。[1] 而何谓风险？从词源学上来讲，英文里的风险"risk"，其字面意思是指冒险和危险，其本意是指具有一定危险的可能性，或者说是有可能发生危险、形成灾难。与灾难不同，风险是尚未发生的灾难，例如像地震、风暴等自然现象所造成的客观危险，所以，这里所讲的风险概念是一种可能性概念。从这一最宽泛的意义上来说，风险是人的实践活动的伴生物，实践是风险存在的前提和基础。风险虽然与人的实践活动相伴随，但风险的存在并不意味着人就生存于风险社会中，人之步入风险社会经历了一个漫长的过程。

实践是风险的客观基础。作为人的存在方式和生存本性，实践是人出现伊始就已开始的活动。早在《关于费尔巴哈的提纲》中，马克思就已指出："全部社会生活在本质上是实践的。"而在《德意志意识形态》中，马克思、恩格斯再次确认："我们首先应当确定一切人类生存的第一个前提也就是一切历史的第一个前提，这个前提就是：人们为了能够'创造历史'，必须能够生活。但是为了生活，首先就需要衣、食、住以及其他东西。因此第一个历史活动就是生产满足这些需要的资料，即生产物质生活本身。"人的实践活动是一种贯注自我目的，满足人的需求的活动。它是人依一定目的、运用工具变革对象和创造价值的活动。因为在社会中，"任何事情的发生都不是没有自觉的意图，没有预期的目的的"。[2] 历史

---

[1] [德]乌尔里希·贝克：《从工业社会到风险社会》，《马克思主义与现实》2003年第3期。

[2] 马克思、恩格斯：《马克思恩格斯文集》第四卷，中共中央马克思恩格斯列宁斯大林著作编译局译，人民出版社2009年版，第302页。

是"追求着自己目的的人的活动"①。但人类实践的具体结果和人预想的实践目的并不是完全一致的，实践总是蕴含着不确定性，因而也就蕴育着风险的存在。因为"我们自己创造着我们的历史，第一，我们是在十分确定的前提和条件下创造的。其中经济的前提和条件归根到底是决定性的……第二，历史是这样创造的：最终的结果总是从许多单个的意志的相互冲突中产生出来的，而其中每一个意志，又是由于许多特殊的生活条件，才成为它所成为的那样……这样就有无数互相交错的力量，有无数个力的平行四边形，由此就产生出一个总力，即历史结果，而这个结果又可以看作一个作为整体的、不自觉地和不自主地起着作用的力量的产物……所以到目前为止的历史总是像一种自然过程一样地进行，而且实质上也是服从于同一运动规律的"。② 由于实践的这一特点，所以在实践的过程中，虽则它贯穿着人的目的，但最后实践的结果并不会完全合乎人的本意，甚至所出现的结果有可能会与最初的设计相背离。风险与人类的生活密切相关，只要有人存在，有人类生活就有风险存在。正是在人的这样一种实践活动过程中，人类在推动社会发展的同时，也步入了风险社会。但生存境遇不同决定了风险的样式不同。

在人类产生之前，只有单纯的自然存在。在自然界所发生的地震、海啸、飓风等自然活动只是纯粹的自然运动，与人的生活无涉，因而谈不上是风险，只有有了人，有了影响人类生存和发展的事物或现象的出现才谈得上风险。也就是说，风险是一个属人的概念。由此可见，风险是与人类的实践活动密切相关的。只要人在生存、在活动，风险就无可避免。

在人类社会发展的初期阶段，由于人对外部自然的认识能力和改造能力的局限，所以人的实践活动是在一种狭小的范围

---

① 马克思、恩格斯：《马克思恩格斯文集》第四卷，中共中央马克思恩格斯列宁斯大林著作编译局译，人民出版社2009年版，第295页。

② 马克思、恩格斯：《马克思恩格斯文集》第十卷，中共中央马克思恩格斯列宁斯大林著作编译局译，人民出版社2009年版，第592—593页。

内进行的，其对外部自然世界的改造强度也有限，在这种实践状况下所产生的风险只具有局部性、地域性，因而其对人类的影响也是局部的、有限的，更遑论对整个人类的生存和发展造成严重威胁。

随着人类认识和改造自然能力的不断增强，人类逐渐开始了从农业文明向工业文明的过渡。尤其是科学和技术的联姻，实现了劳动由以自然力和畜力为主到以机械力为主的转变，机器大工业取代了手工生产，生产力飞速发展，人类对自然界的改造规模不断扩大，强度不断深化。工业文明的出现，极大地推动了人类实践的扩展，提高了人类认识自然、利用自然和改造自然的能力。但与此同时，人类在实践的扩张也使得自然界运动的后果与人类的现代生活日益密切地联系在一起，使风险具有了更多的"人为"的性质，即工业社会中的人们所面临的是超出纯自然风险更大、更多的社会风险。

在当代，人类的实践活动在规模、范围、程度等方面呈现全球化的趋势，人类活动的风险也在全球范围内进一步得到了展开。而与这种实践的深度全球化相适应，风险也具有了高度全球化的特征，而且风险的类型也日趋多样化。各种全球性风险的存在对整个人类的生存和发展存在着严重的威胁。"工业社会的社会机制已经面临着历史上前所未有的一种可能性，即一项决策可能会毁灭我们人类赖以生存的这颗行星上的所有生命。仅仅这一点就足以说明，当今时代已经与我们人类历史上所经历的各个时代都有着根本的区别。"[1] 正是基于这样的判断，贝克等人把当代社会用风险社会予以表征，提出了风险社会理论。在最初，贝克所理解的风险社会"指的是一组特定的社会、经济、政治和文化的情境，其特点是不断增长的人为制造的不确定性的普遍逻辑，它要求当前的社会结

---

[1] [德]乌尔里希·贝克：《从工业社会到风险社会》，《马克思主义与现实》2003年第3期。

构、制度和联系向一种包含更多复杂性、偶然性和断裂性的型态转变"。① 而亚当与房·龙认为,风险社会反映的是一种特定的组织型态,是对技术时间强加于世界的挑战的回应。斯科特·拉什也指出风险社会具有制度统治的意义。对于统治亚当和房·龙的解释是,"它们并非体现为对其内在的物质性的统治,而更多地体现为对不确定性、复杂性、偶然性和混乱性的散漫建构所施加的束缚"。②

作为风险社会理论最基本的范畴,关于风险的理解关涉风险社会理论的基石。贝克在其《风险社会》一书中指出,"风险,首先是指完全逃脱人类感知能力的放射性、空气、水和食物中的毒素和污染物,以及相伴随的短期的和长期的对植物、动物和人的影响"。而在《自由与资本主义》一书中,贝克又指出,"风险概念是个指明自然终结和传统终结的概念;或者换句话说,在自然和传统失去它们无限效力并依赖于人的决定的地方,才谈得上风险。风险概念表明人们创造了一种文明,以便使自己的决定将会造成的不可预见的后果具备可预见性,从而控制不可控制的事情,通过有意采取的预防性行动以及相应的制度化的措施战胜种种(发展带来的)副作用"。③ 在贝克看来,人类社会一直存在着风险,但现代社会风险的性质有别于工业社会,是一种从古典工业社会的轮廓中脱颖而出,正在形成的一种崭新的形式,属于另一种现代性,标志着人类开始进入反思性现代化阶。在贝克提出"风险社会"概念,用"风险社会"表征现代社会的新特征之后,安东尼·吉登斯、斯科特·拉什、卢曼等分别从不同的视角对风险社会予以诠释,形成了各具特色的当代风险社会理论。虽然角度不同,这些社会理论家都

---

① [英]芭芭拉·亚当、乌尔里希·贝克、约斯特·房·龙:《风险社会及其超越》,赵延东、马缨等译,北京出版社 2005 年版,第 4 页。

② 同上书,第 7 页。

③ [德]乌尔里希·贝克:《自由与资本主义》,路国林译,浙江人民出版社 2001 年版,第 119 页。

把当前社会中出现的越来越多的不确定性因素和一些始料未及的风险视为一个新的风险社会来临的表征。

吉登斯在阐述其关于现代性的观点时,指出"现代性是一种双重现象。同任何一种前现代体系相比较,现代社会制度的发展以及它们在全球范围内的扩张,为人类创造了数不胜数的享受安全的和有成就的生活的机会。但是现代性也有其阴暗面,这在本世纪变得尤为明显"①。这些阴暗面主要表现在三个方面:生产力拓展所具有的大规模毁灭物质环境的潜力;政治权力的强化行使,专制主义(despotism)、极权主义(totalitarianism)仍然存在;实际的军事冲突。上述情况构成了现代性在本世纪的主要的"阴暗面"。② 与贝克将风险界定在一个由制度性的结构所支撑的风险社会中一样,吉登斯认为传统文化中没有风险概念,而这个概念的大量使用暗示着一个企图主动与它的过去亦即现代工业文明的主要特征进行决裂的社会。在把风险理解为与将来可能性关系中被评价的危险程度基础上,吉登斯又把风险区分为两种类型,即外部风险和被制造出来的风险。"外部风险就是来自外部的、因为传统或者自然的不变性和固定性带来的风险";"被制造出来的风险,指的是由我们不断发展的知识对这个世界的影响所产生的风险,是指我们没有多少历史经验的情况下所产生的风险"。③

在传统社会以及工业社会,外部风险是人类担心的来源,而今天,则是"被制造出来的风险"占主导地位的社会。这种社会存在于自然终结之后,这里的"自然终结"不是指物质世界或物理过程的不再存在,而是指我们周围的物质环境没有什么方面不受人类干涉的某种方式的影响,我们所该担心的不再是自然能对我们怎么

---

① [英]安东尼·吉登斯:《现代性的后果》,田禾译,译林出版社2000年版,第6页。
② 同上书,第7—8页。
③ [英]安东尼·吉登斯:《失控的世界》,周红云译,江西人民出版社2001年版,第22页。

样，而更多的是担心我们对自然所做的。与经典社会学家所持有的认为"随着科学与技术的进一步发展，整个世界将变得越来越稳定和更加有秩序"这样的观点相反，吉登斯认为科学技术的进步经常带来相反的结果，它们在致力于防止危险出现的同时，首先也有助于产生这些危险。由是，世界看起来或感觉起来并不像所预测的那样。它并没有越来越多受到文明的控制，反而成了一个失控的世界。

英国学者斯科特·拉什主张用"风险文化"的思想来解读"风险社会"的概念。他认为风险是一种心理认知的结果，由于文化背景不同，所以对于风险的解读就有不同的解释话语，把风险理解为带有结构性的"制度化"风险无法准确描绘我们当前所处的境地。此外，拉什认为风险具有二重性，风险在意味着不确定性、危险性的同时，也是社会发展、创新的动力源泉。

基于人类实践活动的广度和深度，德国社会学家卢曼也认为，我们生活在一个"除了冒险别无选择的社会"，风险已经成为我们日常生产生活的一部分，无时无处不存在，一个迥异于工业社会的风险社会正在或已经到来。

第四章 后现代社会理论的本体论

深入研究后现代主义主要代表思想的基础，我们就会发现后现代主义中存在着一个完整的社会理论维度。① 正如我们前文中关于社会理论的理解，社会理论与社会学理论是两个完全不同的概念，后现代主义从本体论、认识论、方法论上对社会学理论发起挑战，在与社会学理论的交锋中，后现代主义体现了其社会理论的维度。从这个意义上说，后现代主义社会理论是建立在社会学危机之上的。按照吉拉德·德朗蒂的说法，在英美世界中出现了转向社会理论的趋势。这种转向是在反抗美国实证主义的过程中出现的，而在与英美传统不同的欧洲，也出现了旧式的哲学性社会学被边缘化或被引向文化批判的趋势，"社会理论正是这种欧洲经典传统的主要成果之一，并且奠定了一种跨学科的社会理论，而绝不仅仅属于社会学传统。"② 对后现代主义社会理论维度的探析问题实际上就是所谓后现代社会理论的概念界定问题，或者换另外一种表述就是，后现代主义对社会学而言意味着什么的问题。

在本章中我们会发现，社会学理论意义上的问题已经被当作

---

① 邹吉忠：《后现代主义社会理论初探》，《浙江学刊》2000年第3期。
② ［英］吉拉德·德朗蒂编：《当代欧洲社会理论指南》，李康译，上海人民出版社2009年版，第3—4页。

不真、无意义的问题被取消了，不见了，后现代主义者关心的不再是社会是什么、社会与个人的关系等问题。与后现代反对理性、反对元叙事、反对统一性、反对本质主义等特征相应的是，后现代主义更多地着眼于对非理性、生活中琐碎的事情，对社会某一个层面、领域进行多元、多视角的研究，其所提出问题的方式以及问题域都发生了变化。正是在这种意义上我们说本章中所涉及的社会理论汇集了尝试理解、解释和说明社会现象的各种视角，纷繁复杂。同时，也正是由于这种纷繁复杂的特点，后现代主义社会理论并没有一个统一的理论形态（但这并不意味着没有理论），后现代主义社会理论也就成了社会科学当中一块聚讼不已的学术思想活动领域。①

去谈论后现代主义社会理论的本体论似乎是一个自相矛盾的话题，因为在后现代主义者那里，按照其反本质主义的观点，并没有所谓本体的存在，实际上，后现代主义者谈论更多的是话语理论。造成后现代主义取消本体的存在而谈论话语理论的背景是当前社会的文化性质。

第一节 詹姆逊的文化批判理论

布迪厄认为，"构成我们建构社会世界的根基的各种知觉图式与评判图式，是某种集体性的历史努力的产物，但这些努力的基础正是那个世界自身的各种结构的作为历史建构的、已被塑造的结构。我们的思维范畴在创造这个世界的活动中的确发挥了作用，但只是在它们与既存结构相对应的限度内发挥作用"。② 由于后现代社会来临，以往的关于社会本体问题的研究失去了其所依存的现实

---

① [英]布赖恩·特纳：《社会理论指南》，李康译，上海人民出版社 2003 年版，第 20 页。
② 刘拥华：《布迪厄的"终身问题"》，《社会学研究》2008 年第 4 期。

根基，因为在后现代主义者看来，社会在某种意义上不过是文化的产物。正如布赖恩·特纳在《社会理论指南》中提出的，"康诺尔指出，在文化研究里，社会范畴而今已完全等同于文化范畴。比如有一种标准的观点，说经典社会学在相当程度上忽视了文化领域，只关注被理解为与文化相分离的社会结构和制度。与此相反，当代社会理论在分析的角度上来了个180度的大转弯，突出并优先考虑文化现象和文化关系。文化范畴的这种显要地位，是与詹姆逊这样的作者所提出的有关主张分不开的。……社会理论之所以会高度关注文化范畴，很大程度上也是伴随着文化消费和文化生产的增长、现代社会中一些重大变迁所产生的效应"。[①]

费雷德利克·詹姆逊是美国当代著名的马克思主义文学批评理论家和文化批评家，也是最有影响的后现代理论家之一。对于后现代主义在中国的传播，詹姆逊起了很大的推动作用。早在20世纪80年代的时候，国内就已经陆续出版了他的多部著作。关于詹姆逊的后现代理论，学界谈论最多的是他的晚期资本主义文化理论和詹姆逊关于后现代主义特征的理解。

一 晚期资本主义的文化逻辑

在《〈政治经济学批判〉序言》中，马克思曾经指出："物质生活的生产方式制约着整个社会生活、政治生活和精神生活的过程。不是人们的意识决定人们的存在，相反，是人们的社会存在决定人们的意识。"詹姆逊从资本主义的发展这一社会经济根源入手研究文化，得出了后现代主义是晚期资本主义发展的文化逻辑的思想观点。詹姆逊认为，"一种新型的社会开始出现于第二次大战后的某个时期（被冠之以后工业社会、跨国资本主义、消费社会、媒体社会等种种名称）。新的消费类型；人为的商品废弃；时尚和风

[①] ［英］布赖恩·特纳：《社会理论指南》，李康译，上海人民出版社2003年版，第5页。

格的急速变化；广告、电视和媒体以迄今为止无与伦比的方式对社会的全面渗透；城市与农村、中央与地方的旧有的紧张关系被市郊和普遍的标准化所取代；超级公路庞大网络的发展和驾驶文化的来临——这些特征似乎都可以标志着一个与战前社会的根本断裂"。① 这一新出现的社会是何种类型的社会，詹姆逊称之为消费社会或晚期资本主义社会，而后现代主义正是从这一新型社会中生发出来的。

詹姆逊的《晚期资本主义的文化逻辑》一书，在后现代主义发展的历史上具有里程碑意义。在该书中，詹姆逊指出，"后现代主义的产生，正是建基于百年以来的现代（主义）运动之上；换句话说后现代主义文化的'决裂性'也正是源自于现代主义文化和运动的消退及破产。不论从美学观点或从意识形态角度来看，后现代主义表现了我们跟现代主义文明彻底决裂的结果"。② 詹姆逊的这一判断是对后现代主义当时诞生背景的深刻描述。在詹姆逊看来，二次世界大战后，资本主义的政治、经济、科学技术都发生了巨大的变化。由于战争的因素，军事的需求，科学技术在第二次世界大战中得到了迅速的发展。在20世纪四五十年代，世界范围内掀起了一场影响深远的新科技革命，此即第三次技术革命。新技术革命虽然对于资本主义国家的发展起了很大的促进作用，但也引发了一系列问题。这些问题表现在文化领域，就是由于跨国公司的控制，资本主义在后期的发展把整个世界都变成了一个市场，生活中越来越多的东西被变成了商品，包括文化在内。文化在消费大潮的携带下，渐渐失去了批判功能，而成为消费的对象。

借鉴比利时经济学家恩内斯特·曼德尔的观点，詹姆逊以生产方式和技术变革为依据，把资本主义的发展划分为依次继承和相互

---

① ［美］弗雷德里克·詹姆逊：《文化转向》，胡亚敏译，中国社会科学出版社2000年版，第19页。

② ［美］弗雷德里克·詹姆逊：《晚期资本主义的文化逻辑》，张旭东、陈清侨译，生活·读书·新知三联书店1997年版，第421页。

联系的三个阶段,与之相对应的,资本主义的文化发展也划分为三个阶段,即现实主义、现代主义与后现代主义。詹姆逊认为,"资本主义已经历了三个阶段,第一是国家资本主义阶段,形成了国家的市场,(也称古典或民族市场资本主义或者自由资本主义阶段)……第二阶段是列宁所论述的垄断资本主义或帝国主义阶段……第三阶段则是第二次世界大战之后的资本主义。第二阶段已经过去了。第三阶段的主要特征可概述为晚期资本主义,或多国化的资本主义。……与这三个时代相关联的文化也便有其各自的特点。第一阶段的艺术准则是现实主义的……第二阶段便出现了现代主义,而到了第三阶段现代主义便成为历史陈迹,出现了后现代主义"。[①] 对现实主义起十分重要作用的是金钱,现代主义作为垄断资本主义文化范畴的重要话语符号是"时间",而后现代主义作为异于现代主义的一种新文化,其特征是文化工业的出现。

  文化被商品化是后现代主义出现的标志,也意味着消费社会的到来。资本主义发展的趋势是要把所有的东西都变为商品。在现代主义的阶段,文化还保留了对社会的批判功能,而进入后现代主义阶段,文化失去了这种独立的、批判的功能,成为和牙膏一样的东西被销售。"在前一个时代,艺术是一个超越商业化的领域,艺术中还有一定的自由;在晚期现代主义中,在阿多诺和霍克海姆的文化工业的论文中,仍然留有艺术的领地,使它们免于商业文化(在他们看来,最典型的就是好莱坞)的商品化。"[②] 而在当前的阶段,文化和商品消费之间没有了界限;生活中所有的东西都成为了可以贴上价签被卖出的商品,它所导致的一个后果就是文化创作不再纯粹,因为充斥文化创作者头脑中的是商业利益,创作是为了被卖出,为了满足观众的消费需要,文化原先负载的提供价值、探寻人

---

  ① [美]弗雷德里克·詹姆逊:《后现代主义与文化理论》,唐小兵译,北京大学出版社 1997 年版,第 7 页。

  ② Fredrie Jameson, *The Cultural Turn*, selected writing on the Post-modern, 1983-1998, Verso Press, 1998, p.134.

生意义、建设精神家园的功能不复存在。

二 文化转向

关于当前社会的这一变化，吉拉德·德朗蒂指出，"不管是在欧洲，还是在更广泛的世界范围里，取社会理论而舍社会学内部的社会学理论，无疑表明了重视新的社会学关注点，特别是有关文化、认同和全球化等议题的关注点。当前有关社会世界的理论阐述非常关注主体性和认知的转型"。[①] 在詹姆逊看来，后现代主义的出现实际上意味着一种文化转向，转向的后现代主义文化主要具有如下特征。

无深度感是后现代主义文化的第一个特征。"一种崭新的平面而无深度的感觉，正是后现代文化的第一个、也是最明显的特征。"[②] 通过对两幅油画——梵高的《农夫的鞋》和安迪·沃霍尔的《钻石灰尘鞋》——的比较，詹姆逊指出，前者的画在颜料的浓彩之后展现的是劳动者的艰辛，意义在画作之外；而后者则好像物品的一种随意的拼凑，在画作之外无更深层的意义存在。在詹姆逊看来，后现代文化的"平面感完全不同于现代艺术中的平面感。现代艺术的平面感来自于对透视的反叛，画面的一切都走向表面，如立体主义中就不存在近大远小的透视关系，而是所有的画都呈现在表面，平面地展开。但这种平面感、表面性证实的只是绘画、作画行为本身，也就是说证实了绘画可以把现实世界转化为某种艺术的东西，这仍然是美学意义上的内容"。[③]

历史意识消失是后现代主义文化的第二个特征。所谓历史意识

[①] [英]吉拉德·德朗蒂编：《当代欧洲社会理论指南》，李康译，上海人民出版社2009年版，第5页。

[②] [美]弗雷德里克·詹姆逊：《晚期资本主义的文化逻辑》，张旭东、陈清侨译，生活·读书·新知三联书店1997年版，第440页。

[③] [美]弗雷德里克·詹姆逊：《后现代主义与文化理论》，唐小兵译，北京大学出版社1997年版，第199页。

是指人类通过记忆和文化传统而对于自身和历史事件及其发展的认识。如果说"现代主义对历史的感觉是一种对时间性、或者说对往昔的一种怅然若失、痛苦回忆的感觉",① 后现代主义视野里的历史则常常被理解为一种与时间无涉的影像,常常与照片、图片、文字等文化产品相关。但由于后现代境遇中的人并不注重对历史的追思,而更关心此时此地的感受,所以时间意识中关于"过去与未来的时间观念已经失踪了,只剩下永久的现在或纯的指符的连续"。② 这种时间意识的非连续性,在詹姆逊看来,体现的就是一种"精神分裂症",即后现代主义所关注的现在是与历史割断联系且不指向未来的,因而仅仅是暂时的且除了自身就没有意义的一种碎片意识。由于后现代主义的时间没有连续性、序列性,所以一切的文化产品都可以被组合、拼凑在一起。"所谓的'怀旧电影'从来不曾提倡过什么古老的反映传统、重现历史内涵的论调。相反,它在捕捉历史'过去'时乃是透过重整风格所蕴涵的种种文化意义;它在传达一种'过去的特性'时,把焦点放在重整出一堆色泽鲜明的、具昔日时尚之风的形象,希望透过掌握 30 年代、50 年代的衣饰潮流、'时代风格'来捕捉 30、50 年代的'时代精神'。"③ 在詹姆逊看来,由于缺乏和其他时间段的联系,所以怀旧艺术不是表征任何东西的结果,而仅仅是形象。

主体消失是后现代主义文化的第三个特征。所谓主体的消失是指,"主体的灭亡……这也意味着'自我'作为单元体的灭亡。在主体解体以后,再不能成为万事的中心;个人的心灵也不再处于生命中当然的重点"。④ 启蒙运动以来人们一直致力于对主体的宣扬,但在后现代主义者那里,在"官僚机构霸权社会"的情况下,主体

---

① [美] 弗雷德里克·詹姆逊:《晚期资本主义的文化逻辑》,张旭东、陈清侨译,生活·读书·新知三联书店 1997 年版,第 290 页。
② 同上书,第 292 页。
③ 同上书,第 458 页。
④ 同上书,第 447 页。

的地位不复存在,主体直接被宣布死亡了。在尼采喊出"上帝之死"后,福柯认为"人已死",体现在文化作品中就是"情感的消逝"。詹姆逊指出:"现代主义和后现代主义各有自己的病状,如果说现代主义时代的病状是彻底的隔离、孤独,是苦恼、疯狂和自我毁灭,这些情绪如此强烈地充满了人们的心胸,以至于会爆发出来的话,那么后现代主义的病状则是'零散化',已经没有一个自我的存在了。"① 人的精神的零散化,主体的消失使得具有独特性的个体风格也不再成为可能,一切都消解在机械的复制、再生产的技术中。

距离感的消失是詹姆逊所认为的后现代主义文化的第四个特征。在詹姆逊看来,人所生活于其中的高科技社会制造了一个人工现实,这种现实借助电视传媒等手段渗透我们的生活,每天打开电视,电视上出现的形象可以说是属于你的。在电视这一媒介中,所有其他媒介中所含有的与另一现实的距离感完全消失了。这个过程是个很奇怪的过程,而这一过程可以说正是后现代主义的全部精粹。鲍德里亚认为,通过大众传媒所看到的世界并不是一个真实的世界,而仅仅是媒体操控下的符码组成的"超真实"世界,"被拍摄成照片的物体,都只能是为所有其他物体的消失而残留下来的痕迹,几乎是完美的犯罪。……只有以消失的模式生成的物体才是世界的他者。再者,这个消失留下了痕迹……这的确是'他者'存在的唯一的方式——这只能以你自身的消失为基础"。② 受鲍德里亚关于"超真实"观点的影响,詹姆逊指出后现代主义文化具有拟像、超真实特征,复制技术的存在导致了原作的独一无二不再具有价值,所以,从文化的意义上来说,詹姆逊认为我们的世界没有任何现实感。

---

① [美]弗雷德里克·詹姆逊:《后现代主义与文化理论》,唐小兵译,北京大学出版社1997年版,第176页。

② 罗岗、顾铮:《视觉文化读本》,广西师范大学出版社2003年版,第78页。

在《后现代性的起源》中，佩里·安德森认为詹姆逊对后现代主义的研究是以五个步骤开始的。第一个步骤就是在资本自身的经济秩序的客观变化中来理解后现代主义的出现，不把后现代主义单纯理解为美学的断裂或认识论的转移，而是视为生产方式发展到一个新阶段后的文化标志。第二个步骤是从主体经验的角度，勾画新局面下的心理景观。在詹姆逊看来，后现代体验的一般状况是以"情感的衰退"为标志的。第三个步骤是针对以往学者对后现代主义的理解仅仅局限在某一个领域，詹姆逊把后现代主义置于几乎所有的艺术领域和主要话语领域进行考察，从而形成了对于后现代在这个时代的最为全面和丰富多彩的描绘，扩大了对文化的探索范围。第四个步骤是从探讨后现代主义的社会基础和地缘政治模式入手，说明后现代文化的直接动力来源是新富阶层。经济的全球化打乱了旧有的工业秩序，在新秩序下形成的后现代主义文化消除了"高雅"和"低俗"的界线。第五个步骤体现了詹姆逊的政治立场。作为一个马克思主义批评家，他在把后现代主义等同于资本主义新阶段的同时，也站在马克思主义的立场对其进行了批判，即对后现代主义的态度不是仅仅从意识形态出发加以拒斥，而应该是透彻的研究。[①] 就詹姆逊本人的研究来看，作为一个马克思主义批评家，詹姆逊对后现代主义的分析和评判，是从生产方式入手进行的。消费社会在他看来并不是突然出现的，而是经历了一个相当的发展过程。"今天的消费社会才算是资本主义最彻底的实现，是资本主义社会最彻底的形式。在此，资本的扩充已达惊人的地步，资本的势力在今天已伸延到许许多多前此未曾受到商品化的领域里去。简言之，我们当前的这个社会才是资本主义社会最纯粹的形式。"[②] 此外，这也体现了

[①] [英]佩里·安德森：《后现代性的起源》，紫辰、合章译，中国社会科学出版社2008年版，第57—68页。
[②] [美]弗雷德里克·詹姆逊：《晚期资本主义的文化逻辑》，张旭东、陈清侨译，生活·读书·新知三联书店1997年版，第484页。

其历史的辩证法的思想。

　　社会学以研究社会为己任。但关于什么是社会，不同的学者有不同的解释。在经典社会学家那里，社会不管是被理解为社会实在，还是被理解为社会行动，无一例外都具有抽象、先验的特点。实际上，社会并不外在于人的社会实践活动，所以与经典社会学理论中关于社会的抽象理解不同，社会理论中的社会不是社会学要研究的抽象的社会，也非抽象的人，对社会的认知应该首先研究具体的、能动的创造活动本身。"因为正是靠着这种能动的创造性活动，才既产生出了一切文化，同时又塑造了人之为人的东西；人的本质与文化的本质，只是以这种能动的创造性活动为中介、为媒介，才得以结合与统一为一体。由此可见，只有这种能动的'活动'，这种自觉的'创造过程'，才是真正第一性的东西，或用卡西尔爱用的一个德文字来说，才是人类生活的 Urphanomen——'原始现象'。"[①] 而在社会学理论视野中的人却是"社会人"，这可以从社会学理论为何要把社会秩序作为社会学研究的核心问题上可以看出来，但这种设定很显然是有其弊端的。因为社会并不是社会学理论家所认为的那个样子。从最通俗的意义上来理解，正如埃利亚斯所讲的：

　　　　"社会"——人们都知道——就是我们大家，就是许许多多的人待在一块儿。可是，许多人待在一块儿，这在印度和中国构成的是某种性质完全不同于美国和英国的社会；欧洲十二世纪时由许许多多单个人组成的社会，就有别于十六世纪或二十世纪的社会。尽管所有这些社会过去和现在显而易见均是由无数的单个个人组成的，而不是由其他什么组成的，但这种结群共处从一种形式到另一种形式的变化，显然不是由哪个个人

[①] [德] 恩斯特·卡西尔：《人论》，甘阳译，上海译文出版社 1985 年版，第 7—8 页。

事先计划好的。至少我们还没有发现,十二世纪或十六世纪的哪一个人就已经自觉地和有计划地在为我们今天的工业社会的发展作计划了。这个由我们大家一起构成的"社会",它究竟是怎样的一个构造物?我们大家彼此组成了它,但就它如今所成为的那个样子,却不是我们中的任何人,甚至不是我们大家的共同意愿、共同计划的结果;它之所以存在,仅仅是因为有众多的人现成在场;它之所以保持运转,仅仅是因为有众多的单个人有所意愿、有所行动。尽管如此,它的构造,它经历的巨大的历史演变显然并不取决于单个个人的意志。①

社会学理论所设定的社会与当前社会所表现出来的相去甚远。也正是由于对社会认识的深化,吉登斯提出了结构化理论,试图弥补横亘在传统社会学理论中的二元论之间的鸿沟。在吉登斯看来,社会系统与个体行动二者在现实生活世界中是非常自然的结合在一起并形成互动的,人为地把二者割裂开来,强调一方而忽视另一方是造成理论与实践脱节的原因。

第二节 福柯系谱学的社会历史观

正如《解放报》的创始人之一克拉威尔在一篇文章中评价福柯的,福柯是当代的康德,"'在他之后就不可能再像以前那样思考了'。'但是,康德已经躺下睡着了,而福柯从未停止用愈益猛烈的震动使我们保持更加清醒的状态'"。② 如果克拉威尔对福柯的评价是客观的话,那么在福柯之前,有关社会的思考是怎样的?在福柯之后,有关社会的思考是怎样的?通过二者的比较,有助于我们了

---

① [德]诺贝特·埃利亚斯:《个体的社会》,翟三江、陆兴华译,译林出版社2003年版,第3页。

② 刘北成编著:《福柯思想肖像》,北京师范大学出版社1995年版,第283页。

解把握福柯的社会历史观。

　　社会学基本问题是社会学学科的本质所在，是社会学学科研究的出发点，在所有的问题中，基本问题决定了其他问题的研究内容和方向。在学界关于社会学基本问题的探讨中，虽然具体表述不同，但大部分学者都认为，个人与社会的关系问题是社会学的基本问题或社会学的元问题，围绕该问题出现了宏观社会学与微观社会学的划分。在某种意义上，社会学发展的历史可以视为这两大流派互相竞争的历史。任何问题都有其前提预设，不同的前提预设，有不同的问题设定，就会产生不同的提问方式和问题域，从而就会得出不同的回答。正如尼格尔·多德在《社会理论与现代性》一书的引言中指出的，"在后现代批评者看来，现代性工程已经被解体。因而，现代社会理论的概念、范畴和解释方式必须被放置一边。它们表达的是一个不再存在的社会，而且实际上，它们就是那一社会失败的征兆、甚至原因的一部分"。[①] 后现代主义者对社会提问的方式发生了变革，从而导致了社会学理论问题域的转换。这种问题域转换在福柯那里表现为放弃对社会本质主义的提问方式，从关心"是什么"的问题，转向回答"如何使"的问题。社会在福柯看来与其把它理解为具有某种先验、固定的本质，是一种客观实在，毋宁是一种渗透着权力利益或意识形态的思想建构物。所以与社会学致力于研究社会是什么、个人与社会的关系问题不同，福柯更关注社会的运作，更关注这种在社会运作中所体现出来的权力与知识、权力与主体的问题。

　　系谱学作为一种研究家族之起源与历史的科学，本来是用来分析历史的一种方式，是对事物起源和流变的研究，但在尼采和福柯那里，变成了对这种起源非合法性的考察和审视。系谱学虽然并不否定事实的存在，但它关注的是价值而不是事实，甚至事实也被视

---

　　① [英]尼格尔·多德：《社会理论与现代性》，陶传进译，社会科学文献出版社2002年版，第1页。

为价值判断。在《权力意志》一书中,尼采曾经宣称,"没有事实,所有的事件都处于流变之中,它们是不可理解的,是难以捉摸的。不朽的只是我们的意见"。作为福柯的精神导师,尼采的这种思想也影响了福柯看问题的方式。福柯对尼采的系谱学进行了深化和系统化。在1983年的春天,当有人提出要福柯谈谈二者之间的区别时,福柯指出二者在目标和方法上均有区别。"我(福柯)所谓的系谱学既是那些作为事件的话语的理由也是目标,我所试图显示的是那些论述事件如何以一种特定的方式规定了构成我们现在的东西,规定了构成我们自己(包括我们的知识,我们的实践,我们的理性类型,我们与我们自己、与他人的关系)……系谱学是分析的最终结果。"

既然并无客观社会事实的存在,何以社会学家仍把对其探求视为自己的一个重要工作?福柯从知识与权力的视角出发对上述现象进行了分析。福柯认为,孔德、迪尔凯姆等人所从事的社会科学将社会事实视为事物,分析现代个体观念的出现,表面上看是一种与价值无涉的科学探究工作,但细细追究,就会发现这只不过是福柯所分析的"权力的规训技术"。"'规训'既不会等同于一种体制也不会等同于一种机构。它是一种权力类型,一种行使权力的轨道。它包括一系列手段、技术、程序、应用层次、目标。它是一种权力'物理学'或权力'解剖学',一种技术学。"① 社会学声称自己是探索有关社会的真理,但在其实证主义旗号的背后,暗暗行使的却是一种权力技术。

在福柯看来,历史没有连续性,系谱学关注的不是历史而是事件的出现。因为时间是一维的,所以事物的开端从来不是静止的同一。基于这种系谱学的视角,福柯认为"全面历史的主题和可能性开始消失,而一种与前者截然不同的,我们或许可以称为总体历史

---

① [法]米歇尔·福柯:《规训与惩罚》,刘北成、杨远婴译,生活·读书·新知三联书店1999年版,第241—242页。

的东西已初步形成。全面历史旨在重建某一文明的整体形式,某一社会的——物质的和精神的——原则,某一时期全部现象所共有的意义,涉及这些现象的内聚力的规律——人们常比喻作某一时代的'面貌'"①。对于社会学一直所竭力告诉人们的关于社会是什么、个人与社会关系的问题实际上不过是人们自己所建构的幻象,更重要的问题是揭示知识和权力二者之间的关系问题。

知识和权力是何种关系?柏维尔指出,传统的知识研究总是以探索知识的认识论基础为主,并将知识当成一种脱离政治行为的认识活动的产物。历来知识研究从不探索知识与社会权力运作的关系,似乎追求和扩大知识只是极少数知识分子所进行的真理探索活动。而福柯根据西方社会和文化的发展事实,看到了知识问题不只是属于人的纯粹认识活动,也不仅仅是为了达到认识客观对象的真理,而是为各个历史时代掌握权力的统治者所控制、并为统治者的权力运作服务的。②福柯明确指出,"我们应该完全抛弃那种传统的想象,即只有权力关系暂不发生作用的地方知识才能存在,只有在命令、要求和利益之外知识才能发展……相反,我们应该承认,权力制造知识;权力和知识是直接相互连带的;不相应地建构一种知识领域就不可能有权力关系,不同时预设和建构权力关系就不会有任何知识"。③因为知识和权力的这种共谋关系,所以传统哲学所追求的客观真理也就不复存在。正是基于这样的认识,在福柯的著作中,我们很少看到他关于某一事物有知识或非知识、真或不真等截然二分的判断。如学者钱翰指出的,这种不对事物真假进行判断,只在外部进行分析的做法,

---

① [法]米歇尔·福柯:《知识考古学》,谢强、马月译,生活·读书·新知三联书店1998年版,第11页。

② 冯俊等:《后现代主义哲学讲演录》,商务印书馆,2003年版,第430—431页。

③ [法]米歇尔·福柯:《规训与惩罚》,刘北成、杨远婴译,生活·读书·新知三联书店1999年版,第29页。

体现的是福柯的精妙的克制术,因为如果要对某一学科的知识进行真或不真的判断,很容易会陷入其所批判的这门学科的陷阱,因为无论判断真或不真,都必须以真的预设为前提,倘若没有一定的参照系,判断就无法有效,因为预设的过程也就是批判者对批判对象苟同的过程。[1]

佩里·安德森在《后现代性的起源》一书中分析到,"假如现在对社会最好的构想,是既不把它作为社会的有机整体,也不把它作为一个二元性的矛盾场域(帕森斯或马克思的做法),而是把它看作一个语言交际网络,那么,语言本身——'整个社会的契约'——是由各种不同游戏的多重性组成的,这些游戏规则无法相互比较衡量,相互之间的关系是竞争性的。在这种情况下,科学只是其中的一种语言游戏:它再也无力声称自己凌驾于其他认识形式之上,就像它在现代时期曾故作高明所做过的那样"。[2] 正如佩里·安德森所认为的,由于"宏大叙事"神话的破灭,知识在成为后工业社会主要的经济生产力的同时,失去了自己的合法性,其所揭示的是,纯粹的客观真理并不存在。所以福柯在他的《词与物》中说,"我并不关心向客观性迈进的被描述知识……我设法阐明的是认识论领域,是认识型,在其中,撇开所有参照了其理性价值或客观形式的标准而被思考的知识,奠基了自己的确实性,并因此宣明了一种历史,这并不是它愈来愈完善的历史,而是它的可能性状况的历史;照此叙述,应该显现的是知识空间内那些构型,它们产生了各种各样的经验知识。这样一种事业,与其说是一种传统意义上的历史,还不如说是一种'考古学'"。[3] 社会学特别是占主流的

---

[1] 钱翰:《真理:追寻与拒绝——福柯与真理意志》,《国外文学》2002 年第 4 期。

[2] [英] 佩里·安德森:《后现代性的起源》,紫辰、合章译,中国社会科学出版社 2008 年版,第 26 页。

[3] [法] 米歇尔·福柯:《词与物》,莫伟民译,上海三联书店 2001 年版,第 10 页。

实证主义的社会学所谈论的内容显然不是福柯感兴趣的对象。所以在福柯这里关于社会是什么的问题是看不到的，它被当作"向客观性迈进的被描述知识"而被有意忽略过去了。福柯的考古学探讨的是知识的成立条件，即探讨把人们的思想和话语实践组装起来的规则。

我们不再带着现代事业关于人的本性的形上假定，关于一些先验不变的范畴的认识论假定，去积极投入这种事业。后现代的方法是一种谱系学性质的批判历史。谱系学所描述的无非是我们如何成为我们如今之所是……如果后现代谱系学说到底属于自我知识，那么由此途径而了解到的自我，也就证明不是单一的、统一的、完全的和完整的，而是复杂的、分散的、分裂的和脆弱的。[①]

第三节 从符号到拟像

鲍德里亚对后现代社会现象的把握是从对消费占据社会的主导地位出发的。后现代的发展呈现出不确定、多元、无深度等发展特征，对后现代的诸种社会现象进行完整而统一的研究是一种奢望。而鲍德里亚深谙后现代社会在消费方面的特点，在前人研究的基础上形成了自己别具一格的消费社会理论，并在后期通过对媒介文化的思考，提出了超真实文化理论，揭示了当前社会的文化景观，也体现了鲍德里亚对人类命运走向的深切关怀。

鲍德里亚是谁？这个问题很难回答，鲍德里亚在对自己定位的时候指出，"我既不是一个哲学家，也非一个社会学家。我既没有走上相应的学院派道路，也没有在合适的学院中工作。虽然我在大

---

① [英]布赖恩·特纳：《社会理论指南》，李康译，上海人民出版社2003年版，第545页。

学的社会学系里教学，但我并不认为自己在从事社会学或哲学化事业。理论家？我算是。形而上学家？也许是。道德家？我不甚了了。我的著作从来都不是学院派的，也不是说有更多的文学色彩。它在不断地变化，变得更少理论性，变得无需提供证据或参照引文"。[1] 这段话似乎很好的表征了鲍德里亚后现代主义者的身份，虽然他本人并不一定认可。而在这种似乎很难辨认的身份背后，是鲍德里亚所著文本的难以归类。用道格拉斯·凯尔纳的话说就是，"人们可以将鲍德里亚的作品当作科幻小说和荒诞玄学的一种形式来阅读，或者是当作严肃的社会理论和文化形而上学的一种形式来阅读，鲍德里亚的文本到底是什么，这还无法确定"。[2] 虽然关于鲍德里亚及其文本的解读似乎都有不确定的嫌疑，但大体而言鲍德里亚的研究可以划分为两个阶段：早期的鲍德里亚着力于符号价值和消费文化理论；后期的鲍德里亚则转向了对媒介文化的研究并提出了超真实理论。

一　符号价值与消费社会理论

早在鲍德里亚之前，美国学者凡伯伦就对消费问题予以关注，通过对暴发户消费模式的考察，提出了"炫耀性消费"这一概念，并对形成这种炫耀性消费的社会和文化机制进行了剖析。20世纪初期，德国社会学家西美尔注意到了一个发展中的新的社会阶级的崛起，围绕该阶级所出现的新的消费模式、消费与社会时尚之间的关系等问题提出了一系列理论，进一步奠定了消费社会理论的基础。此后布迪厄的研究把消费与社会区隔联系起来，认为消费具有编码之义。上述研究都为鲍德里亚提出符号价值和消费社会理论提供了有益的启发。

---

[1] Mike Gane, Baudrillard Live, *Selected Interviews*, London and New York: Routledge Press, 1993, p. 43.

[2] [美] 道格拉斯·凯尔纳：《波德里亚：批判性的读本》，陈维振、陈明达等译，江苏人民出版社2005年版，第24页。

"要成为消费对象,物品必须成为符号。"① 把物视为符号是鲍德里亚提出消费社会理论的前提。在《物体系》一书的导论中,鲍德里亚指出,"我们分析的对象不是只以功能决定的物品,也不是为分析之便而进行分类之物,而是人类究竟透过何种程序和物产生关系,以及由此而来的人的行为及人际关系系统"。从客体的角度对主客体之间的关系进行研究是鲍德里亚一生一直坚持的思考框架。在《物体系》一书中,鲍德里亚比较了古典时期的家具摆放与现代社会的家具摆放,指出家具的摆放并不单纯是物体的聚集,而更是透过这种摆放体现出这个时代的家庭和社会结构状况。古典时期的家庭摆放体现的是父权体制。

> 典型的布尔乔亚室内表达了父权体制:那便是饭厅和卧房所需的整套家具。所有的家具,功能各异,但却能紧密地融合于整体中,分别以大餐橱和大床为中心,环布散置。倾向在于聚积,占据空间和空间的密闭性。功能单一、无机动性、庄严巍然、层级标签。每一个房间有其特定用途,配合家庭细胞的各种功能,更隐指一个人的概念,认为人是个别官能的平衡凑合。每件家具互别苗头,相互紧挨,并参与一个道德秩序凌驾空间秩序的整体。它们环绕着一条轴线排列,这条轴线则稳固了操守行止的时序规律:家庭对它自身永久保持的象征性存在。在这个私人化空间里,每一件家具、每一个房间,又在它各自的层次内化其功能,并穿戴其象征尊荣——如此,整座房子便圆满完成家庭这个半封闭团体中的人际关系整合。②

进入现代社会后,家具的摆放由人与物之间的关系转向功能性

---

① [法]让·鲍德里亚:《物体系》,林志明译,上海人民出版社2001年版,第223页。
② 同上书,第13页。

的使用，家具的象征意义消解，自身功能突出，更具有弹性、机动性，在自由的组合过程中，实现的是各种组合结构的需要。"在摆设和气氛价值分析的终点，我们观察到整个系统乃是建立于功能性（functionnalite）的概念之上。……它由'功能'这个字演变而来，暗示的是，物品本质的实现，存在于它和真实世界及人的需要间的准确（适应）关系。"① 表面看来，人是物的摆放者，因而体现为人对物的控制，但实际上人和物在物体系中都是一种功能性的存在，而人的功能性存在揭示的是人处于一个功能化的世界中。功能化世界的出现，意味着人与物之间的关系出现了翻转，不是物适应人，反过来是人适应物。通过对物的分析，鲍德里亚借以阐明的是社会的变迁过程，即由古典社会到现代社会再到后现代社会中，体现的是人由实存的世界到科技之物的世界再到符号世界的转变，描述的是一个物体系的客观结构和环境。

继《物体系》之后，《消费社会》和《符号政治经济学批判》两书通过符号学的视角对日常生活的客体和活动进行分析，揭示了一个符号体系的存在，指出当前社会是围绕着符号交易组织起来的，符号体系借助消费物品的差异性，产生的是不同地位和阶层的差异（其符号价值正在于此），在消费活动中的人处于被物包围的状态，人成为消费人。"我们生活在物的时代：我是说，我们根据它们的节奏和不断替代的现实而生活着。在以往的所有文明中，能够在一代一代人之后存在下来的是物，是经久不衰的工具或建筑物，而今天，看到物的产生、完善与消亡的却是我们自己。"② 这种受物包围的环境，显示了当前西方社会的物质丰富。消费不仅仅是为了满足人们的物质需要或者说是为了消费物的使用价值，而是为了消费物所具有的"符号"。在马克思那里，物品的价值是由凝

---

① [法] 让·鲍德里亚：《物体系》，林志明译，上海人民出版社2001年版，第72页。

② [法] 让·鲍德里亚：《消费社会》，刘成富、全志钢译，南京大学出版社2008年版，第2页。

结在商品中的无差别的人类劳动决定的，但在消费社会，劳动的价值规律不再发生作用，商品的价值由其符号价值来决定。所谓符号价值是指表征在物或商品上的社会地位以及权力。这种符号大体而言可划分为四类：第一类指标记不同内容，展现地位和身份各异的符号；第二类指能够突出个性和差异的符号；第三类指能产生不同心理意象的符号；第四类是指具有时代特征的信息、代码等。由于能指和所指的分离，资本主义消费社会的物的价值就具有了三种，即使用价值、交换价值和符号价值。而这三者之间是何种关系？鲍德里亚在《符号政治经济学批判》一书中给出了答案，但与此同时，也在某种意义上宣告了马克思政治经济学的"死亡"。

在马克思的政治经济学中，生产占据主导位置，消费是生产中的一个环节，消费由生产来决定。而鲍德里亚则认为基于当前新的社会经济结构的出现，符号价值的生产代替了使用价值的生产。在鲍德里亚看来，"政治经济学是在交换价值和使用价值的基础上建立起来的，它的领域至今已经四分五裂了，必须以一般政治经济学的形式来对它进行彻底的重新分析，这意味着，象征性交换价值的生产和物质生产及经济交换价值的生产乃是一回事，它们也遵循着同一个运作过程，因此，就与物质生产的关系而言，对符号和文化的生产进行分析时，不再将其看作是外在的、隐秘的或'上层建筑'的，它是作为政治经济学本身的革命而出现的。它因象征交换价值在理论上和实践上的介入而获得了普遍意义"。[1] 通过把符号学成功引入社会文化领域，鲍德里亚试图对资本主义社会的消费景观进行符码解码。

消费是如何产生的呢？鲍德里亚指出，在消费社会里，消费并不是由于主体的自然需求而产生的，而是由于电视广告、杂志等大众传媒等刺激诱导而产生的。引起刺激效应的不是广告话语，而是

---

[1] 仰海峰：《走向后马克思——从生产之镜到符号之镜》，中央编译出版社2004年版，第143页。

技术支持和电视广播传媒等所采取的剪辑。通过剪辑，关于事件和世界的信息可以以连续、承接、不矛盾的状态与其他符号并置。广告的编码过程同时也是意识形态和现代技术结构发挥作用的过程。由于广告的这种编码方式，大众丧失了分辨真实与虚拟的能力，大众购买的东西是符号体系鼓动或刺激我们去购买的东西，而非我们事实上需要的东西。在消费社会里，除了有形的物品被消费外，文化也被符号化为消费的对象。文化被消费主要是通过游戏的方式实现的。在游戏中，文化的内容与游戏的参加者和主持者相比，后者是更重要的，大众消费文化不是因为实践的需要，而仅仅是为了"满足一种社会流动性的修辞、满足针对另一种文化外目标、或者干脆就只针对社会地位编码要素这种目标的需求"[①]。

鲍德里亚所揭示的是在资本主义社会，无论是物质的还是非物质的东西都处在被消费的境地，消费对象、消费主体以及消费活动，都隶属于一个编码系列，被赋予了强制的普遍性，即通过媒体、技术等手段人们被设置于、置身于一个以消费为特征的新秩序中，借助消费，人们又被整合起来。由于媒介在消费社会中的引导作用，鲍德里亚认为马克思的政治经济学批判已经发展到了符号政治经济学批判，马克思的政治经济学批判已经过时了。鲍德里亚对消费社会的这种批判也影响了日后詹姆逊的后现代文化批判理论。詹姆逊曾经多次说明："关于'生产方式'的概念，我对后现代主义的分析正是对这一理论的又一贡献。我的所有这些看法——显然归功于鲍德里亚，……'后现代主义'这个概念不是专门的美学的或风格上的术语。这种结合也提供了一种机遇。以解决长期存在的与马克思主义传统中的传统经济模式不相适应的问题。"[②]

[①] ［法］让·鲍德里亚：《消费社会》，刘成富、全志钢译，南京大学出版社2008年版，第111页。

[②] 王逢振主编：《詹姆逊文集：现代性、后现代性和全球化》第4卷，中国人民大学出版社2004年版，第203页。

二 拟像理论与超真实

20世纪70年代后，鲍德里亚由马克思主义政治经济学转向了对马克思主义政治经济学的批判，其所研究的对象也由消费社会转向了模拟和拟像、内爆与超真实等。道格拉斯·凯尔纳在对鲍德里亚《象征交换与死亡》一书分析的基础上，得出了如下结论："《象征交换与死亡》说明了现代社会同后现代社会之间根本决裂的原则，并标志着鲍德里亚告别了现代社会理论的问题群。"① 由于拟像理论与鲍德里亚的符号观念密切相关，所以在论及鲍德里亚的拟像理论之前，先分析其符号学观点是妥当的。

索绪尔的符号语言学对鲍德里亚的拟像理论影响深远。这种影响首先体现在索绪尔关于能指与所指的划分上。在索绪尔看来，能指和所指是使语言得以进行的两个重要条件，但人们所进行的语言交流和真实的物之间并没有直接的关系，因为"语言符号所包含的两项要素都是心理的，而且由联想的纽带连接在我们的脑子里"，② 即人们的言词在交流中所起的作用仅仅是唤起头脑中所对应的观念或意义，所谓的交流也仅仅是有关观念或意义的交流，至于是否有相应的实在的东西并不重要。在索绪尔符号理论的基础上，鲍德里亚提出了"拟像"理论。何谓拟像？没有本源、没有所指、不与实在联系的"像"就是拟像。与实物之像相比，拟像"不是不真实，而是拟像，它将永远不能与真实之物交换，只能自我交换，在一个不间断的没有任何指涉或周边的回路"。③ 在鲍德里亚看来，工业

---

① [美]道格拉斯·凯尔纳：《千年末的让·鲍德里亚》，载道格拉斯·凯尔纳主编《波德里亚：批判性的读本》，陈维振、陈明达等译，江苏人民出版社2005年版，第11页。

② [瑞士]索绪尔：《普通语言学教程》，高名凯译，商务印书馆2009年版，第90页。

③ [法]博德里亚：《仿真与拟像》，载汪民安《后现代性的哲学话语》，浙江人民出版社2000年版，第333页。

世界之前的社会，符号的能指和所指之间是一一对应的关系，符号是按照真实进行复制和生产的。随着科学技术的发展，真实世界的所有细节都可以成为疯狂复制的对象，对复制的复制是对真实的消解，"真实不仅是那个可以再现的东西，而且是那个永远已经再现的东西"[1]，此即拟像。

鲍德里亚认为，拟像的发展经历了四个阶段。第一个阶段大概从文艺复兴到工业革命，仿造是主要模式，符号与指称对象是对应的关系，自然被视为唯一的实体，也成为被仿造的对象。在封建社会，符号被视为等级和地位的象征，由于"符号数量有限，传播范围也有限，每个符号都有自己的完整禁忌价值"。[2] 所以在这一时期打破封建秩序，破坏等级制度的情况很少出现。但随着资本主义的发展，新兴的资产阶级慢慢打破了血统、等级所形成的秩序，符号慢慢从其秩序中被解放出来，人开始仿照自然创造种种符号以保证资产阶级的权力是永恒的。拟像的第二个阶段是工业时代，此时出现了符号与指称对象的交换，生产成为拟像的主要模式。在这一阶段，人们追求机器用于生产后所带来的经济效率，所以鲍德里亚认为，真实被清除之后建立的现实是劳动、机器和工业生产系统。在这一时期，大规模的生产，包括人类自身，都要摆脱各种相似性，甚至摆脱复制，像生产系统一样增长。这种生产在科学技术发展的条件下，已经不再是第一个阶段意义上的仿造和类比的关系，而是一种没有目的性的拟像，即在工业时代，机器生产出来的是批量复制的产品，产品中的差异不复存在，机械复制成为此一时期的主要模式。拟像的第三个阶段是仿真，体现的是符号与符号的交换，在这一阶段，模式成为最重要的范畴。"从死的劳动压倒活的劳动开始，即从原始积累开始，系列生产就被模式生成替代了。这

---

[1] ［法］让·鲍德里亚：《象征交换与死亡》，车槿山译，译林出版社 2006 年版，第 107 页。

[2] 同上书，第 68 页。

是起源性和目的性的颠覆,因为各种形式全都变了,从此它们不是机械化再生产出来的,而是根据它们的复制性本身设计出来的,是从一个被称为模式的核心散射出来的。"① 在这一阶段,符号已经完全脱离了自然或现实,进入符码统治时期,所有东西都是依照差异原则复制出来的,所有东西都需要编码,这一过程是真实消失的过程,符号在系统内抛弃了真实,彼此复制、互相指涉,此即仿真。拟像的第四个阶段即在仿真的作用下,社会处于一种符号无限再生产的状态,即"超真实"。超真实是指"真实与非真实之间的区分已变得日益模糊不清了。这个词的前缀'超'表明它比真实还要真实,是一种按照模型生产出来的真实",是一种比真实更真实的真实。② 用鲍德里亚的话说就是,"拟像不再是对某个领域、某种指涉对象或某种实体的模拟。它无需原物或实体,而是通过模型来生产真实:一种超真实"③。造成这种状态的原因在于拟像技术的发展,电视、广告、网络等电子传媒目前为我们创造了一个虚拟的世界。出现在电视屏幕、广告和网络上的各种影像即或是非真实的,但由于其所创造的影像充满了真实性,令人难以分辨真假。以电影中的"库里肖夫效应"为例,1920 年,库里肖夫通过两个实验,体现了蒙太奇在制造新时空、新含义和新情感上面的作用。第一个实验是对一组镜头的剪辑:

①一个青年男子从左向右走来。
②一个青年女子从右向左走来。
③两人见面、握手,青年男子用手指点着。
④一幢白色大建筑物(白宫)。

---

① [法] 让·鲍德里亚:《象征交换与死亡》,车槿山译,译林出版社 2006 年版,第 78 页。
② [美] 道格拉斯·凯尔纳、斯蒂文·贝斯特:《后现代理论——批判性的质疑》,张志斌译,中央编译出版社 2004 年版,第 154 页。
③ Jean Baudrllard, *Simulations*, New York: Semiotext Press, 1983, p. 2.

⑤两人向台阶走去。

这些镜头按照前面的次序连接起来,然后放映在银幕上。结果,现众认为这完完全全是在同一地点、连续发生的一场戏,认为两个青年是在白官门前相会。实际上,上面人物的每一个镜头都是在苏联拍摄的,只有其中的白官的那个镜头是从美国影片上剪下来的。①

另外一个实验是库里肖夫把一名男明星的一张没有任何表情的特写镜头分别与一盆菜汤、一口棺材和一个女孩的镜头剪辑后,播放给不知实情的三组观众。结果三组观众对这三组镜头解读出了不同的内涵,并对男明星的演技大加赞赏。但实际上,男明星并没有做任何表演,这三组观众看到的第一个特写镜头都是同一个镜头。②上述这种处理方式揭示了蒙太奇的以假乱真的视觉欺骗功能,而随着电脑数字化视频技术的发展,传统的以假乱真更为"无中生有"的超逼真而取代。

从"消费社会"到"符号社会",再到超级现实的"超真实"社会,鲍德里亚发现并揭示的是社会本体论的恐怖事件。

詹姆逊论述了后现代主义是晚期资本主义文化的逻辑,以及晚期的资本主义是何种社会。在福柯那里,其所理解的社会是一个没有起源,也谈不上社会历史发展规律的社会存在,其所体现的是系谱学的社会历史观。而在鲍德里亚那里,这种关于社会的理解更趋极端。随着科学技术的发展,人们生活于其中的现实社会出现了由消费社会、符号社会到超真实社会的变化。其所体现的后现代社会理论在社会本体论上的观点是无本体的社会本体论。

---

① 高宇民:《从影像到拟像》,博士学位论文,陕西师范大学,2009年,第68页。

② 同上。

第五章 后现代社会理论的认识论

后现代社会理论在认识论上持有的是一种建构主义的认识论。通过对理性主体的质疑和消解，对认识的客体——社会范畴——文化性质的强调，社会学以之为范本的科学形象被解构，追求客观真理的过程被视为是一种在多元视角下解释和构建的过程。

社会学创建时期，也是科学主义与实证主义发展勃兴时期，作为一种欲成为一门新学科的社会学来说，为了获得存在的合法性，在社会中获得学界和公众的认可，迫切需要以科学为范例以规范和指导社会学的研究。正是基于这样的需求，在创始人孔德那里，社会学被赋予了"学科皇后"的地位，被视为是一门研究"社会的自然科学"，并开创了实证主义研究的传统。实证主义方法的兴起，使得社会学与哲学厘清了关系，成为一门成熟的学科，并取得了长足的进步。但在后现代主义者那里，认识的主体和客体都是成问题的，没有所谓的真理、客观性，知识都是生成的，是被建构起来的。

第一节 认识主体：被解构的理性

对一个固定不变本质的探求是西方从古希腊哲学以来一直致力追求的东西，而这一任务是由理性担当的。作为西方文明的世界观和价值观基础，理性主义的历史源远流长。自古希腊以来，"逻各斯"被人们普遍视为是认识自然、言说自然最有效、最通用的方法。17世纪,"理性主义"更是确立了自己的霸权地位,作为人的最高本质,理性被视为是人类区别于其他动物的根本标志,具有至高无上的权威地位,是一种绝对的力量,理性也被视为是人赖以安身立命的文化支柱。从理性主义出发使得对人的理解成为一种抽象思维的实体,而处在这样的抽象实体视野中的世界也是一个被抽象化理解的世界。针对"知识如何被获得"的问题,理性被认为是知识的来源,是实现知识确定性探求的关键因素。作为一种与生俱来的能力,理性的认知能力是毋庸置疑的,但经过叔本华、尼采、弗洛伊德等人的工作,认识主体的理性的这种能力受到了质疑。

与理性主义高扬人的理性的认知能力不同,叔本华在其所撰写的《作为意志和表象的世界》一书中,把意志视为世界的本质,认为人的意志在先而理性在后,非理性的求生意志"是自在之物,是这世界内在的涵蕴和本质的东西"。①所有的动物、植物以及人本身都是自我意志的表现,都受到生存意志的影响和支配,所谓的理性及表现形式不过是意志和欲望的表现,而知识也仅仅是意志的工具。与实证主义把证实原则作为科学研究的第一原则相反,叔本华把人的意志作为研究的出发点,认为世界上的一切都是由人的意志决定的。"我们一切知识与科学建立于其上的终极的基础是不可说明的……这种不可说明的东西就导致形而上学。"②他这里所说的终极基础其实就是指意志。"意志是第一性的,最原始的;认识只是后来附加的,是作为意志现象的工具而隶属于意志现象的。因此,每一个人都是由于他的意志而是他,而他的性格也是最原始的,因为欲求是他的本质的基地。由于后加的认识,他才在经验的过程中体会到他是什么,即是说他才认识到自己的性格。所以他是随着,

---

① [德]叔本华:《作为意志和表象的世界》,石冲白译,商务印书馆2013年版,第375页。
② 钱广华主编:《现代西方哲学评析》,安徽大学出版社1996年版,第41页。

按着意志的本性而认识自己的；不是如旧说那样以为他是随着，接着他的认识而有所欲求的。"①通过揭示认识主体对认识对象的构成作用，叔本华否定了客观事物可以离开认识主体而独立存在的可能。

叔本华关于意志的思想影响了尼采。在尼采看来，"凡生命所在的地方，即有意志，但不是求生存的意志，而是求权力的意志"。②"无论何地我找到生物，我便找到权力意志；便在服从者意志里，我也找到做主人的意志。"③ 权力意志被视为一切运动、现象、法则的内在根据，具有生命的创造性，而所谓知识、真理、逻辑等意识形式都不过是权力意志的体现。因为一切皆在流变之中，不存在永恒的事实，因此也不存在表述这种流变事实的客观真理。用尼采的话来说，"实况是没有的；一切都是流动的，抓不住的，躲闪的最持久的东西还是我们的意见"。④ 在尼采这里，认识同理性无关，认识是权力意志的实践行为。在尼采看来，"'真理'也许不是现成的，可以找到的和可以发现的东西——而是应予创造之物，是用来为某个过程命名的，尤其是为一种本身无穷尽的征服意志命名的东西；因为确定真理乃是一种无限过程，一种主动的规定——不是固定的和肯定的东西的意识化"。⑤ 也就是说，真理是权力意志的发明物，是权力意志支配下的产物，其所体现的真理意志实际上仅仅是权力意志的一种，是权力意志的表达形式而已。

在叔本华、尼采之后，弗洛伊德提出了无意识理论。正如美

---

① [德]叔本华：《作为意志和表象的世界》，石冲白译，商务印书馆2013年版，第399—400页。

② [德]弗里德里希·威廉·尼采：《查拉斯图拉如是说》，尹溟译，文化艺术出版社1987年版，第138页。

③ 同上书，第137页。

④ 洪谦：《西方现代资产阶级哲学论著选辑》，商务印书馆1964年版，第19页。

⑤ [德]弗里德里希·威廉·尼采：《权力意志》，张念东、凌素心译，商务印书馆1991年版，第260页。

国心理学家赫根汉所说:"使人的自尊受到第三次打击的正是弗洛伊德,他论证了人的行为主要是由本能和无意识机制的激发。换句话说,根据弗洛伊德的理论,人决不是有理性的动物。无论人们是否同意弗洛伊德的理论,但很清楚,他的观点已完全改变了我们看待人类本性的方法。"① 在近代的笛卡儿那里,"我思故我在"的哲学命题凸显了主体思维认识的功能。但弗洛伊德的无意识理论打破了这一预设。意识被认为仅仅是表层的现象,更根本的是意识背后的无意识,后者决定着前者。由此,传统的主体概念就被消解了。这种消解并不意味着主体于是就成了无影无踪虚幻的东西,而是说明无意识对主体构成的决定作用,而且无意识在人的认知活动中并不是或有或无的,而是不可缺少的,凡是精神的,首先都是无意识的,而这种无意识并不是一种固定不变的实体,而是一种活动和过程。"每一冲动都可看作一条溪流;从生命开始时起,就不断地流动着,并且这个流动可以看作为不断的运动。"②

深受尼采、弗洛伊德等人的影响,福柯展示给世人的知识论,是一种颠覆了传统认知模式的知识话语。继弗洛伊德把人的主体理解为理性和疯狂两个方面之后,福柯对人的主体进行了更彻底的批判,指出弗洛伊德的精神分析仍设置了"健全理性"的标准,而实际上,权力才是主体意识形成过程中最根本的东西。通过对理性与癫狂历史的系谱学研究,福柯指出,理性与疯癫在人类社会一度是互相参与的关系,但随着现代社会医疗体制和精神病分析技术的发展,疯癫逐渐成为被治疗的对象,而失去了与理性对话交流的可能,正是在这一权力介入的过程中,经由现代医学体制的规范理性慢慢建制起自身的权威,实际上所谓人的主体完全是权力操控的产

---

① [美]赫根汉:《人格心理学导论》,何瑾、冯增俊译,海南人民出版社1986年版,第17—18页。

② 车文博主编:《弗洛伊德文集》第3卷,长春出版社1998年版,第379页。

物。所以，在《疯癫与文明》一书中，福柯指出，"疯癫是从人与真理的关系被搅得模糊不清的地方开始的。正是在这种关系中，同时也正是在这种关系的破坏中，疯癫获得了它的一般含义和各种特殊形态"。[1]

多德认为，理性在现代社会理论中，倾向于被概念化为社会理论的认识论基础，并作为一个超越文化的现代化工程的框架。而在后现代社会理论中，理性被视为文化的等价物，它得到权力对它的支持，因而它不是理论家理解世界意义的基础，而是对它的一个歪曲。[2] 叔本华、尼采、弗洛伊德、福柯等人的工作使得理性主体的地位不复存在，一切都处在流变的过程中，这种对理性地位的消解还带来了一个后果，就是它对传统认识论主客二元的思维方式提出了质疑。正如约翰·W. 墨菲指出的，"关于后现代主义，最难理解的是它的非二元性。总之，后现代主义者破坏了他们认为是西方智力传统中普遍存在的二元论。这种手段给传统的社会学带来了许多问题，因为它向传统社会学的某些最神圣的戒律提出了挑战。某些批评后现代主义的人甚至指责这种观点使社会陷入混乱，因为它忽视理性和真实性"[3]。

第二节 认识客体：社会范畴文化性质的发现

从认识的客体来看，社会被认为是认识的客体，对这一客体，迪尔凯姆把它理解为是一种社会事实，即社会事实是社会学得以产生的前提。在《社会学方法的规则》中，迪尔凯姆指出："社会现

---

[1] [法] 米歇尔·福柯：《疯癫与文明》，刘北成、杨远婴译，生活·读书·新知三联书店 2008 年版，第 95 页。

[2] [英] 尼格尔·多德：《社会理论与现代性》，陶传进译，社会科学文献出版社 2002 年版，第 5 页。

[3] [美] 约翰·W. 墨菲：《后现代主义对社会科学的现实意义》，《第欧根尼》1989 年第 2 期。

象是客观事物,要研究它,就必须把它当作事物来看待。"① 而在后现代社会理论那里,随着社会范畴文化性质的增强,真实不虚、客观存在的社会事实不复存在。"作为社会研究的对象,后现代主义涉及到一种新的社会形式,一种因电影和电视的发明而被彻底转变为可视的影像文化的社会形式。"②

对社会范畴文化性质的关注是与文化在社会科学中地位的上升有关的。迈克·费瑟斯通指出:"文化,曾经处在社会科学(尤其是社会学领域)的学科边缘,而现在,它已急速地成为社会科学中的中心学科了。社会科学与人文科学之间一些学科障碍也正处在消解融化的过程中。"③ 之所以会出现这种状况有两方面的原因。"首先,在社会科学的库存中,文化从原来要根据另外一些因素才可能得到实质性解释的东西,现在变成了与社会文化基础,或社会'深层'文化符码相关的元文化问题;其次,当代西方社会中的文化似乎正经历着一系列主要转型。这些转型,必须根据社会内、社会间及全球内的变迁过程来予以研究。"④ 在费瑟斯通看来,正是上述两点使人们对后现代主义的兴趣骤然上升了,因此对社会范畴的理解也必须关注这种文化变迁对其产生的影响。

英国曼彻斯特大学的学者帕特里克·乔伊斯在为西班牙的历史学家米格尔·卡夫雷拉的专著《后社会史初探》作序时指出,米格尔·卡夫雷拉以"后社会"为书名一方面体现了对社会范畴的旧有理解,是一种探索世界的新的思考与书写方式。在麦克·甘恩对法国社会理论的解读中,甘恩指出,1815年后的法国面临

---

① [法]埃米尔·迪尔凯姆:《社会学方法的规则》,胡伟译,华夏出版社1999年版,第23页。

② [美]戴维·R.肯迪斯、安德烈亚·方坦纳:《后现代主义与社会研究》,周晓亮等译,重庆出版社2006年版,第224页。

③ [英]迈克·费瑟斯通:《消费文化与后现代主义》,刘精明译,译林出版社2002年版,第17页。

④ 同上。

的挑战,是在没有任何模型和学说可以凭依的情况下,在虚空中重新构建,为了理解眼前的社会,必须创造新型知识和科学方法,正是在这样的背景下,圣西门的观点逐渐得到接受、改造和传播。甘恩认为,"理解法国社会理论的主要思潮,就必须舍黑格尔,改以圣西门及其信徒为出发点。后者当时努力直面并应对的内容完全一致,正是后革命时期逐渐浮现的新社会的性质:社会范畴的诞生"。① 在这里社会范畴指的是"看待世界的新方式,塑造世界的新视角,切分世界整体的新维度"②。帕特里克·乔伊斯另一方面对"社会"术语的保留又体现了与过去理解维度的联系,这种处理是比较好的一种处理,"既直指未来,又不忽视过去"③。考察社会史的研究,我们可以发现以往对于社会的理解往往是把其视为某种机械、静态的框架或结构,这种理解向上可以追溯到社会学的创始人孔德、迪尔凯姆等人那里。受限于社会历史发展以及人们自我认识能力的局限,人们更多的是把社会理解为一种给定的"实在"的主体。而随着现代性危机的出现,文化、思想与科学领域也出现了巨大的变迁,这给原有的史学研究带来了极大的挑战,促生了一种新式的史学研究。米格尔·卡夫雷拉指出:

> 新式的史学及其关于社会的理论,肇始于社会史的衰落,尤其是发端于奠立社会史的那种二分式客观主义理论模型的危机。不少历史学家越来越坚定地怀疑原本在史学专业中根深蒂固的那种预设,即假定人类社会是由一块客观领域(一般被视同为社会经济事例)和一块主观领域或文化领域组成的前者享

---

① [英]麦克·甘恩:《法国社会理论》,李康译,北京大学出版社 2011 年版,第 4—5 页。
② 同上书,第 5 页。
③ [西]米格尔·卡夫雷拉:《后社会史初探》,李康译,北京大学出版社 2008 年版,第 3 页。

有因果首要性，后者则源于前者。①

但随着现代性危机的出现，原有的史学方法范式也发生了瓦解。"现代世界观的危机促使人们意识到，这些概念以及它们所支撑的有关社会的那些理论，都并非实际存在的社会现象或过程的单纯表征或标签，而是一些具有历史特定性的形式，使社会实在成为某种可以理解或蕴含意义的东西。"②现代性危机引发了关于社会概念的祛魅。对研究社会的社会史来说，"文化主义"的转向导致了社会文化史或新文化史的出现。"这就凸显出一种关于社会的理论，从深层重述了传统社会史的二元论、客观论范式，尽管还不能说是真正超越这样的范式。"③ 但从经济和社会的角度来说明一切的旧有模式的祛魅，使得史学家们对文化的性质与角色重新思考，关注的焦点也出现了转移，主要体现为"从社会结构转到文化实践，从'客观的'实在'转到作为领会这种实在的场所与渠道的各类范畴，从集体意识转到认知符码，从社会实在转到符号秩序'"。④ 事实上，自始至终人们都是根据既定的文化传统来理解实在的，但文化对社会的这种构建作用并没有在一开始就为人们意识到，只是在新文化史的框架中，文化才不再被视为社会的附生现象，而被视为具有相对的自主性，能够为独特的实践提供生成性原则。"观念范畴渗透到物质范畴，或者更准确地说，观念范畴与物质范畴彼此渗透，因为所有的实践，包括经济实践，都是由蕴涵意义的行动所构成，并因此依赖于个体对世界的表征。"⑤ 社会实在是被感知到的实在，所以，米格尔·卡夫雷拉指出任何史学研究在进行客观论

---

① ［西］米格尔·卡夫雷拉：《后社会史初探》，李康译，北京大学出版社2008年版，第8页。
② 同上书，第9—10页。
③ 同上书，第4页。
④ 同上书，第5页。
⑤ 同上书，第9页。

环节之外还必须再加上一个主观论的环节，因为对世界的感知或观照不仅是世界形成的一部分，而且其本身就积极参与了对世界的建构。"社会范畴的文化建构，当然是历史过程的某种特定要素，但这种建构是根植于社会的，是受到个体凭其社会位置而可以利用的资源的约束的。主体对于自己的世界力图予以积极把握，在这个意义上，他们建构了这个世界，但这种把握始终是在结构性强制之下进行的。"① 以后现代一词为例，迈克·费瑟斯通提出，在决定后现代主义的政治谱系之前，或仅仅把它当作一个短暂的摇摆不定的时尚加以废弃之前，首先应该认真研究学术界内外由此而产生的巨大兴趣，去探究理论家们所演绎和标识为后现代的文化客体、体验和实践。② 因为后现代一词是由其构建而成的，对后现代的感性体验是后现代主义者对这个词语如此重视并予以散播的原因。在费瑟斯通看来，消费与文化之所以现在成为社会科学和文化研究的主流，除了客观现实发生了变化的因素之外，另外一个重要的原因在于我们对外部世界的感知发生了变化。吉登斯在《社会理论与现代社会学》中曾经概括了有关未来社会学的九个命题，其中一个就是认为当前的社会已经发生了变化，应该把注意力集中到现代性的以下三个参数上，即管理权力、军事力量和福利。在吉登斯看来：

> 现代性的文化维度是存在的，从其本身来看，很明显它是一种高度复杂的东西。很久以来，文化这个维度的分析，表面上在社会学中一致占有优先地位、社会学家已经了解到，他们自己的学科起源，是以"理性主义"的兴起和伴随世俗化过程的"世界的祛魅"为世界背景的。但是有时候，文化的现代性，大都被理解成对资本主义和工业主义的反思。甚至马克

---

① [西]米格尔·卡夫雷拉：《后社会史初探》，李康译，北京大学出版社2008年版，第15页。

② [英]迈克·费瑟斯通：《消费文化与后现代主义》，刘精明译，译林出版社2002年版，第2页。

斯·韦伯为使"观念"获得独立地位的著名尝试,最初都是集中在资本主义兴起的条件方面,而不是为具体的自主性现代文化提供一种连续性地位。现在,由于传统世界更完全地崩溃了,许多关于"后现代性"的争论,也许可以被相反地看成是一种雄心勃勃地勾勒世界文化的最初的真实原创动力。至少,他们确实表达了这样一种明确意义:起先确立的文化分析模式已经被摧枯拉朽地破坏了。①

正如韦伯所指出的,"每个人所看到的都是他自己的心中之物"。由于文化人(费瑟斯通认为这一概念主要包括艺术家、知识分子、学者和媒介人等)对概念的构成和消解作用,所以有必要去研究文化专家们不断变化着的实践、他们之间的相互依赖关系以及权力平衡关系,以更好地阐释我们关于"外边那个文化"的认识和评价。②

英国学者斯玛特认为,社会学研究领域的界定、学科主题的构建和适当方法论的发展,都是为了系统说明现代社会的现象,说明社会技术——这种技术既是为社会生活现行形式的规则或统治而提供的,又对他们会有一定程度的"合理性"控制。正是基于这些术语和假定,社会学才在现代事物的秩序以及在"现代性方案"中占有一席之地。但社会学理论的危机已经说明有关社会学的研究对象、学科主题以及为完成这种认识的方法是成问题的。由此,社会学在创建时候遇到的问题又被抛掷出来了,即所谓的社会是什么?如何理解?而史学领域的"这些历史学家之所以质疑社会实在的客观性质,主要原因在于,社会实在之融入意识,始终是通过那种实在的概念化而发生的。这就意味着,只有在个体从概念上理解社会

---

① [英]迈克·费瑟斯通:《消费文化与后现代主义》,刘精明译,译林出版社2002年版,第41—42页。

② 同上书,第3页。

背景，或者以某种方式赋予其意义之后，社会背景才能开始限制个体的行为，在此之前，绝无可能"。① 对社会的新的认知还在于话语的发现。卡夫雷拉指出，"话语的一个实例就是如今已成老生常谈的所谓现代话语，在过去 200 年里，其范畴构架生成了大量社会、政治、文化、科学和伦理实践，起初是在西方世界，而后波及世界其他地方……它有能力型塑个体的行为，型塑他们的社会政治关系"。② 通过对人的文化实践的分析，卡夫雷拉揭示了主体对社会这一范畴的构造作用，指出了现代性危机的存在。社会范畴的文化性质的增强是理解当前这一社会概念的关键。

第三节 客观性的消解与知识的被建构

以科学为榜样，建立科学的社会学是社会学创建的目标。而随着后现代主义的批判，科学客观性形象的不复存在，认识的建构之维越来越被彻底地揭示出来。一直以来，科学被视为追求真理，实现自由的保障，特别是"启蒙运动以来，人们把科学等同于从传统和迷信中解脱出来的社会进步和道德解放，科学被视为人类所有理性实践的典范"。③ 由于自然科学被视为客观、理性的最高形式，是其他科学孜孜以求的典范，所以科学常常被视为真理。"真实的世界就像是科学所描述的那个样子，至于自由意志、道德要求、爱情和友谊，所有这些，平常看到的或平常用来思考的东西都是幻象。科学是真理的代表，甚至科学等同于真理，是全部真理的代名词。"④ 由于科学被赋予的这种客观性形象，人们持有这样一种信

---

① ［西］米格尔·卡夫雷拉：《后社会史初探》，李康译，北京大学出版社 2008 年版，第 27 页。
② 同上书，第 34 页。
③ Stephan Fuchs, *The Professional Quest for Truth, a Social Theory of Science and Knowledge*, State university of New York press, 1992.
④ 陈嘉映：《哲学科学常识》，东方出版社 2007 年版，第 2 页。

念，即科学是人们对外部客观实在不断揭示的过程，同时这一过程也是不断排除人为因素和社会因素以达到纯粹客观的过程，通过严密的逻辑和科学的方法，最终会使所有的科学领域的问题都得到满意的解答。但随着当代社会理论的发展，后现代主义的批判，科学的这一客观形象遭到了质疑，认识的社会维度浮出水面。

一 认识的社会之维

以波普尔为代表的批判的理性主义，通过建立与逻辑实证主义针锋相对的科学知识观，得出了"知识是假说"的结论。受爱因斯坦和康德影响，波普尔把科学提出的过程理解为理性不断提出假说的过程，并提出划分科学和非科学的标准不是所谓的"可证实性"，而是"可证伪性"，只有能被证伪的陈述才是科学的陈述。从这一立场出发，波普尔理解的知识并不是一种静态积累的结果，而是一种动态增长的过程。针对真理是一种显现的观点，波普尔指出，所有的观察都渗透着理论，理论先于观察。[①]而对真理的追求也并不是纯粹的，也要受到其他社会因素的影响。"作为一个认识论者，我只有一个兴趣——找出关于认识论问题的真理，而不管这真理是否符合于我的政治观念。但是，难道我就不会在无意之中受我的政治希望和政治信仰的影响吗？"[②]通过对古希腊、18世纪的英国再到马克思时期关于知识与政治关系的追溯，波普尔揭示出，在历史发展的过程中，知识与政治观点之间有着非常密切的联系，知识不但不是客观中立的，相反会被统治阶级利用作为蒙昧人民的工具。

以库恩和拉卡托斯为代表的历史—社会学派对科学的理性地位、科学发展的前景以及科学的所谓客观方法论，中立的价值观等方面提出了疑问。库恩认为对科学知识的理解有赖于对范式的理

[①] [英] 卡尔·波普尔：《猜想与反驳——科学知识的增长》，傅季重等译，上海译文出版社1986年版，第66页。

[②] 同上书，第8页。

解，因为科学知识是由科学活动的范式决定的。"对科学作为产生可靠知识专门途径观念的挑战可以在多门学科中的不同形式里找到：文学理论、哲学、历史学、人类学和社会学。而且不同意义的知识运动越过了这些传统界线并给多学科批评提供了基础：解构论、表述批评、结构主义和后结构主义、相对主义、后现代主义。"[①]

费耶阿本德遵循波普尔的理论，对逻辑实证主义的批判更趋极端，倡导无政府主义的认识论。在费耶阿本德之前，虽然波普尔和库恩对科学的客观性都进行了批判，但都未否定科学知识在现代社会中的地位，认为相较其他知识，科学是更具典范性的，而费耶阿本德则对此观点进行了否定，认为人的自由和对生活的享受才是最重要的事情，赋予科学以崇高的地位是不正确的。他把科学与意识形态或宗教相提并论，否认科学有某种固有的特殊东西，认为决定一个人是否是一个科学家不在于其所持有的是何种理论，而更多依赖的是现代社会科学中的制度，要反对这种制度化，可行之道就是把科学与国家分开。费耶阿本德尤其反对科学方法论，提出了怎么都行的方法论，在他看来"只有一条原理，它在一切景况下和人类发展的一切阶段上都可以加以维护，这条原理就是：怎么都行"。[②]在科学方法论上，费耶阿本德持有的是多元主义方法论，认为科学与非科学二者之间没有本质差别，二者之间不是对立的关系，实际上，在科学发展的过程中，那些与科学相异的观点反而是必需的，应该予以吸收或改造而非拒绝和排斥。因为在他看来，"一个科学家想要使他所持观点包含更多的经验内容，想要尽可能清晰地理解它们，就必须引入其他观点；这就是说，他必须采取一种多元主义方法论。他应当把思想同别的思想而不是同'经验'作比较，他应

---

① Steve Woolgar, *Science: the Very Idea*, Lodndon and NewYork: Tavistock publications, 1988.
② [美] 保罗·费耶阿本德：《反对方法》，周昌忠译，上海译文出版社1992年版，第6页。

当试图改善而不是抛弃已在竞争中失败的观点"。①

20世纪70年代中期，以大卫·布鲁尔为代表的"科学知识社会学"逐渐兴起。该学派揭示了"社会维度"对知识的形成作用，认为知识是社会意向的产物。"如果人们无法以某种彻底的方式把社会学运用于科学知识，那么，这就意味着科学无法正确地认识自身。"② 所有的知识包括科学知识在内都是与某一社会情境相关的信念，不存在所谓知识的客观性、确定性，知识无论从内容还是形式上来说都具有相对主义的特征。布鲁尔的这一观点得到了现代自然科学发展的支持。爱因斯坦提出的相对论和波普的测不准原理，都揭示了现实事物的相对性、不确定性和不完全性，这为后现代主义对认识论客观性的批判提供了证据。

二 被建构的知识

正如国内学者苏国勋所指出的，社会学自创建以来基本上是遵循实证主义的原则发展的，追求对社会客观性、真理性的认识是社会研究成为科学的先决条件，在近两个世纪的社会发展的历程中，虽然也曾经受新康德主义"精神科学"的批判和排斥，但社会学仍然坚持实证主义的初衷，致力于以科学为摹本，从科学的立场出发去建构社会学的研究对象和方法。所谓从科学的立场出发就是把"社会事实"视为物。迪尔凯姆指出，"社会学研究方法的最基本规则是，要将社会现象当作客观事物来看待"。③ 客观性问题是认识论研究的重要问题，也是一门学科建立的基础。社会学在创建之初，一开始就面临社会学这一学科是否科学的问题。这个问题如此

---

① [美] 保罗·费耶阿本德：《反对方法》，周昌忠译，上海译文出版社1992年版，第8页。

② [英] 大卫·布鲁尔：《知识和社会意向》，艾彦译，东方出版社2001年版，第69页。

③ [法] 埃米尔·迪尔凯姆：《社会学方法的规则》，胡伟译，华夏出版社1999年版，第13页。

重要，以至于迪尔凯姆指出，"把一切现象都看作是事物，是所有科学的出发点。社会现象毫无疑问体现着这种性质……我们必须将社会现象看作是社会本身的现象，是呈现在我们面前的外部事物，必须摆脱我们自己对它们的主观意识，把它们当作与己无关的外部事物来研究，这种外在性可以使我们从外面观察事物的里面，从而免除一些谬误"。① 社会学要想取得与科学一样辉煌的成就，得到公众的认可和尊重，也有必要运用自然科学的方法，以客观真实地再现社会。但何种关于事实的信念是正确的，这本身就是一个问题。正如柯林斯和马科夫斯基在《发现社会》一书中所指出的："区分现实与幻象这一问题在社会学中一直是个特别棘手的问题，因为幻象本身就是在日常观念与意识形态所构成的社会世界中产生的。"② 而由于后现代社会的镜像性质，传统社会学意义上的本体逐渐被视为建构之物，认识社会的过程实际上就是建构认识、制造知识的过程。正是由于认识到了知识的这一建构之维，利奥塔尔用语言游戏的概念取代了对知识客观性的追求，认为"正在到来的社会基本上不属于牛顿的人类学（如结构主义或系统理论），它更属于语言粒子的语用学。语言游戏有许多不同的种类，这便是元素异质性。语言游戏只以片段的方式建立体制，这便是局部决定论"。③

客观性被消解，真理似乎也并不纯粹，最晚从20世纪50年代出现于欧洲的后现代转型似乎是对这一命题的诠释。利奥塔尔指出，随着社会进入被称为后工业的年代以及文化进入被称为后现代的年代，知识的地位发生了变化。④ 这些变化是与科学技术的变化

---

① [法] 埃米尔·迪尔凯姆：《社会学方法的规则》，胡伟译，华夏出版社1999年版，第23—24页。
② [美] 柯林斯、马科夫斯基：《发现社会》，李霞译，商务印书馆2014年版，第8页。
③ [法] 利奥塔尔：《后现代状态》，车槿山译，生活·读书·新知三联书店1997年版，第2—3页。
④ 同上书，第1页。

密切相关的。科学技术对知识的影响主要体现在知识的两大功能——研究功能与传递功能上。科学知识是一种话语，而这种话语的生产和使用，在科学技术发展的今天，都必须能被转译成机器语言才能实现在当代社会的研究、传递和流通。通过对40多年来尖端科学技术发展的研究和分析，利奥塔尔指出，信息学的霸权、翻译器的研究使得"新的研究方向将服从潜在成果变为机器语言所需的可译性条件。不论现在还是将来，知识的'生产者'和使用者都必须具备把他们试图发明或试图学习的东西转译到这些语言中去的手段"。① 无法被转译的知识将会遭到淘汰。由于科学技术的这一变化导致后现代社会对知识探求的变化之一就是效用原则取代了求真原则。知识的供应和使用越来越具有商品的生产和消费的形式。"不论现在还是将来，知识为了被出售而被生产，为了在新的生产中增值而被消费：它在这两种情形中都是为了交换。它不再以自身为目的，它失去了自己的使用价值。"②

否定了知识的客观性后，科学知识存在的合法性是什么？利奥塔尔认为，科学合法化的问题与立法者合法化的问题紧密相关。"自柏拉图开始，科学合法化的问题就与立法者合法化的问题密不可分了。……判断真理的权利与判断正义的权利是相互依存的，尽管这些陈述分别服从各自的权威，在性质上并不相同。"③ 在当前社会，科学知识表现的比以往任何时候似乎都更加依附于权力。与福柯观点类似，利奥塔尔把知识和权力理解为同一个问题的两个方面，也就是说，在信息时代，知识问题关涉的是统治的问题，决定知识之为知识的不是知识本身的原因，而在于知识为之服务的实践主体，在于权力。而如果科学知识的合法性来自权力的话，那么科学也就沦为与意识形态一样的地位了。由此，科学就失去了扮演迪

---

① ［法］利奥塔尔：《后现代状态》，车槿山译，生活·读书·新知三联书店1997年版，第2页。
② 同上书，第3页。
③ 同上书，第13—14页。

尔凯姆意义上知识典范的条件，因为它本身也是一种话语，科学话语与其他话语的地位是平等的，它并不具备使其他语言游戏合法化的资质。

虽然把科学想象为实证主义知识的思想观点已经过时了，但"思考什么是真实，什么是公正，这并没有过时"。① 但与尤尔根·哈贝马斯提出共识真理观不同，利奥塔尔认为后现代社会的知识是通过误构而获得合法化的。在《后现代状态》一书的不同地方，利奥塔尔都指出尤尔根·哈贝马斯的共识真理观存在问题。首先，"共识是从未达到过的远景"；② 其次，"共识原则作为有效性标准也显得不够充分"。③ 因为语言游戏本身是异态的，所以共识只是讨论的一种状态而不是目的，讨论的目的毋宁说是误构。基于该原因，利奥塔尔认为"像尤尔根·哈贝马斯那样，把合法化问题的建构引向追求普遍的共识似乎是不可能的，甚至也是不谨慎的"。④

正如另一位后现代主义者格里芬所认为的："社会因素对科学产生的影响是实质性的，而非肤浅的。科学不是真理不偏不倚的裁判，它不能无视相互争斗的社会力量，科学被认为是一个相当偏私的参与者，利用自己的地位使某些社会、政治和经济力量合法，而使另一些力量非法。不仅如此，科学团体与其他职业和机构在自身社会权力上的利益现在被认为是它所特许的'科学的'世界得以产生的条件。"⑤

---

① [法]利奥塔尔：《后现代状态》，车槿山译，生活·读书·新知三联书店1997年版，第117页。

② 同上书，第131页。

③ 同上书，第130页。

④ 同上书，第137页。

⑤ [美]大卫·格里芬：《后现代科学》，马季方译，中央编译出版社2004年版，第12页。

第六章 后现代社会理论的方法论

  正如法国著名哲学家帕斯卡尔曾指出的，"在何种程度上社会能以研究自然的同样方法进行研究？毫不夸张的说，我想人们可以把这个问题叫做社会科学哲学的首要问题"。实证主义和人文主义在这一问题上都表现出了不同的研究进路，而后现代主义则通过发现社会科学中存在着的"语言维度"对二者都进行了批判。在1958年出版的《社会科学的观念及其与哲学的关系》一书中，英国哲学家彼得·温奇力图通过批判迪尔凯姆、韦伯在社会科学理论中存在的方法论缺陷，阐明了这一语言维度社会科学哲学理论中的存在意义，其所实现的是关于哲学和社会科学本性观念的批判，即论证自然科学的方法并不适用于社会科学的研究。正如罗斯诺所说的，"正当现代社会科学努力地发现和描述它所谓的外在实在的时候，后现代主义者却指出，不存在再现外在实在的适当手段。……所有后现代主义者都否认任何种类的假定独立于个体精神过程和主体间沟通的实在观念"。[①] 由于后现代社会理论在本体论上消解了本体的存在，所以利奥塔尔认为，"我们的任务不在于提供现实，而在于发明各种（隐喻的）谈论方式以便使无法呈现的事物可以被

---

  ① ［美］波林·罗斯诺：《后现代主义与社会科学》，张国清译，上海译文出版社1998年版，第161页。

料想到"。① 而在否定实在之后，什么还存在，还是可以谈论的？鲍德里亚给出的答案是符号、拟像、超真实，而福柯则直接对该问题予以拒斥。

第一节　后现代主义与语言符号

正如麦茨·埃尔弗森所认为的，后现代主义者使得语言成了社会研究的关键难题。与其他也关注语言的学者不同的是，后现代主义者的方式更为极端。"后现代主义在哲学和社会科学的语言学转向上引人瞩目，它把语言和文本而非意义、经验和社会结构视为中心。语言学转向已经带来表征和合法化的'双重危机'：一个问题是如何记述、描绘或测量研究对象，另一个问题是权威性地创造有效的、值得信赖的知识。"② 迈克·费瑟斯通提示，如果要理解后现代主义，是否应该采取摒弃社会学的方法论，通过运用后现代的分析模式来对后现代主义进行后现代的思考？但如果真要采取这种后现代方式来运思的话，其后果可能就是对社会学的取消，一种新的后现代社会学，或者说反社会学。在费瑟斯通看来，对后现代主义的后现代思考，就是基于强调知识的断裂、非连续性的理论，而对知识的发展不予考察，同时也拒绝对符号生产的专家们与其他群体之间的关系进行考察。③ 这种后现代运思方式体现的是一种话语理论。

---

① ［美］波林·罗斯诺：《后现代主义与社会科学》，张国清译，上海译文出版社 1998 年版，第 162 页。

② ［瑞典］麦茨·埃尔弗森：《后现代主义与社会研究》，甘会斌译，上海人民出版社 2011 年版，第 63 页。

③ ［英］迈克·费瑟斯通：《消费文化与后现代主义》，刘精明译，译林出版社 2002 年版，第 48 页。

一 语言学转向

语言是人们用来把握世界、认知世界的工具。但随着时间的推移，语言的这一工具性作用日益成为目的，语言和实在等同了起来。语言学的转向引发了人们对语言作为一种工具、一种手段还是一种实在的思考。一般认为，语言学转向起于分析哲学，而作为一个名词，其最早的提出者应该是早期维也纳学派的哲学家古斯塔夫·贝格曼。他提出这一术语主要是为了描述20世纪是分析运动发展的时代。所谓哲学的语言学转向就是指语言在哲学中获得了基础地位，哲学关注的主要对象不再是主客体关系或意识与存在的关系问题，而是语言和世界的关系问题。美国著名哲学家怀特在其编著的《分析的时代》一书的序言中指出，该书的标题旨在阐明20世纪是一个分析的时代，与19世纪的建造体系的时代不同，这一时代把哲学问题理解为是语言问题而非认识论问题。

语言具有二重性。语言用来把捉的世界是一个感性具体的世界，语言是人们在与感性具体的世界打交道的过程中创生出来的，但在创建之后语言就具有了普遍性。用语言去描述、解释世界其实就是用普遍的东西去把握一个感性具体的"这个""那个"。语言的这一二重性决定了它本身就构成了普遍，能够把感性、具体的东西转化为共相和普遍的东西，并由此造成了西方哲学史上语言的混杂。进入近代以后，人们对本体论的研究逐渐转向了对认识论的研究，在这一时期人们致力于思考的问题就是，人们对外部世界的认知是通过何种途径、何种能力得以实现的。康德通过把世界划分为现象与物自体，揭示了理性的认识能力在把握物自体中常常是无能为力的，但人的理性又总是怀揣通过现象看本质的梦想，就现实来看的话，如果否认了人的认识外部世界、客观实在、本质的能力，则语言对于外部世界的把握岂不就成了呓语？在康德为信仰划地盘，揭示概念语言界限后，科学主义和人文主义都提出了拒斥形而上学的口号，由研究本体论问题、认识论问题，转而研究语言问题。正是在这样的背景下才有了所谓"全部哲学的根本任务就在于对语言进行批判"一说。罗素、维特根斯坦、卡尔纳普、石里克等人纷纷构建科学语言与澄清发生在哲学领域中的混乱,力图通过科学语言终结概念语言的统治。但事实证明这种努力并没有取得预期的效果。科学语言学派与日常语言学派的论争,揭示了语言的语用学维度,即语言离开了使用别无意义。正是在把全部哲学归结为语言批判,并对语言问题进行研究时,维特根斯坦由前期对逻辑经验主义原则的遵循,转向了对日常生活语言的关注,实现了哲学转向,造成了哲学史上研究旨趣截然相反的两个维特根斯坦。

早期的维特根斯坦和晚期的维特根斯坦都关注语言问题,把语言理解为主体之间进行交往的媒介,力图分析语言的本质。但在不同时期,维特根斯坦对语言的理解出现了根本的分歧。早期的维特根斯坦受弗雷格、罗素实证主义观点的影响较深,其对语言问题的理解更多的是从实在论的角度来进行的,把语言视为实在的图像和模型,认为语言同实在有一种可能的同型关系,因此,其意义由它的真值条件决定。早期的维特根斯坦认为,"一个人陷入了哲学的混乱,就像一个人在房间里想要出去而又不知道怎么出去。他试着从窗子出去,但是窗子太高了。他试着从烟囱出去,但是烟囱太窄。然而只要他一转过身来,他就会看见房门一直是开着的"。[①]而在后期,受观看足球赛的启发,维特根斯坦提出了语言游戏说,并把其视为自己哲学的核心内容和哲学基础。维特根斯坦认为命题是人们完成某种目的的工具,是语言游戏的一个步骤。如游戏无法定义一样,维特根斯坦也未对语言游戏进行明确的定义,认为要把握这一概念,最主要的是去感受游戏。在笼统的意义上,维特根斯坦把语言游戏理解为是"由语言和游戏组成的整体",其意义受一定行为规则或约定支配,即从语言的认识用途来考虑命题的意义问

---

① [美]诺尔曼·马尔康姆:《回忆维特根斯坦》,李步楼、贺绍甲译,商务印书馆1984年版,第45页。

题。在维特根斯坦看来，语言具有自主性，即语言的意义不在于与实在之间的一一对应关系，而在于对于语言十分恰当地使用，在语言活动之外去寻找语言的意义没有价值。按照维特根斯坦提出的语言游戏观点，语言虽然有多种用法，但对语言的使用要受到语言游戏规则的支配。语言的使用虽然不是随意的，但语言规则却具有任意性，规则只需要大家的共同认可。一旦得到确认，语言游戏的规则就会对所有参加游戏的人都具有某种强制和规范作用，所以游戏规则是人们参加语言游戏必须共同遵守的。这种规则不是由对实在的真实反映所决定的，而是体现了人们生活形式的一致。因此，要理解人类语言这一社会现象，就必须以人们共有的活动为基础。坚持语言与人类公共生活基础的关系，也就是坚持语言的交往性、公共性和社会性，否认私人语言存在的可能和意义。维特根斯坦的观点有一定的合理之处，但由于他未超出语言的维度，因此，未能揭示出语言规则同人的实践活动的隐秘关系。[①] 对语言学的转向及其意义，尤尔根·哈贝马斯给予了这样的评价："语言学的转向是迄今为止发生的最深刻、最激进的范式转换。由于这一转换，自古希腊时代以来的人文科学的基础遭到了严重怀疑，人们把握世界的方式发生了根本变化。"[②] 尤尔根·哈贝马斯注意到了语言的媒介作用，并通过对语言的研究，提出了克服韦伯工具理性的交往理性，交往理性存在的现实基础就在于我们日常所操持的语言中。尤尔根·哈贝马斯由此提出以语言为媒介，侧重从语言的互动规范结构中提出交往理论。他注重人们之间在进行交流、对话时精神方面的联系，要求交往、对话在语言有效性的四个条件下进行，通过这种理想条件下的交往，主体之间能心意相通、相同，实现相互理解和一致。

[①] 杜以芬：《后现代主义认识论批判研究》，天津人民出版社2009年版，第51—54页。

[②] 张德明：《批评的视野》，上海社会科学院出版社2004年版，第2页。

发生在哲学领域的语言学转向也波及了社会学。实际上,米德被视为是最早把语言问题引入社会学研究的社会学家。但米德对语言问题的关注并未使得他发现语言与实在之间的隐秘关系并实现社会学领域的语言学转向,而是在这一研究基础上创立了社会心理学。米德的追求是"把语言沟通和符号互动看作外在现象,通过对这些现象观察而透视出其内在的心理过程,特别是揭示出自我意识的分化与成长"。① 西方学者对语言的研究拓宽了哲学的研究空间,也启发了社会学领域的研究。作为思想的载体,语言能够成为突破传统的最佳地带。正如卡勒在《索绪尔》一书中指出的,"因为语言的命运与人文科学最密切相关,语言成为寻求理解人文精神现象的钥匙。人文科学是语言分化的产物,要揭开这些学科的秘密必须回到语言自身的生命中去"。②

二 索绪尔的符号学思想观点

否定本体之后,人们谈论更多的是话语,而关于话语的讨论与符号学有着非常密切的关系。正如 M. 戈特迪纳指出的,"要对后现代主义作出评价,必须了解符号学"。③ 何谓符号学,霍尔认为,"符号学是对各种符号以及它们作为文化意义运载工具的一般作用的一种研究或'科学'"。④ 它是以一种方法论的形式存在于社会生活各个方面的。其代表人物主要有瑞士的索绪尔、美国的皮尔士以及法国的结构主义等。

---

① 刘少杰:《社会学的语言学转向》,《社会学研究》1999 年第 4 期。
② [美]乔纳森·卡勒:《索绪尔》,中国社会科学出版社 1992 年版;庄申彬、曾新华:《维特根斯坦的"语言游戏说"与语言学转向》,《重庆科技学院学报》(社会科学版) 2008 年第 10 期。
③ [美] M. 戈特迪纳:《符号学和后现代主义》,载戴维·R. 肯迪斯、安德烈亚·方坦纳编《后现代主义与社会研究》,周晓亮等译,重庆出版社 2006 年版,第 189 页。
④ [英]斯图尔特·霍尔:《表征》,徐亮、陆兴华译,商务印书馆 2013 年版,第 8 页。

索绪尔是符号学的创始人。罗兰·巴尔特指出,"符号学,就目前意义讲,至少对我们这些欧洲人来说,它来自索绪尔"。① 其三部著作《普通语言学教程》《第三次普通语言学教程》和《普通语言学读本》可视为研究索绪尔语言符号学思想观点的重要依据。特别是《普通语言学教程》一书在1916年问世后,引起了学界的关注,并被视为现代语言哲学开始的标志。该书也奠定了索绪尔现代语言学创始人的地位。但实际上,索绪尔的这部著作并不是由他本人编纂成书的,而是由其学生的课堂笔记整理而成的。目前虽然由于语言学的发展,关于索绪尔语言的理论学界出现了一些争议和批评,但无可否认其语言理论的产生不仅影响了20世纪的语言研究,而且对人文和社会科学来说,其所产生的影响也是极其深远的。西方哲学研究从本体论到认识论再到以语言为研究中心,掀起了由哲学而波及多个学术领域的语言学转向,在这一转向中索绪尔所起的作用是毋庸置疑的。正如索绪尔《1900—1911索绪尔第三度讲授普通语言学教程》的英译者Roy Harris评价的那样,《普通语言学教程》是语言学思想的一次"哥白尼式革命"。

索绪尔对语言的言说,始于他对语言和言语异质性的区分。在索绪尔看来,语言是言语活动的一个主要部分,而言语则属于一个性质更为复杂的社会存在范畴,二者在内涵与外延上有着本质的不同。与传统的语言学不同,索绪尔认为语言学的研究对象不是"言语"而是"语言",因为言语活动兼跨多个领域,它不是统一的,因而也形不成一个系统以成为科学的语言学的研究对象,但在多样的言语活动中存在有一个同质的核心部分,此即语言。在索绪尔看来"语言本身就是一个整体","一种符号系统",它是存在于人们头脑中的语法和词汇系统,因而具有系统性和稳定性,是具有研究意义的。这种区分使以往学界关于语言的研究从历时性转向了共时

---

① [法]罗兰·巴特:《符号学原理》,王东亮等译,生活·读书·新知三联书店1999年版,第1页。

性。实际上,早在孔德那里关于历时与共时的区分就已开始。孔德把社会学的研究区分为社会静力学和社会动力学,认为社会的历时性体现的是一种"动态的法则",其所研究的是社会政治体系的性质及其发展,形成的是研究社会进步的社会动力学;共时性体现为一种"静态系统",研究的是社会静态的规则,形成的是研究社会秩序的社会静力学。二者之中,孔德更侧重对于社会静力学的研究。但正如孔德自己也指出的那样,关于社会静力学和动力学只是理论上的区分,在事实上二者是无法分割的。在前人研究这一基础上,索绪尔对共时和历时两个概念进行了完善补充,认为关于语言的研究也有共时和历时之分。所谓共时就是指语言在某一历时时刻的状态,在该状态中,语言要素形成了一个封闭的系统,各要素之间彼此关联,对言语活动具有支配和约束作用。而历时态则反映了语言的演化,是从一个共时态到另一个共时态的过渡。在语言系统中共时性是前提,具有先在性。在索绪尔之前关于语言学的研究一般都是在历时语言学的基础上进行的。索绪尔从语言学的共时性去研究,把语言理解为一个符号系统,认为符号学发现的规律也可以应用于语言学,从这个意义上说,索绪尔的语言学思想即是其符号学思想。

何谓符号学?在《普通语言学教程》一书中,索绪尔阐明了他对符号学的理解。"我们可以设想有一门研究社会生活中符号生命的科学;它将构成社会心理学的一部分,因而也是普通心理学的一部分;我们管它叫符号学。"[1] 虽然关于符号学的思想索绪尔在《普通语言学教程》一书中并没有展开论述,但在索绪尔那里,语言学作为符号学的一部分,二者在某种意义上是同一个问题,所以要研究符号的性质首先应该研究的是语言本身。在索绪尔看来,语言是什么的问题至关重要,语言学"始终没有想搞清楚它的研究对

---

[1] [瑞士] 费尔迪南·德·索绪尔:《普通语言学教程》,高名凯译,商务印书馆 2009 年版,第 24 页。

象的性质。可是,不做这点起码的工作,任何科学都无法制订出合适的研究方法"。如何理解语言?索绪尔认为:

> 语言是心理现象或生理现象。语言起源于心理上的语象,语言的本质是心理的。
> ……语言是一个通过言语实践而贮藏于某一社会集团全体成员之中的宝库,是一个潜存于每个大脑之中的语法体系,更确切地说,是一个潜存于一群人大脑中的语法体系,因为语言在任何一个大脑中都是不完备的,它只有在群体中才得以完整存在。①

索绪尔关于语言的这一表述揭示了语言的本质。按照他的解释,语言符号产生于两个要素的结合,即概念和听觉形象之间的结合,概念的主要作用不在于表征外在的实物,而在于唤起头脑中关于外在实物的印象。为了说明这两个要素之间的关系,索绪尔提出了能指和所指这两个概念来代替"概念"和"听觉形象",因为用能指和所指这两个术语既能表明它们彼此间对立,又能表明它们和它们所从属的整体间的对立。通过分析二者之间以及与语言符号之间的关系,索绪尔揭示的是意义的产生过程,提出了一系列带有结构主义取向的原则和方法,其中最重要的原则就是语言符号任意性原则。

任意性作为语言最基本的特征之一,其含义首先是指在能指和所指之间的关系上,"能指"和"所指"之间没有自然、必要或逻辑的关联。在西方哲学发展的历史上,虽然唯理论和经验论二者观点对立,但二者都认为有一个外在的自然世界的存在,语词和这个外在世界之间有着必然的联系。而索绪尔否认了语词和外在事物之

---

① [瑞士] 费尔迪南·德·索绪尔:《普通语言学教程》,裴文译,江苏教育出版社2002年版,第15页。

间的这种必然关系,认为语言符号是一个二元心理实体,构成语言符号的能指与所指二者之间是任意的,约定俗成的关系。"能指和所指之间的联系是任意的,既然我们所说的符号是通过能指和所指的联系所产生的整体,我们可以更简单地说:语言符号是任意的。"① 以"树"为例,这一音节表示的并不是某一棵或某一片现实生活中活生生的树,而仅仅是指那个在头脑中所存在的关于树的那个概念,音节或拼法只起到辨认的作用,所以不管是用英语的"tree"还是中文"树"的写法,只要能辨认,何种性质的符号都可以。此外,任意性的另一个含义就是语言符号与意义之间的联系是任意的,即语言的语义是任意的。正如霍尔所言,"符号也可以有一个物质的维度。但是意义所依赖的不是记号的物质性,而是其符号功能性。正因为一种特定的声响或词代表、象征或表征一个概念,它才能在语言中作为一个符号去起作用并传递意义——或者,如构成主义者所说,去意指"。② 虽然语言符号具有任意性,但并不意味着个人可以随意组合、使用语言,实际上在现实生活中,人们一旦约定俗成形成了某一符号,个人就无法再随意去改变语言符号,否则可能会导致交流沟通中的困难。此外,语言符号在组合时也必须遵循一定的拼写和语音系统,即语言符号并不是杂乱无章的组合。

　　索绪尔阐述语言符号任意性的原则,摒弃语词与事物关系的观点并不是其真正的目的,其真正用意是为历史语言学问题提供认识的方法。从古至今,语言被认为是区分人类与其他动物的本质特征,语言不但是人们进行交流沟通的工具,而且在人的认知活动中也是获得认识的工具。哈里斯和泰勒指出,索绪尔的思想是"语言是使人类能够对他们所生活的世界获得理性认识的工具。索绪尔不

---

　　① [瑞士]费尔迪南·德·索绪尔:《普通语言学教程》,高名凯译,商务印书馆2009年版,第102页。
　　② [英]斯图尔特·霍尔:《表征》,徐亮、陆兴华译,商务印书馆2013年版,第25—26页。

是把语词看作我们认识现实的依附品,而认为我们对现实的理解实质上依赖于构成语言的言语符号的社会使用。语词对于人类生活不是边缘的,而恰好相反它是基本的,人类的经验,如果给它下个定义的话,是以语言的话语形式而存在的"。[①] 索绪尔的语言符号学思想从更深层的意义来说,涉及的是语言和现实的关系问题。在该问题上,索绪尔所持有的观点包括以下两个方面:首先,语言不同于言语行为,它是一个自足的整体和分类的系统,有其自身的运作方式;其次,语言作为一种认知的工具,对事物具有建构的功能,即人们所能把握的世界是通过语言而建构起来的。关于语言这种编码功能的认识影响了索绪尔之后的鲍德里亚以及德里达等人,从这个意义上说,索绪尔的语言符号学思想对后现代社会理论具有一种方法论的意义。

1916年,《普通语言学教程》一书面世后,在世界范围内掀起了一股结构主义的思潮。这股思潮一方面影响了语言学的发展和研究,形成了语言学领域的结构主义学派,如第二次世界大战之前二三十年代的布拉格学派、哥本哈根学派以及美国描写语言学派,第二次世界大战后英国的伦敦学派和法国的巴黎学派以及苏联的新莫斯科学派。上述学派继承和发展了索绪尔的语言学思想观点,着力于对语言系统或语言进行分析和描写,研究的是语言的结构体系或某一要素系统。另一方面,其在人文和社会科学领域的影响就是在社会科学和人文科学也产生了一股结构主义思潮。这主要表现为,美国学者莫里斯建立了完整系统的符号学,形成了一门新的崭新学科,列维·斯特劳斯开创了文学批评的结构主义学派,此后法国的罗兰·巴尔特又推进了这一研究,哲学的结构主义学派也应运而生。但由于以索绪尔为代表的结构主义语言学所持有的是一种"逻各斯中心论"和"声音中心论",所以在其之后出现了后结构主义

[①] 张绍杰:《语言符号任意性研究——索绪尔语言哲学思想探索》,上海外语出版社2004年版,第89页。

（或解构主义）。

三 皮尔士的实用主义真理观与符号学理论

美国实用主义的鼻祖，符号学理论的创始人是皮尔士。他的实用主义和符号学理论体现了一种新的研究视角和方法，被认为是后现代主义的思想来源之一。国内学者胡瑞娜认为，作为皮尔士哲学体系支柱的符号学，在体现了其鲜明的实用主义特征的同时，也对笛卡儿以来的传统哲学彰显了反基础主义等后现代性特征。

千百年来人们一直致力于对所谓绝对客观真理的追求，但随着人们对自身认识能力的深化，这一追求日益暴露出其虚幻性。

皮尔士的符号学理论与其实用主义理论有着非常密切的联系。他对符号学理论的构建，对词、概念、思想等进行分析，有其实用主义的目的。在皮尔士看来，一方面，观念、命题和判断都要有相应的符号表征，人的思想和经验也是一种符号活动，所以从这个意义上说，符号理论就是一种意识和经验的理论。人类的经验可以划分为三个层次——感觉活动、经验和符号，其中符号处于最高的层次，符号的效果就是符号的意义，所以客体的观念就是效果的概念。皮尔士把实用主义理解为一种符号理论，是一种有关逻辑分析和真实定义的学说，其最大优点在于对形而上学观念的应用。在皮尔士看来，一方面，传统的形而上学是一种高高在上的玄学，其语词深奥费解，几乎每个命题都是毫无意义的胡言乱语，因而也都体现了一种形而上学失败的努力。但另一方面，这种形而上学并不是没有价值的，其对科学和人生的沉思能起到信仰的作用，所以不应该把形而上学从西方哲学中驱除出去，而是应该用"科学的方法来确定信仰"，通过符号学理论来实现对形而上学的重建，即用符合逻辑和科学的，与具体的人的行为相关的语词"翻译"抽象的形而上学术语，通过精确的逻辑和完整的定义代替形而上学的妄语，以达到科学目的。皮尔士在这里一再强调的是能够使人们的思想、概念清晰的逻辑技巧和方法，以便使实用主义称为一种科学的逻辑。

基于此，皮尔士的符号学理论是具有能动性和实践性的三位一体符号学理论。

　　与索绪尔的研究不同，皮尔士的符号学不仅研究语言符号，而且对自然符号也有所涉猎，其符号学是一门研究所有符号的学问。此外，皮尔士对符号的研究是一种系统的研究，即是包括符号、符号结构、符号过程和符号功能在内的系统研究。在索绪尔二元符号观基础上，皮尔士"给符号与对象、能指与所指的关系，加上了'解释'这一头脑中的符号"，① 人文的因素因而被引入了有关符号的研究。皮尔士对符号思想史的贡献就是"记号分类思想"。皮尔士对符号分类并定性描述的目的，是为了更好地使用符号。他列举了 10 种关于符号区分的三分系统，它们都以符号、对象和意义（解释）为基础。在皮尔士看来，符号指示过程包括符号、对象和意义三个要素。"符号或者符号媒介在某种程度上向某人代表着某样东西。它是针对某个人而言的，也就是说在那个人头脑里激起一个相应的符号，或者一个更加发达的符号，我把这个后产生的符号称为第一个符号的'意义'。符号代表着某样东西，即它的'指称对象'。它并不是在所有方面都代表那个对象，而是通过某种观念来完成的。"② 在这里，符号相当于索绪尔理论中的能指，而意义则大体相当于索绪尔的所指，三者之间，对象决定符号，符号又决定意义，意义又在新的符号中成为对象。这样一种互相创生的关系，使得符号运动成为一个连续、无止境的过程。在皮尔士看来，符号自身没有任何指谓，它之所以能够代表在它之外的其他事物、现象或过程，是因为解释者在约定俗成的意义上赋予了它一定的内涵，做了一定的规定和解释。由于赋予符号意义的人参与了解释，所以这种规定和解释并不是一成不变的，符号认知的过程实际上就

---

① 贾中恒：《Peirce 的符号学三元观》，《外语研究》2002 年第 3 期。
② Peirce, *C. S. Collected Papers of Charles Sanders Peirce*, Volumes 1–6, Cambridge, MA: Harvad niversity Press, pp. 1931–1935.

是符号被规定、被接受、发展和开放的过程。而由于符号活动中人的主体地位，所以解释活动会受到解释者政治、文化、阶级、旨趣等方面的影响而不可能完全是不变的。关于这样三位一体的符号模式，皮尔士指出，"一个符号或者代表物是某种东西，它在某个方面或某种能力上对某个人来说代表某种东西。它向某个人说话，这就是说，它在这个人的心中产生一个相等的符号或者一个更加展开的符号。我把它所产生的这个符号称为对前一个符号的解释。这个符号代表某种东西，即它的对象。这个符号代表哪个对象，但并不是就各个方面而言，而仅仅涉及一种观念，我有时把这个观念称为这个代表物的基础"。① 符号的意义体现了人的思维、意识和情感，由于人的因素的存在，意义成了一个易变的解释过程，这也符合一直以来皮尔士所认为的：实用主义所坚决反对的，就是在一个思想过程或一个人类文明的进程之外设置一个外在的标准和形式。

第二节 后现代主义的解构策略

麦茨·埃尔弗森认为，"后现代主义是凭借认真对待哲学中的语言学转向，从法国结构主义发展而来的"。②加拿大学者布鲁塞尔在其专著《文学理论与实践》中指出，"解构论"兴起于对结构主义的挑战。作为后结构主义的一个重要分支，解构主义是在对结构主义的批判和发展中而出现的。

一 福柯的解构思想

福柯可以被视为后现代主义中的一个怪杰，之所以这样评价这位英年早逝的思想家，除了因为他自身的经历具有传奇性的色彩之

---

① 涂纪亮：《美国哲学史》第 2 卷，河北教育出版社 2000 年版，第 96 页。
② ［瑞典］麦茨·埃尔弗森：《后现代主义与社会研究》，甘会斌译，上海人民出版社 2011 年版，第 47 页。

外，还在于他的思想——研究领域与研究方法的与众不同。由于这种不同，所以在他入主法兰西学院的时候，法兰西学院专门为他设置了一个"思想体系史"的教席，而在福柯之前，这个教席从来就没有出现过。而何谓思想体系史，如何描述这样一门学科？福柯本人也感喟这不是一件容易的事。"描述像思想史这样的学科的特征不是一件容易的事，因为它的对象不确定，没有明确的界限，使用的方法东拼西凑，步骤上既无正确性，也无固定性。"① 但能够认识到的是，它有两个作用，其一就是讲述邻近的和边缘的历史；另外一个作用就是分析在科学、文学和哲学等历史领域的话语是如何构建的。在福柯看来："思想史是一门起始和终止的学科，是在历史的线性形式中发展的重建……它指出科学知识是怎样传播的、怎样产生某些哲学概念的和怎样可能在一些文学作品中形成的；它指出问题、概念、主题，怎样可能从它们得以形成的哲学领域向科学的或者政治的话语转移……"② 对思想史的研究是为了阐明其考古学的观点，思想史的研究主题是起源、连续性和总体化，而考古学探讨的则是话语。其与思想史的不同之处主要有以下几点："关于新事物的确定；关于矛盾的分析；关于比较的描述；最后是关于转换的测定。"③ 考古学不是一门阐述性学科，而是对某一话语——对象的系统描述。

对于话语组建规则的关注早在1966年福柯的《词与物》中就已开始，这实际上也是福柯对形而上学开展批判的先导工作。通过对欧洲近代历史发展的"知识型"进行分析，福柯开展了破除所谓存在有"本质""本源"等幻象的工作。所谓知识型，与库恩的"范式"概念类似。"知识型不是那些我们在某一时代所能够懂得的东西，它是在话语实践的实证性中使认识论形态和科学成为可能

---

① [法] 米歇尔·福柯：《知识考古学》，谢强、马月译，生活·读书·新知三联书店1998年版，第174页。

② 同上书，第175—176页。

③ 同上。

的东西……我们看到的知识型的分析不是一种重新研究关键问题的方式，（像被确定的科学那样，它的权力和合理性是什么？）这是一项研究，只有在为了弄清对于这门科学来说什么是被构成时，这项研究才接受科学的论据。"[1] 知识型主要探讨词与物的组织原则。在福柯看来，西方近代以来文化史的发展并不是一个连续性的过程，某一时期的知识型对话语的构成是不同的，不同的知识型之间没有必然的因果关系。据此，福柯把知识型划分为三种，分别是14—16世纪文艺复兴时期的知识型、17—18世纪古典时期的知识型和19世纪以后的现代知识型。

文艺复兴时期的知识型是一种"词与物统一的知识型"，追求的是相似性，在词与物的关系上，词被视为表征各种对象的"记号"。"正是相似性才主要地引导着文本的注解与阐释；正是相似性才组织着符号的运作，使人类知晓许多可见和不可见的事物，并引导着表象事物的艺术。宇宙被折叠起来了：地球重复着天空，人们的面孔被反映在星星中，植物把种种对人有用的秘密掩藏在自己的茎秆里。油画模仿着空间。"[2] 在这一时期，对词与物相似性的理解体现的是人们对主观世界与客观世界统一性的追求。

第二种知识型古典知识型侧重对事物特征与差异的把握，这一时期的人们不再把词与物视为直接统一的关系，而是在区分二者的基础上研究语法。"在分析话语本身过程中，我们看到词与物从表面看来如此紧密的结合松懈了，并且话语实践所特有的规则整体显露了出来。这些规则根本不确定某个事实的无声存在，不确定某种词汇（语）正规用法，它们确定的是对象的体系。"[3]《词与物》具

---

[1]　[法]米歇尔·福柯：《知识考古学》，谢强、马月译，生活·读书·新知三联书店1998年版，第250页。

[2]　[法]米歇尔·福柯：《词与物》，莫伟民译，上海三联书店2001年版，第23页。

[3]　[法]米歇尔·福柯：《知识考古学》，谢强、马月译，生活·读书·新知三联书店1998年版，第62页。

有另外一个任务。"这个任务在于不把——不再把——话语当做符号的整体来研究（把能指成分归结于内容或者表达），而是把话语作为系统地形成这些话语所言及的对象的实践来研究。诚然，话语是由符号构成的，但是，话语所做的，不止是使用这些符号以确指事物。"① 在福柯看来，正是这个"不止"才是我们更应该予以研究的。在这一时期，福柯指出人们对词与物之间关系的理解由相似而为表现，词被视为有能指和所指两个方面，语法研究的地位得到了凸显。

19世纪以来的第三种知识型是"以词的秩序表现人对物的关系的知识型"，注重历史原则，其典型代表为政治经济学、比较解剖学和历史比较语言学。这些知识型的共同之处在于通过把时间、过程和历史引入科学知识，引发人们对自然、社会和人生的思考，并实现人的自我发现。在福柯看来，人的存在虽然是一个历史事件，但人进入人的意识却是在近代才发生的。正如福柯所指出的："人并不是已向人类知识提出的最古老和最恒常的问题。让我们援引一个相对短暂的年代学和一个有限的地理区域——16世纪以来的欧洲文化——我们就能确信：人是其中的一个近期的构思。并不是在人和人的秘密周围，知识才在黑暗中游荡了好长时间，实际上，在影响物之知识及其秩序、影响有关同一性、差异性、特性、等值、词之知识的所有突变中——简言之，在相同之深远的历史的所有插曲中——只有一个于一个半世纪以前开始而也许正趋于结束的突变，才让人这个形象显露出来……它是知识之基本排列发生变化的结果。诚如我们的思想之考古学所轻易地表明的，人是近期的发明。并且正接近其终点……人将被抹去，如同大海边沙地上的一张脸。"② 福柯对知识型的分析实际上分析的不是知识，而是话语、

---

① [法]米歇尔·福柯：《知识考古学》，谢强、马月译，生活·读书·新知三联书店1998年版，第62页。
② [法]米歇尔·福柯：《词与物》，莫伟民译，上海三联书店2001年版，第505—506页。

话语实践。正如他在《知识考古学》中指出的，"它不讲述科学的历史，而是讲述那些不完整的、不严格的知识的历史，这些知识历经坎坷却从未能够达到科学性的形式（炼金术的历史而不是化学史，动物智能史和颅相学史而不是生理学史，原子主题史而不是物理学史）"。①

以 1970 年为界，福柯的思想被划分为两个时期——考古学时期（1970 年以前）和系谱学时期（1970 年以后）。在考古学时期，福柯以疯癫、非理性、医院等为主题，探讨某一现象何以会成为知识的对象，主体在何种条件下成为知识的合法主体，成为考古学分析对象的仅为话语。在后期系谱学阶段，福柯将话语与权力的运作相联系，分析的是话语在创建、形成、构建和扩散过程中，权力是如何运作的。在福柯看来，"在一个像我们这样的社会里（不管怎样，在任何一个社会里都一样），复杂的权力关系穿过和建立这社会实体，并规定其特征；它们相互不可分离，也不可能在没有真理话语的生产、积累、流通和运转的情况下建立和运转。如果没有真理话语的某种经济学在权力中，从权力出发，并通过权力运行也就不能行使权力。我们屈服于权力来进行真理的生产，而且只能通过真理的生产来使用权力"。② 如何对权力进行分析，福柯提出了如下分析策略：

> 首先，不要在它们中心，在可能是它们的普遍机制或整体效力的地方，分析权力的规则和合法形式。相反，重要的是在权力的极限，在它的最后一条线上抓住权力，那里它变成毛细血管的状态；也就是说，在权力最地区性的、最局部的形式和制度中，抓住它并对它进行研究……

---

① ［法］米歇尔·福柯：《知识考古学》，谢强、马月译，生活·读书·新知三联书店 1998 年版，第 174 页。
② ［法］米歇尔·福柯：《必须保卫社会》，钱翰译，上海人民出版社 1999 年版，第 23 页。

第二条规定：不要在意图或决定的层面上分析权力，不要试图从内部分析，不要问这样的问题（我认为这是走不出的迷宫）……而相反应当研究完全现实的实际运行中的权力的意图（如果有意图的话）……

第三个方法上的规定：不要把权力当作统治整体的单质现象（一个人统治另一个人，一个团体统治另一个团体，一个阶级统治另一个阶级）……我认为，权力应当作为流动的东西，或作为只在链条上才能运转的东西加以分析……

我觉得（这就是方法上的第四点规则）……要对权力作上升的分析，也就是说，从最细微的机制入手，它们有自己的历史，自己的轨迹，自己的技术和战略，然后再观察越来越普遍的机制和整体的统治形式怎样对权力机制进行投资、殖民、利用、转向、改变、移位、展开……

第五条规则，庞大的权力机器会伴随着意识形态的生产……权力，当它在自己细微的机制中运转时，如果没有知识的形成、组织和进入流通，或者毋宁说没有知识的工具便不能成功，那么就不需要意识形态的伴随和建构。[①]

福柯通过对上述五条规定的阐述，力图建立的是"权力的微观物理学"——微观权力。在福柯看来，传统的宏观权力理论是一种建立在政治和经济制度上的中心化的权力，但实际上权力并不固定在国家与公民的关系中，也不是仅仅体现在阶级的分野处。"权力以网络的形式运作，在这个网上，个人不仅在流动，而且他们总是既处于服从的地位又同时运用权力……权力通过个人运行，但不归他们所有。"[②] 通过对权力问题的关注，福柯揭示了权力的本质以

[①] ［法］米歇尔·福柯：《必须保卫社会》，钱翰译，上海人民出版社 1999 年版，第 26—31 页。

[②] 同上书，第 28 页。

及权力与知识之间的关系。受其"精神导师"尼采的影响,福柯在谈论话语、知识的背后,阐述的是知识与权力的共谋关系,解构的是知识的客观性假象。

二 德里达的解构策略

以索绪尔为代表的结构主义语言学虽然推进了关于语言学的研究,但由于其所持有的"逻辑中心论"和"语音中心论",所以遭到了德里达的批判。1967年,德里达相继出版了《论书写学》《书写与差异》《语言和现象》三部著作。在其中,他系统阐述了其解构主义思想。德里达的解构思想孕育于对胡塞尔的研究,而开端于对结构主义的批判。

(一) 解构主义思想的萌芽

《胡塞尔现象学中的起源问题》和《〈几何学起源〉导论》是德里达开始其学术生涯的两部重要作品。虽然早在1953—1954年德里达就完成了其第一部著作——《胡塞尔现象学中的起源问题》一书,但该著作的出版却延至1990年。在这部作品中,德里达对西方追求起源、本源的传统进行了分析。正如施太格缪勒在《当代哲学主流》中指出的:"自古以来,哲学的主要倾向之一就是为一切科学陈述找到一个绝对的不容怀疑的基础。"[①] 深受自然科学影响的胡塞尔在致力于把哲学也建成像自然科学一样逻辑严谨的科学时,也力图通过对起源问题的追问以获得一个坚实的基础。用他本人的话来说,就是"希望我们因此而最终能够获得哲学的意义、方法和开端,获得我们愿意并且应当将我们的生命奉献给它的这一个哲学的意义、方法和开端"[②]。如何寻获这一本源?胡塞尔以几何学为例以回溯的

[①] [德] 施太格缪勒:《当代哲学主流》上卷,王炳文等译,商务印书馆1986年版,第24页。

[②] [德] 雅克·德里达:《胡塞尔〈几何学的起源〉引论》,方向红译,南京大学出版社2004年版,第175页。

方式阐述了几何学研究对象的存在。

在胡塞尔看来，几何学的观念是一种超越时空的先验存在。但在研究观念和数学对象的构成中，胡塞尔的目光转向了"写"（文字）。胡塞尔对几何学起源的思考启发了德里达对文字问题的关注。在一次访谈中，德里达指出："在我的哲学研究初期，我开始阅读胡塞尔，写有关文章的时候，也就是50年代初期，在萨特、梅洛·庞蒂等人对现象学的引入之后，我感到了从现象学出发提出科学、认识论问题的需要，这些是他们没有以某种方式研究的问题。因此，我就写出了我的关于科学和数学方向的最初著作。在这个过程中，我通过对文字问题始终关注，寻找在胡塞尔现象学中能够使我对文字进行讨论的内容。他是如何谈论文字的？他把文字看作什么？他是如何连接科学、现象学和文字问题的？我在《几何学起源》中找到了这些。我对伊波利特表示要翻译《几何学起源》，要研究它。因为，对于那些从数学对象直观出发构建可交流的观念对象的学者团体来说，这里面有一种对文字，对必然性的简明、概括的说明。胡塞尔说过，只有文字能够给予这些观念对象以其最终的理想性，只有文字能够让这些对象得以以某种方式进入历史：它们的历史性是从文字而来的。然而，胡塞尔的说明是模糊隐晦的，所以我试图形成一种文字观念：它同时使我能够分析胡塞尔那里发生的事情，并且满足向现象学和现象学直观主义提出问题的需要，另一方面，我试图打开继续让我感兴趣的问题：文字记录。什么是记录（铭录）？什么时刻出发，在什么样的条件下，一种记录是文字的（字面上的）？"[①] 胡塞尔关于几何学起源问题的探讨涉及的是一般科学和科学史的问题，甚至在某种意义上涉及的最终是一般普遍史的问题。胡塞尔的这种哲学努力体现了一种真正的哲学追求。但正如胡塞尔本人也意识到的，几何学的起源问题是因为几何学并不是"现成的"，而是有一个不断"生成的传统"，学习几何学就是

---

① 杜小真：《德里达和现象学》，《现代哲学》2006年第4期。

对这一传统的"再激活",而这一传统如何才能沿循下来,需要借助书写这一工具。但如果客观真理还需要借助书写的话,就会产生与胡塞尔初衷的背离。因为在胡塞尔看来,理想事物的客观性应该是能够脱离任何具体的物质性的。德里达敏锐地看到了这一点,并提出了异议。在德里达看来,胡塞尔虽然反对形而上学,但在其哲学体系中,他又创建了一个新的形而上学——纯粹意识,而由于只有当这个意识在场时,才能实现胡塞尔所说的"直观",所以这一纯粹意识就是在场意识。在胡塞尔那里,在场意识是一切原则的原则。"每一种原初给予的直观都是认识的合法性源泉,在直观中原初地(可说是在其机体的现实中)给予我们的东西,只应按如其被给予的那样,而且也只在它在此被给予的限度之内被理解。"① 只有在场才可以直观事物本身,才会有真理,没有在场,真理、"面向事物本身""直观本质"就失去了合法性的源泉。要实现自明性向观念客观性的过渡,"我"必须通过语言成为一种先验在场。在德里达看来,"现象学的历史命运归根结底似乎是在两种动机之间被理解:一方面,现象学是素朴的本体论的还原,是向意义与价值的生动结构的回归,是向着普通符号制造真理和价值生命的活动的回归,而同时,由于另外一种必然性没有简单地与这个运动并列,这种必然性也就证明了古典形而上学在场,并且标志着现象学对于古典本体论的依附关系"。② 这种对在场的追求实质上就是形而上学的体现,是应该予以批判和消解的。

德里达对胡塞尔在场的消解是通过分析"在场"的建构而进行的。德里达指出,"被感知的当前的在场,只有在它与一个非在场和一个非感知连续组织在一起,即与原生回忆与期待(滞留与前摄)组织在一起时才可真正地显示出来。这些非感知并不是被补充

---

① [德]胡塞尔:《纯粹现象学通论》,李幼蒸译,商务印书馆1995年版,第84页。

② [法]雅克·德里达:《声音与现象》,杜小真译,商务印书馆2001年版,第31页。

到、也并不是偶尔伴随现时被感知的现在，它们必须而且本质地参与到现在的可能性中"。① 但能够被感知的在场如何能够和一个非感知的非在场联系在一起？为了避免出现这种自相矛盾的理解，胡塞尔以对旋律的感知为例对"被感知的声音"与"不被感知的声音"做了区分。"被感知的声音"是现实现在被给予的感知到的声音，"不被感知的声音"是已经过去了的先行的声音。"只要这个被意指之物是被感知到的，我们便具有感知，只要它已经过去，我们便仅仅具有滞留。"② 一首旋律之所以能被感知为一首旋律而非单个的音符，是因为"它将所有的'起源'包含在自身之中，它进行着本原的构造，那么第一性回忆就是感知。因为只有在原生回忆中，我们才看到过去的东西，只有在它之中，过去才构造起自身，并且不以再现的方式，而是以体现的方式"。③ 通过再造，当下的感知到的声音和滞留构成了旋律。而德里达则把胡塞尔的"滞留"等同于非感知、非在场，指出"滞留和再造之间、原生回忆与次生回忆之间并没有胡塞尔所要求的感知与非感知之间的根本差异，毋宁说，只是在两种非感知变异之间的差异"。④ 在德里达看来，我们应该从差异和延迟的关系中思考语言的问题。受索绪尔关于能指与所指观点的启发，德里达指出决定能指意义的不是所指，因为能指并不与它们自身之外的任何实体或事物有关联，决定其意义的是其他一系列能指，即应该正如德里达所指出的，"无论在书写还是言说的话语中……每一个要素——无论是音素（phoneme）还是字素（grapheme）——的构成都与序列或系统中其他要素留下

---

① ［法］雅克·德里达：《声音与现象》，杜小真译，商务印书馆2001年版，第81页。
② ［德］克劳斯·黑尔德编：《生活世界现象学》，倪梁康、张廷国译，上海译文出版社2002年版，第97—98页。
③ 同上书，第101页。
④ ［法］雅克·德里达：《声音与现象》，杜小真译，商务印书馆2001年版，第83页。

的痕迹相关。这种结合与交织就是文本（text），它只有通过另一个文本的转换才能产生。无论是在要素还是系统中，没有事物是简单地在场与不在场。只有差异与踪迹的踪迹"。① 正如有学者指出的，德里达对几何学起源的研究孕育了德里达解构主义的理论萌芽，但其关于胡塞尔观点的阐述实际上是在误解的基础上进行的。

（二）从结构主义到解构主义

作为当代西方最引人注目的思想家之一，德里达关于解构主张的提出实际上是基于对结构主义的批判而出现的。1966年，德里达在约翰·霍普金森大学发起的一次会议上提交了一篇题为《结构、符号、人文科学话语中嬉戏》的论文，对结构主义的大师列维·施特劳斯进行了批判和质疑："因而存在着两种对解释、结构、符号与游戏的解释、一种追求破译，梦想破译某种逃脱了游戏和符号秩序的真理或源头，它肯定游戏并试图超越人与人文主义、超越那个叫作人的存在，而这个存在在整个形而上学或存有神学的历史中梦想着圆满在场，梦想着令人安心的基础，梦想着游戏的源头和终极。"② 在德里达看来，列维·施特劳斯的思想观点体现了追求破译真理或本源的传统，因而是应该予以批判的。在此之后，德里达又相继发表了《声音与现象》《论文字学》等著作。体现在这些著作中的解构思想奠定了后现代主义文化的哲学基础，也为我们了解后现代社会理论提供了一个方法论的视角。

正如我们在前面关于鲍曼的思想观点中所指出的，两次世界大战的爆发和奥斯维辛集中营惨绝人寰的事件对人们的信念起了很大的摧毁作用。正是由于这样的历史事件的存在以及加诸于个体上的生命体验和经历，鲍曼放弃了早期对社会主义的预期，转而走向了后现代性的构建。而德里达作为同时代的人，对这些历史事件的发

---

① Jacques Derrida, *Positions*, University of Chicago Press, 1981, p. 26.
② ［法］雅克·德里达：《书写与差异》下册，张宁译，生活·读书·新知三联书店2001年版，第524页。

生也不可能无动于衷。实际上恰恰是由于有感于这两次世界大战的爆发，德里达等后现代主义者才开始对人道主义和理性主义进行反思和批判，由此形成自己解构主义思想观点的。在宏观的社会背景之外，作为一个法国人，德里达也经历了发生于1968年5月的法国"五月风暴"。虽然德里达并没有十分积极地支持这一风暴，但在1991年他在回答埃瓦尔德的采访时指出：五月风暴是一个哲学事件，它使哲学的性质发生了变化，这个变化用他自己的话来说就是"开始赋予我的作品一个明显的、更具（可以说是）'战斗性'的形式"。这种战斗性或许就是他所开启的对结构主义的解构。

在德里达看来，解构首先要做的是对二元对立思维方式的解构。二元对立在索绪尔的《普通语言学教程》中分别表现为历时与共时方法、语言与言语、能指与所指、符号系统差异决定意义。上述二元对立在诸多领域均有体现。在德里达看来，传统的二元对立必须被颠覆，因为它作为一种策略构成了迄今为止一切社会等级制和暴虐统治的理论基础。而要实现解构，可行的方法就是通过二者主次地位的颠倒而实现二者的和平共处。在德里达看来，在传统的哲学观念中，二元对立的双方常常处于这样一种状态，即对立的双方中一方总是统治另一方，而要解构这一对立面，首先就是应该对二者这种对立的关系进行颠覆。但这种做法并没有真正消除二者的对立关系。解构还要对几个世纪以来形成的形而上学传统发起冲击。"结构要被破坏、解开，沉淀物要被排除掉。"实际上对形而上学传统的解构工作，早在尼采、海德格尔那里就已开始。形而上学作为一种脱离时间和历史永恒存在的东西，常常化身为"真理""上帝""本质"等形式。海德格尔指出实现对形而上学的拆解关键在于区分存在与存在者，实际上存在才是更为本源的东西，是一切存在者得以存在的基础，受海德格尔这一思想的影响，德里达提出了"解构"的概念。但同为解构，海德格尔与德里达的理解还是有所不同的，这种不同德里达认为主要体现在：

海德格尔的这两个词在这个语境中都指一种操作，针对的是本体论的或西方形而上学的基本概念的结构或传统建构。但是，在法语中，"破坏"一词也明显暗含一种毁灭或否定性的还原之意，也许它更接近尼采的"破坏"而不是海德格尔的解释或我所设想的那种阅读方式。所以我才把它划掉了。①

之所以反对形而上学的传统，是因为所谓的本源、结构等并不存在，而仅仅是人们千百年来头脑中形成的幻象。肇始自古希腊的"逻各斯"是西方形而上学传统的根源，逻各斯中心主义预设了逻各斯的在场。语言能够把握思想和"存在"，但其所暴露的不过是一个永远无法实现的梦想，因为世界根本就不存在最高的真理，必须对逻各斯中心主义施行解构。德里达认为，"解构一直都是对非正当的教条、权威与霸权的对抗"。② 如何实现解构，德里达把"在场的形而上学"的本质理解为语音中心论，通过颠覆语音的暴政来实现解构，其所采取的策略是通过创造"延异""散播""踪印""替补"等概念以揭示在场形而上学的虚假性。所谓"延异"具有两个方面的意思，其一是不同或相异；其二是推迟或延期。在德里达看来，"延异这个概念既不能简单地被看做是结构主义的，也不能被看成是发生论的，相反，这样一种两者择其一的本身就是延异的'结果'"。③ 延异的概念摧毁了结构主义的同时性，是对语音中心主义的彻底消解。而"散播"则被视为文字的固有功能，意味着空无，无法被定义，揭示的是语言和文本的意义都不是确定的，所以传统形而上学要去追求一个绝对的真理根本就是不可能

---

① David Wood, Robert Bernasconi, *Derrida and Difference*, Warwick: Parousia Press, 1985, p.2.

② [法]雅克·德里达：《书写与差异》，张宁译，生活·读书·新知三联书店2001年版，第16页。

③ [法]德里达：《多重立场》，余碧平译，生活·读书·新知三联书店2004年版，第10页。

的，因为没有这样固定不变真理的存在。"踪印"是德里达提出的另一解构"本源"的策略。本源意味着一个等待着被人们发现的存在，而"踪印"则意味着对这一本源存在的否定，它不是一个实体，而是存在的影子，是被写下但又抹掉的东西，是通过在场宣告的不在场。如德里达所言："踪迹既非自然的东西……也非文化的东西，既非物理的东西也非心理的东西，既非生物学的东西，也非具有灵性的东西。它是无目的的符号生产过程得以可能的起点，也是与之伴随的 physis（自然）与其对方的所有外在的对立得以可能的起点。"[①] 传统形而上学常常欲图通过"踪印"寻找到本源，"踪印"的不在场显示了这种追求的不可能。"替补"即是增加也是替代，"替补"说明了本源性的缺乏，是对不可替代之物的替代。"无限序列的替补必然成倍增加替补的中介，这种中介创造了它们所推迟的意义，即事物本身的幻影、直接在场的幻影、原始知觉的幻影。直接性是派生的，一切东西都是从间接性开始的。"[②] 通过上述概念的创造，德里达力图解构西方的形而上学传统，这种解构的意义在于通过颠覆传统形而上学的传统动摇了传统人文科学的基础。

第三节 女性身份的建构与解构

英国学者提姆·梅伊、詹森·L. 鲍威尔在其所著的《社会理论的定位》一书中指出："在社会实践以及作为社会实践一部分的社会理论中，都存在一种偏见，那就是关于社会生活的研究主要是从男性的身份与视角来思考，代表的主要是男性的利益与价值观。"[③] 其

---

① ［法］雅克·德里达：《论文字学》，汪堂家译，上海译文出版社1999年版，第65页。

② 同上书，第288页。

③ ［英］提姆·梅伊、［英］詹森·L. 鲍威尔：《社会理论的定位》，姚伟、王璐雅等译，中国人民大学出版社2013年版，第206页。

所造成的结果就是反映了社会理论所持有的是一种不完善、不全面的社会观与社会关系观。为了避免出现类似的结果，有必要在对后现代主义社会理论维度的分析中加入女性主义的话题。实际上，正如国内学者夏光在《后结构主义思潮与后现代社会理论》一书所言：女性主义与后现代主义或后结构主义具有天然的亲和性，女性主义本就是后结构思潮和后现代社会理论中的一部分。"单从理论上说，在女性主义与后现代主义或后结构主义之间本来就存在着某种天然的亲和性：后现代主义或后结构主义是一场解构一切中心、为边缘者说话的思想运动，而女性主义也可以被看作是解构父权制中心（'男性'或'阳具'）、为处于边缘的女性说话的理论。"[1]

一　西方女性主义及其发展

女性主义作为一个名词最早出现于19世纪末，但作为一种运动，其出现则要追溯到17世纪英国资产阶级革命成功后的女性运动。标志西方女性主义运动开端的是1792年《女性权力之辩护》一书的发表。其作者英国自由主义女文人M.沃斯通克拉夫特在书中所阐述的观点是女性本质上是理性的，性别是中性的；造成女性特质的不是先天因素，而可能是后天的人为状况，如果女性在男权制或父权制社会中的从属地位是后天造成的，那么现在的主流思维模式就应该把女性整合进去，[2] 同时由于男性和女性在理性上并无不同，因而其所拥有的权力也应该是相同的，特别是关于受教育的权力，二者也应该是平等的。第二次世界大战之后，西方的女性主义运动进入一个蓬勃发展的时期，出现了以J.密尔的《妇女的屈从地位》，西蒙·波伏娃的《第二性》等为代表的作品。上述作品的发表启蒙了一代又一代女性思想家，促进了女性运动的开展。

---

[1]　夏光：《后结构主义思潮与后现代社会理论》，社会科学文献出版社2003年版，第386—387页。

[2]　[英]提姆·梅伊、[英]詹森·L.鲍威尔：《社会理论的定位》，姚伟、王璐雅等译，中国人民大学出版社2013年版，第206页。

女性主义以两性关系为研究的中心议题。长期以来，"女性在历史中没有位置"，①常常是通过转喻，才能作为相对于男性而言的什么存在。在男性理论中，女性成了一个不存在的存在，去掉女性的男性理论具有这样两种可能性："要么是——除了男性的想象之外没有女性的性别；要么是——女性性别是一种精神分裂的二元物"。②两性这种不平等的现状，引发了女性主义的兴起。为了反对性别歧视、压迫和剥削，实现对两性平等和妇女解放理想的追求，出现了对表现男性欲望以男性为主题的自由、平等、正义等的挑战和冲击，并随着这一运动，出现了自由女性主义、社会女性主义、激进女性主义以及心理分析女性主义等理论流派。每个流派的出现都是基于不同阶段为妇女运动做辩护的解释需要。

以 M. 沃斯通克拉夫特为代表的自由女性主义是女权主义最早且最大的流派。从 19 世纪一直持续到 20 世纪 60 年代前后，该流派都极为活跃。受自由主义与个人主义的影响，该流派在某种程度上可被视为自由主义思想在两性关系上的应用。其在政治权利上主张两性同有理性，应享有同等的政治权利，应该通过采取温和、渐进的方式，在现行的政治和法律框架内改善妇女处境，要求国家和政府采取具体措施保护妇女。尽管该流派在理论和实践方面都取得了一定的成就，为女性运动的发展做出了巨大的贡献，但由于其深受自由主义意识形态的影响，对现存的政治秩序及其价值体系常常持有基本认同的立场，此外，对理性、方法和个人行为等的过分强调，一意追求性别平等或性别正义，常常会导致对现实的脱离。因而随着西方女性运动的深入发展，这一流派暴露出了陷入理论危机的端倪。

继自由女性主义之后出现的社会女性主义是女性主义思想的另

---

① [英]克里斯·加勒特、[英]扎奥丁·萨德尔：《视读后现代主义》，宋沈黎译，安徽文艺出版社 2009 年版，第 95 页。

② 同上书，第 95—97 页。

一代表性流派,该流派是从马克思主义的女性主义演变而来的。与自由主义的女性主义不同,该流派避开了个人自由主义,而着眼于社会的基本规则和社会实践,研究性别的社会建构过程。其最主要的特点在于阶级分析,强调通过对资本主义经济制度的社会主义改造来实现妇女的解放。代表人物主要有 J. 米切尔。她开创了现代社会女性主义,所著的《妇女:最漫长的革命》(1966) 是其杰出的代表作。在米切尔之后,社会女性主义的主要理论家还有《资本主义、男权制与性别分工》(1976) 的作者 H. 哈特曼、《社会女权主义与双重体系理论的局限性》(1980) 的作者 I. 尤恩、《女权政治与人性》(1983) 的作者 A. 贾格尔等。上述学者秉持社会女性主义的立场,试图根据马克思、恩格斯的理论来分析和解释资本主义社会中的女性存在状况,并建立独立的社会主义女性理论,认为阶级关系和男权制应该成为女权运动的双重目标。在米切尔看来,女性在资本主义所受的压迫是双重的,除了资本主义之外,父权制也是造成女性当前地位的原因,而这一点传统马克思主义并没有很好的揭示,而单纯把妇女受压迫的根源归结为经济剥削,忽视了生殖、性生活和社会化等其他因素。要实现妇女的解放,除了要求得与男性同等的权利外,米切尔认为还应该解除父权制意识形态的束缚,解决深藏于社会心理之中的性别歧视。另一位社会女性主义者扬格从分工的角度分析了女性所受的压迫,认为女人在家庭生活中的地位是被边缘化的,而这种地位也决定了她们在生产领域中的地位,体现的是由于性别不同而出现的社会分工的不同等。以贾格尔为代表的社会女性主义分子则试图用异化的观点来解释女性在资本主义社会中的状况。她将马克思的异化学说推广到两性关系领域,指出资本主义生产关系下特定的性别关系使女性逐渐变为自己的异化物——没有灵魂的商品。尽管社会女权主义提出了妇女解放的社会目标,然而取代男权制的社会究竟是什么,它们却给不出明确的答案。这种脱离内容的去男权制抽象形式最终会导致女性运动丧失明确的奋斗目标。

激进女性主义是自由女性主义的极端化发展，又称文化女性主义，其代表为 K. 米利特、弗艾尔思东以及戴利等人，其兴起于 20 世纪 60 年代后期。1970 年，K. 米利特的划时代著作《性的政治》面世，首次将男权制作为女权理论的核心概念，为激进女性主义的理论发展奠定了一个坚实的基础。该流派主要是关于妇女问题成因的认识，它确信，妇女受压迫最久，先于等级、阶级、种族、民族等其他社会群体。米利特指出，妇女的受压迫就来自男权制，国家不过是男权的一种展示，各种社会经济制度均是用来剥削、排挤妇女的工具。妇女的解放来自对人的社会性别的消除，只有在"不分男女的"未来才能消除"男性""女性"的消极影响。因而对于激进女性主义来说，文化具有特殊的意义，文化是使男权内化的重要根源，从而构成妇女解放最顽固的深层障碍，如果不清除积淀在社会中的那些厚重的男性文化，女性革命无从谈起。与米利特、弗艾尔思东、弗伦奇等倡导男女不分的主张不同，戴利试图通过价值重估，对父权制下的所谓道德、男性与女性的优点进行重估，认为女性可以通过摒弃父权制所建构的二元对立，实现自己对自己的决定。

20 世纪 70 年代，一个新的女性主义学派兴起，此即精神分析学的女性主义。精神分析学之父弗洛伊德认为"女人的超我从来不如男人的超我那样坚定、客观而独立于其情感的起源。人们历来都认为，女人有一些不同于男人的特征，例如，女人不像男人那样有正义感，女人不像男人那样遵循生活中的规律，女人的判断更容易受感情的好恶之影响——所有这些都完全能在我们所说的女人之（较弱）的超我中得到解释"。[①] 针对弗洛伊德反女性主义的观点，女性主义者予以了强烈的拒斥，并通过重新阐释弗洛伊德的观点发展出精神分析学的女性主义，其代表人物主要有阿德勒、霍妮、汤

[①] 夏光：《后结构主义思潮与后现代社会理论》，社会科学文献出版社 2003 年版，第 396 页。

普森、狄纳斯坦、乔多若。阿德勒、霍妮、汤普森认为，男女生来并无区别，之所以出现女人的自卑感是因为她们对自己所处社会地位的感知和意识，造成这种意识产生的根源在于一个病态的父权制社会的存在。而狄纳斯坦、乔多若等人则通过儿童时期的生活经验和心理发展来说明人的性别的形成，认为由于母亲在儿童成长的过程中扮演了重要的角色，所以对儿童的心理发展所施加的影响也更关键，应该通过"双家长制"的实施来解决由于主要由母亲抚养而带来的问题。从心理角度研究两性不平等的原因，是该学派区别于其他流派的不同之处。心理分析女性主义充分运用现代科学研究人的精神活动，成为知识性、学术性最强的女权主义流派之一。心理分析女性主义认为，决定性别意识和性别行为的主要因素在于社会环境，包括个人的生活体验和文化氛围。针对大部分主流心理学家关于"男人的正义感与女性无涉"的认定，心理分析女性主义的代表人物吉利根给予了断然否定。她提出，两性都具有坚实的伦理道德，只不过男性伦理属于一种"正义伦理"，而女性道德属于一种"关爱伦理"。

二　被建构的女性

西蒙·波伏娃所著的《第二性》一书被视为"有史以来讨论妇女的最健全、最理智、最充满智慧的一本书"。被誉为西方妇女的"圣经"。[①] 通过对女性和男性生理上的差异的分析，波伏娃指出，生理学上的因素对女人的生命历程起着关键作用，也是形成其处境的一个基本方面。"我们深入探讨，应自始至终都牢记这些因素。这是由于我们通过身体来认识世界，生理的差异使得我们对世界的认知截然不同。这就是我们对生物学事实进行详细论证的根由——这些事实是认识女人的一个关键点。但我并不认为这些事实注定将带给女人一个无法逃避的命运。以这些事实确立两性等级制

---

① ［法］西蒙·波伏娃：《第二性》，舒小菲译，西苑出版社2009年版，第2页。

度是不充分的，也不能够解释女人是第二性的原因，更不能够宣判她永远处于这一地位。"① 在波伏娃看来，弗洛伊德等人关于女性的认知实际上具有预设性，在其观点中隐含的是男性群体与女性群体的二元对立，是普遍主义与二元论在女性观点上的体现，体现的是男性视角下的女性特征。几千年来女性的本质特征是在女性不在场的情况下进行的，言说主体不是女性自身而是男性，男性对女性的认知存有性别的偏见，这种偏见或许是不自知的，但无论如何这种认知造成了女性是以被扭曲和曲解的形式出现的。在波伏娃看来，"女人不是天生的，而是变成的。没有任何生理上、心理上或经济上的命运，能决定人类女性在社会中的地位；而是作为整体的文明，产生出这居于男性与无性之间的所谓女性，仅仅是因为他人的介入，一个人才会被造成这另一性别"。② 在玛丽·埃尔曼看来，由于男性和女性生活经验的差别，其所追求的价值也会出现差别，这二者的追求本来没有孰优孰劣之分，但在父权文化的背景下，女性的追求被人为贬低了，这种对女性歪曲认知的做法体现的是男性在传统科学领域中的霸权地位，这种"无视对象事物的描述与解释，而受制于研究者的兴趣、期望和实验方式的价值取向"是一种"坏科学"。要实现"坏科学"向"常规科学"转变，必须实现女性主义的后现代转向，即通过反对二元对立和本质主义的预设，倡导多元主义的方法论，来揭示女性的身份和地位被建构的事实。要实现这一转向，首要的一步就是对传统科学观的批判。

近代以来人们形成了科学知识的公认模型，即理性所认识的世界是可以度量的世界。在这样的关于客观科学理念的统治下，科技理性大行其道，被视为社会发展和进步的力量，理性为人们的知识提供先验的基础。所谓客观的科学知识就是人们在实践过程中所形

---

① [法] 西蒙·波伏娃：《第二性》，舒小菲译，西苑出版社 2009 年版，第 11 页。

② [法] 西蒙·波伏娃：《女人是什么》，王友琴等译，中国文联出版公司 1988 年版，第 24 页。

成的关于外部世界的经验,而这些经验是由局部、具体的经验事实加工、概括、抽象出来的,在这一过程中,理性发生了"惊险的一跃",实现的是由经验事实到理性认知的跨越,但这一跨越在传统科学观那里是没有被意识的一种僭妄。理性通过归类所形成的各种知识和体系被视为是客观的真理,所有的知识都被还原为自然科学知识,甚或哲学这一知识的母体也要仿效自然科学这一榜样。而随着社会的发展,这样的信念逐渐暴露了其局限性。正如西方马克思主义者如弗洛姆、马尔库塞、阿多尔诺等人所揭示的,理性统治下的人不但没有获得幸福,反而深受压抑,在科技理性思维下,人被异化为机器上的一个零件丧失了人性,人们开始对几个世纪以来人们奉为神器的理性进行反思,科学的社会地位和价值在这种反思之下摇摇欲坠。

最早对科学进行反思的思想家可以追溯到卢梭那里。在卢梭看来,科学不会带来社会的进步,恰恰相反,它会污染人们的道德。但受限于时代的发展,卢梭的观点并没有引起人们的重视,只是到了20世纪后,科学的负效应逐渐显现,人们才开始重新思考这位思想家早先的警示。20世纪30年代,西方马克思主义尤其是法兰克福学派对现代科学及其技术理性展开了猛烈的抨击。而到20世纪60年代后,又出现了对科学知识基础——实证主义的批判、质疑,这一工作主要是由现象学、解释学等进行的。在批判科学主义、实证主义的过程中,出现了奎因的"整体论"、波普的证伪主义方法论、维特根斯坦的"语言游戏说"、库恩的"范式"理论、费耶阿本德的"无政府主义"理论等。上述学者从不同角度和层面对知识的成因提出了自己的解释和分析。而至20世纪70年代,受后现代主义的影响,社会建构性被突显出来,知识不再被视为一个纯粹的认知过程,实际上更是社会文化进程的结果,韦伯意义上的所谓价值中立并不可能。在对传统科学的批判过程中,男性在科学中的言说者地位渐渐显现,并日益受到女性主义者的注意和批判。随着女性介入科学领域,传统科学中的男性中心主义被揭露出来,科学传统的客观中立的形象渐趋瓦解。在对男性中心主义揭示的背后，是对女性身份建构的呈现。

正如我们所知，女性主义思潮作为指导西方妇女运动的理论，其致力于解决下面的问题：女性在现实社会中处于一个什么样的地位，这一社会地位制造的根源是什么，女性能够改变自身现状甚或改变其生活于其中的社会现实吗，如果要改变的话应该从何处着手；理论是为实践服务的，女性主义者对女性问题的研究具有实践的要求，诸如受教育的权力、走出家庭获得工作机会的权力以及在政治上参政议政的权力，等等。以上问题说明了女性主义运动在伦理道德领域和社会政治领域的诉求，而且"大部分被认可的女性主义认识论的早期工作，其实都是由女性主义社会科学家和政治理论家完成的，为了推翻其学科中阻碍必要变革的预设，她们提出了不同的知识和辩护性解释"。[1] 随着这一思想浪潮在更广泛的社会科学领域的蔓延，女性主义者已经深入其所在相关学科的知识基础，并通过研究揭示了隐含在这些理论背后的强烈的性别偏见。"只要妇女仍然被排斥于社会的生产劳动之外而只限于从事家庭的私人劳动，那么妇女的解放，妇女同男子的平等，现在和将来都是不可能的。妇女的解放，只有在妇女可以大量地、社会规模地参加生产，而家务劳动只占她们极少的工夫的时候，才有可能。"[2]

女性主义运动在早期是从政治上的权利诉求开始的，而在探寻女性地位历史形成的过程中，女性主义的研究开始一步步深入社会经济政治制度层面，从探寻妇女地位的社会文化成因逐步深入性别意识和性别行为的认知心理层面。如何重构女性的主体地位，这一问题是回应时代呼唤和适时理论创新的过程。后现代女性主义的观点认为，对女性地位的重构应该建立在自己真实的基础之上，在尊

---

[1] Longino H., *Feminist epistemology*, in J. Greco, E. Sosa eds., *A Blackwell Guide to Epistemology*, Cambridge Ma.: Blackwell, 1999, p. 330.

[2] 马克思、恩格斯：《马克思恩格斯文集》第四卷，中共中央马克思恩格斯列宁斯大林著作编译局译，人民出版社2009年版，第181页。

重每一个人（包括男人和女人）的基础上进行建构，这种建构涉及女性作为经验主体、思维主体和言说主体的建构，它们共同构成了女性的主体性，意味着女性主体性的觉醒。正如我们前文中所分析的，女性主义的诉求起始于政治、经济领域，而随着"性别"这一起初意义上的政治范畴逐渐扩大为一个社会研究范畴，为女性主义认识论开启了研究的大门，使女性主义认识论成为有别于传统认识论的独特认识论：它设定了人在性别差异方面的普遍性，并将历史、社会与文化的观念纳入进来，从而产生出认识论的多样性和特异性。作为一种对西方女权运动进行的反思性实践活动，女性主义认识论具有直接现实性的理论品格，它更能激发社会运动中各种斗争的政治的和道德的价值。

第七章 反省与启示：后现代社会理论与中国社会建设

后现代社会理论对中国的社会建设具有极大的启发意义，也具有一定的局限性。对中国社会建设的启示就是在认识到现代性规划工程的局限性的基础上，从风险社会理论的角度关注社会管理体制的伦理价值维度；以全球化为背景，审视教育领域所出现的生活世界转向，结合当前中国所出现的案例说明教育回归生活世界的重要性。而针对后现代社会理论可能会出现的弊端，挖掘中国的传统文化资源，走出一条不同于西方的超越现代性困境之路。

第一节 风险社会理论视野下社会管理的可能性及其途径

后现代主义把当前社会理解为风险社会、全球化社会、信息社会等。上述概念的提出表征了当前人类的基本生存状态。在当前众多的有关社会发展现状及其问题研究的理论中，风险社会理论为我们理解和研究当代社会现实提供了一种新的视角。特别是随着一系列全球性危机的爆发和蔓延，风险社会理论日益引起人们的关注。风险社会理论的提出是基于当前社会风险特征的凸显，而如何理解这种风险的存在，并实现对风险的治理和规避则是时代为我们提出的要求。

　　社会风险与人的实践活动相伴随，具有内生性，但风险的存在并不意味着我们就生活在风险社会中。按照风险社会理论的观点，实际上，风险社会的出现是现代性胜利的成果。而在人出现伊始，基于人的实践活动的管理也亦出现，何以在一直以来的管理活动中出现了风险社会这样一个未预期的结果？风险社会的出现对社会管理来讲意味着什么？社会管理是否还有其存在的价值和意义，如果有的话，其可以规避风险、实现管理职能的途径何在？本书尝试在风险社会理论的视角下，通过分析风险社会的出现与现代性之间的关系，指出虽然风险社会的出现对社会管理提出了挑战，但在某种意义上来说，社会管理仍然是可能的，而且人的生存和发展也必须有赖于社会管理，实现风险社会管理的途径就是建立一种反思的、注重伦理价值维度的全球化社会管理。

一　风险社会的来临与现代性反思

　　进入 21 世纪，伴随着疯牛病、非典型性肺炎、卡特琳娜飓风、"9·11"恐怖事件、日本核泄漏等一系列灾害和意外事件的出现，一个以风险为特征的新型社会正在悄然来临。以德国社会学家贝克、英国社会学家吉登斯等为代表的一批学者敏锐地认识到了西方社会所面临的风险现实，提出了风险社会理论，用风险社会、后传统社会等概念来指称这一新型社会。

（一）风险社会的来临

　　何谓风险社会？贝克认为，"作为一种社会理论和文化诊断，风险社会的概念指现代性的一个阶段；在这个阶段，工业化社会道路上所产生的威胁开始占主导地位"。[①] 作为现代社会中的一个发展阶段，风险社会的出现是对工业社会的淘汰。在贝克看来，人类

[①] [德]乌尔里希·贝克、[英]安东尼·吉登斯、[英]斯科特·拉什：《自反性现代化》，赵文书译，商务印书馆 2001 年版，第 10 页。

社会一直存在着风险,但现代社会风险的性质有别于工业社会,是一种从古典工业社会的轮廓中脱颖而出,正在形成的一种崭新的形式,属于另一种现代性,标志着人类开始进入反思性现代化阶段。二者的区别之处不在于有无风险,而在于风险在社会中所处的位置。在工业社会阶段,虽然也存在风险,但这种风险只是一种"残留风险",风险的影响和威胁尚未成为大众问题或政治冲突的中心,工业社会的自我概念仍然占主导地位。[①]而在风险社会中,社会、政治、经济和个人的风险往往会越来越多地避开工业社会中的监督制度和保护制度。而且工业社会的危险已经凸显出来,成为支配公众、政治和私人的争论和冲突的中心,工业社会的某些特征成为社会问题和政治问题。[②]用贝克本人的话来说,"工业社会的社会机制已经面临着历史上前所未有的一种可能性,即一项决策可能会毁灭我们人类赖以生存的这颗行星上的所有生命。仅仅这一点就足以说明,当今时代已经与我们人类历史上所经历的各个时代都有着根本的区别"。[③]

在贝克用"风险社会"表征现代社会的新特征之后,安东尼·吉登斯、斯科特·拉什、卢曼等分别从不同的视角对风险社会予以诠释,形成了各具特色的当代风险社会理论。与贝克将风险界定在一个由制度性的结构所支撑的风险社会中一样,安东尼·吉登斯认为传统文化中没有风险概念,而这个概念的大量使用暗示着一个企图主动与它的过去亦即现代工业文明的主要特征进行决裂的社会。在把风险理解为与将来可能性关系中被评价的危险程度基础上,安东尼·吉登斯又把风险区分为两种类型,即外部风险和被制造出来的风险。"外部风险就是来自外部的、因

---

① [德]乌尔里希·贝克、[英]安东尼·吉登斯、[英]斯科特·拉什:《自反性现代化》,赵文书译,商务印书馆2001年版,第9页。

② 同上。

③ [德]乌尔里希·贝克:《从工业社会到风险社会》,《马克思主义与现实》2003年第5期。

为传统或者自然的不变性和固定性带来的风险";①"被制造出来的风险，指的是由我们不断发展的知识对这个世界的影响所产生的风险，是指我们没有多少历史经验的情况下所产生的风险"。②在所有传统文化、在工业社会以及直到今天，外部风险是人类担心的来源，而今天，则是"被制造出来的风险"占主导地位的社会。这种社会存在于自然终结之后，这里的"自然终结"不是指物质世界或物理过程的不再存在，而是指我们周围的物质环境没有什么方面不受人类干涉的某种方式的影响，我们所该担心的不再是自然能对我们怎么样，而更多的是担心我们对自然所做的。与经典社会学家所持有的认为"随着科学与技术的进一步发展，整个世界将变得越来越稳定和更加有秩序"这样的观点相反，安东尼·吉登斯认为科学技术的进步经常带来相反的结果，它们在致力于防止危险出现的同时，首先也有助于产生这些危险。由是，"这个世界看起来或者感觉起来并不像他们预测的那样。它并没有越来越多受到文明的控制，而似乎是不受我们的控制，成了一个失控的世界"。③

虽然贝克、安东尼·吉登斯、拉什、卢曼等社会理论家在关于社会风险的前景及其风险性质的理解上有所不同，但他们都把当前社会中出现的越来越多的不确定性因素和一些始料未及的风险视为一个新的风险社会来临的表征。

(二) 对现代性的反思

从政治学和社会学的角度看，现代性是一项在技术上控制的社会规划。帕森斯则直接把现代社会理解为一个建构秩序和控制的企业。而在这样严密设计的社会规划中，何以会出现风险社会？是风险管理办法不够精密、科学，还是现代化本身出了问题？如何理解

---

① [英]安东尼·吉登斯：《失控的世界》，周红云译，江西人民出版社2001年版，第22页。
② 同上书，第19页。
③ 同上书，第2—3页。

这种风险的出现,并予以应对?贝克、安东尼·吉登斯等社会学家通过对上述问题的回答,对风险概念与现代性及其发展之间的关系进行了反思。

作为当代人类发展的基本语境,风险社会的出现是人类的各种决策与行为,尤其是社会制度如工业制度、法律制度、科学技术等正常运行的共同结果。"工业社会生产的看不见的副作用转变为全球生态危机的焦点,这似乎已不是我们周围世界中的问题——即所谓的'环境问题'——而是工业社会本身的一个深刻的制度性危机。"① 按照孟德斯鸠的说法,"制度毁于自身的成功",而当前工业社会的制度性危机则意味着现代性规范工程的解体,② 风险社会理论的提出则是对现代性的批判、观照和反思。

何为现代性?安东尼·吉登斯在不同的地方有不同的解释:"现代性指社会生活或组织模式,大约17世纪出现在欧洲,并且在后来的岁月里,程度不同地在世界范围内产生着影响。"③ 而在《现代性与自我认同》一书中,安东尼·吉登斯从很宽泛的意义上使用"现代性"这个术语。它首先意指在后封建的欧洲所建立而在20世纪日益成为具有世界历史性影响的行为制度与模式。"现代性"大略地等同于"工业化的世界"。④

什么导致了风险社会这一新的社会形态的出现?贝克认为,"首先,创造新的社会形态的不是资本主义的危机而是——我重复一遍——资本主义的胜利成果。其次,这也就意味着削弱工业社会

---

① [德]乌尔里希·贝克、[英]安东尼·吉登斯、[英]斯科特·拉什:《自反性现代化》,赵文书译,商务印书馆2001年版,第12页。

② [英]尼格尔·多德:《社会理论与现代性》,陶传进译,社会科学文献出版社2002年版,第1页。

③ [英]安东尼·吉登斯:《现代性的后果》,田禾译,译林出版社2000年版,第1页。

④ [英]安东尼·吉登斯:《现代性与自我认同》,赵旭东等译,生活·读书·新知三联书店1998年版,第14页。

结构的不是阶级斗争而是正常的现代化过程和进一步现代化的过程".① 现代性的胜利成果是导致风险社会出现的根源。"为什么'甜蜜理性'的普及并没有创造出一个我们能够预期和控制的世界?"② 安东尼·吉登斯认为能说明该问题的既不是利奥塔尔等人所认为的设计错误,虽然社会体系的建立带有明确的"预期目的",也不是操作失误,虽然任何抽象体系不管设计的如何尽善尽美,在运作过程中总会无法彻底消除操作失误。导致现代性不确定性的最重要因素是未预期的后果和社会知识的反思性或循环性。首先,"在风险社会中,对由技术工业发展所引起的威胁的不可预测性的认识需要对社会凝聚之基础的自我反思和'理性'的普遍准则和基础加以审察".③ 长期以来,人们受社会进化论的影响,总是把人类历史看作是有一个总的发展方向,并受着某种具有普遍性的动力原则所支配的过程,但实际上,历史不是一个体现了某种组织与变革的统一性原则的统一体。④ 其次,导致未预期后果存在的根本原因在于社会知识的循环性,而这种反思了的知识首先影响的不是自然领域而是社会领域。因为,"在现代性条件下,新知识不断被嵌入到社会中去,而就其性质而言,社会领域从来就不是一个稳定的环境。新知识(概念、理论、发现)不仅更清楚地描绘了社会世界,更会改变它的性质,使其转向新的方向。而这对于那犹如猛兽的现代性来说,是极其重要的,它既影响到社会化自然,同样也影响到社会制度本身。虽然关于自然界的知识并不以直接的方式影响自然界,但社会知识的循环却能通过抽象体系中的技术构成而与自

---

① [德]乌尔里希·贝克、[英]安东尼·吉登斯、[英]斯科特·拉什:《自反性现代化》,赵文书译,商务印书馆2001年版,第6页。

② [英]安东尼·吉登斯:《现代性的后果》,田禾译,译林出版社2000年版,第133页。

③ [德]乌尔里希·贝克、[英]安东尼·吉登斯、[英]斯科特·拉什:《自反性现代化》,赵文书译,商务印书馆2001年版,第13页。

④ [英]安东尼·吉登斯:《现代性的后果》,田禾译,译林出版社2000年版,第4—5页。

然要素发生碰撞"。[①] 由于上述原因的影响，安东尼·吉登斯认为即使我们在自己的活动中创造和再创造了社会生活，我们也仍然不能完全控制它，我们不能掌握历史，并使其屈从于我们的集体目标。而且，上述分析还是在假设了利益和目标同质性的前提下进行的，但就现实而言，并不存在同质性的人类整体利益和目标。从某种意义上说，世界是单一的，但受不同的权力和价值的影响，世界的这种单一被不平等的权力严重地撕裂开了。

现代性风险的存在带来的后果是严重的。现代性风险损坏了传统政治模式的信任基础，在一定意义上损坏了现代性政治有效运作的基石，对现代社会的治理构成了严峻挑战。贝克形象地使用"有组织地不负责任"揭示了风险社会中各种公司、政策制定者和专家结成的联盟制造了当代社会的危险，然后又建立一套话语来推卸责任。而从现代政治的时空坐标来看，在现代政治的框架下，后代人因为在此政治体制中没有自己的利益代表，所以在涉及人类根本利益与长远利益的问题上没有发言权和决定权。而在空间上，风险的全球化需要突破民族—国家的界限而实现风险的全球治理，但现代政治仍然局限在民族—国家内部。对世界风险的治理客观上要求突破以往民族—国家的治理模式，在实践上这种突破往往步履维艰。

安东尼·吉登斯通过对现代性风险的分析，指出现代性带给我们的不仅仅是今天的繁荣，同时也是巨大的生存风险。如果我们今日不对现代性引发的风险给予高度重视的话，现代性的完成之日就将会是人类文明的消亡之时。

二 转型期中国社会所面临的风险

按照风险社会理论，现代化发展到一定阶段后，必然伴随社会风险的增长。而中国的社会转型是以一种"压缩饼干"（贝克语）

[①] [英]安东尼·吉登斯：《现代性的后果》，田禾译，译林出版社2000年版，第135页。

的形式进行的,其所遇到的社会转型中的各种问题更具风险性、复杂性,是前所未有的文明冲突和文化碰撞,过去与现在、传统与现代、本土文化与其他文明等多重因素的交织。贝克认为:"如果当今还正行进在工业化道路上的那些国家能够避免工业化高度发达国家当初所犯错误和所走弯路的话,那么许许多多的事情将会变得容易多了。但是,如果工业社会还在不经审验不加限制地疯狂扩张的话,如果这种工业化扩张行为还被人们认为是控制和解决包括贫穷问题在内的许多问题的捷径的话,那么铺天盖地而来的巨大风险和灾难将会经常取代有关环境破坏和环境污染的抽象的争论。"①

经过 30 多年的发展,当前的中国实现了发达国家上百年才完成的同样程度的工业化、城市化和社会转型。正如世界银行专家所指出的:"单是指令性经济向市场经济转型就变幻莫测:人们亲眼目睹了苏联和东欧国家的经济崩溃。同样,从乡村型的农业社会向城市化的工业社会转型也有很多风险。在富裕的现代工业国家,这一转型花了几个世纪的时间。而在中国,这一进程被缩短到一代人或两代人的时间。"② 但与这种举世瞩目的经济发展成就相对应的则是,转型中的中国正进入高风险社会的发展阶段。

随着中国由农业社会转向工业社会,由计划经济向市场经济的体制转轨,生产力得到极大提高,经济结构发生了深刻变化。但与这种发展迅速的经济相比,中国的社会建设却相对较弱。这一现状已经暴露了一些问题。由于城乡二元格局而导致的"三农"问题、在采取现代化战略过程中所出现的贫富差距问题、一味追求效率的安全生产问题、危害社会治安的犯罪猖獗问题、在发展市场经济中所出现的诚信危机等,这些问题都潜藏着巨大的社会风险。如果处理不当,累积到一定程度,就可能失控从而成为当前中国社会的风

---

① [德]乌尔里希·贝克:《从工业社会到风险社会》,《马克思主义与现实》2003 年第 5 期。

② 世界银行:《2020 年中国——新世纪的发展挑战》,中国财政经济出版社 1998 年版,第 1 页。

险之源。而在推动中国的现代化发展过程中，中国实行的是一种不平衡发展战略，这种战略在现代化进行到一定阶段后，在国家、社会、人和自然等方面都将暴露出一些问题。这些问题体现在经济领域就是单纯追求 GDP 增长，未考虑社会的可持续发展，人与自然关系紧张；在精神领域，市场经济浪潮下，工具理性泛滥，人文价值滑坡，出现了诚信危机；在社会领域，贫富差距拉大，利益分割加剧，成为社会冲突和社会动荡的潜在因素。

在经济全球化背景下，发达国家处于主导地位，发展中国家则处于相对不利的地位。因此其在经济全球化的过程中的受益度是不同的，甚至有些国家可能会成为经济全球化的牺牲品。中国作为一个后发国家，其在经济全球化过程中的经济安全、政治安全、文化安全与环境安全等都面临着更多、更大的压力。与发达国家相比，后发国家可能会遇到的风险或危机更具有不可预测性和不可控制性。中国在转型期所面临的这种高风险现实境遇，亟待理论的探索和研究，对风险及其管理问题的研究已经成为无可回避的问题。

三 对现代社会管理伦理价值维度的反思

美国的法哲学家富勒曾经指出：一个真正的制度包含着自己的道德性，即外在道德或实体自然法，一旦国家所施行的制度没能蕴涵道德性质，就会导致一个根本不宜称为制度的东西。[①] 社会管理有其伦理价值诉求，其伦理价值维度的凸显经历了较长的历史过程。社会需要一定的制度和管理，任何社会制度都必须以一定的伦理精神为底蕴，一旦缺失了这一伦理精神，社会和人都将出现"病征"，而要实现对风险的管理，必须关注其所蕴含的伦理价值维度。

（一）社会管理制度伦理价值诉求的历史

管理作为人类生产劳动和社会实践活动的产物，是伴随着人和社会的产生而产生，并随着社会实践的发展而发展的。从时间的向

---

① 李龙主编：《西方法学名著提要》，江西人民出版社 1999 年版，第 534 页。

度来看，社会管理伦理价值维度的凸显经历了较长的历史过程。

社会是人们在一定利益基础上形成的交往关系的总和，是有意识、有目的的人在实现自己利益的活动和交往中而形成的。把人和社会"连接起来的惟一纽带是自然的必然性，是需要和私人利益"。① 但由于每个人的目的和利益并不完全相同，所以在客观上需要社会管理。正如马克思、恩格斯所指出的，"随着城市的出现，必然要有行政机关、警察、赋税等等，一句话，必然要有公共机构，从而也就必然要有一般政治"。② 但在不同的历史时期，社会管理的理念不同，其所形成的伦理价值追求也不同。如何理解并付诸实施这种社会管理，经过了一个循序渐进的历史发展过程。

传统社会实行的是一种统治型的管理，其所追求的是秩序的价值。在传统社会里，行政服从于统治，社会治理与社会统治合二为一，所有的社会管理行为都以统治阶级的意志和利益为旨归，社会管理沦为专制权力的附属物，成为阶级统治的工具，人民的意愿和利益无从体现。所采取的管理方式大多为赤裸裸的暴力形式，社会管理被简化为政治统治或阶级统治，其职能在于不断地巩固和发展阶级的统治。

19世纪末期，随着自由资本主义的发展和市民社会的兴起，人们的社会管理理念发生了变化。社会管理由统治型转向以管理为中心的管理行政模式，其所追求的价值是效率和公平。但在财产私有的前提下，这种效率和公平实则名不副实，其在本质上与统治型社会管理模式一样都是反伦理的，是为实现少数人的利益服务的。但与统治型的社会管理模式相比，在管理方式上，统治者虽然仍使用政治权力对被统治者进行强制，但这一特征已趋于弱化。由赤裸裸的暴力统治转向采用政治民主和公民参与社会管理的方式，通过

---

① 马克思、恩格斯：《马克思恩格斯文集》第一卷，中共中央马克思恩格斯列宁斯大林著作编译局译，人民出版社2009年版，第42页。

② 同上书，第556页。

灵活、和缓的策略来实现阶级统治的目标。

按照尤尔根·哈贝马斯的解释,现代社会发展的趋向是一个通过生活世界的整合作用,不断追求现代社会价值系统的合理性和政治—文化领域合法性的过程,由此实现"资产阶级的国家""资产阶级的法治国家""民主法治的国家",最后达到"社会民主的法治国家"。但由于生活世界殖民化,自启蒙运动开始的这项伟大谋划成为了一项"未竟的方案"。金钱与权力对"现代生活世界"的"殖民化",不仅仅造成了现代性方案的"未竟",而且,直接导致了风险社会的出现。

(二) 风险社会伦理价值维度的缺失

一个迥异于工业社会的风险社会已经到来,作为当代人类发展的基本语境,风险社会的出现对现代社会的管理提出了严峻的挑战。要实现真正的对风险的社会管理,首先就要求关注社会管理的伦理价值维度。

风险社会作为人类自身实践活动的伴生物,是在人类追求实现解放和自由的过程中而出现的。从这个意义上来讲,"风险社会中的风险是现代人造风险,在很大程度上是由人类自己的行为造成的。从知识论路向上看,风险社会是人类知识的增长和科学技术的不断进步引起的更加不确定性造成的;从实践论路向上看,是工业现代化的发展模式引起的现代性危机的后果;从哲学的角度看,是人类价值观念的错位所致"。[①]

西方在发展中之所以出现这样那样的危机,根本原因在于其伦理价值维度的缺失。在其片面追求经济的背后常常蕴含着这样一种深层逻辑,即认为"普遍的富裕会带来普遍的且完全正义的社会",[②]实际上,正义与幸福并非富裕的必然结果之一。普遍而繁荣的社会

---

① 宋友文:《风险社会及其价值观前提批判》,《天津社会科学》2005年第1期。
② 刘小枫编:《苏格拉底问题与现代性》卷二,彭磊、丁耘译,华夏出版社2008年版,第2—3页。

无法合理地解决人类问题，西方"时代的危机"已经证明了这一点。①

四 风险社会社会管理的可能性及其途径

风险社会的出现虽然是现代性本身的胜利成果，风险具有内生性，但对风险的管理并不是不可能的，恰恰相反，虽然风险社会的出现对社会管理提出了挑战，但在某种意义上来说，社会管理仍然是可能的，而且人的生存和发展也必须有赖于社会管理。实际上，只要有人的存在，这种管理活动就不可避免。

（一）社会管理的可能性

社会管理作为一个专门概念和术语的出现，是社会主义国家诞生以后的事，但作为一种控制和协调社会运行的实践，社会管理是所有社会都具有的社会功能。从目前学界关于社会管理这一概念的理解来看，赵万里等人认为大致有如下三种观点或倾向。第一种从管理的社会本质上来理解社会管理，把社会管理等同于对社会的一般管理，认为社会管理是对所有社会经济生活、它的各个方面及其运行机制的规划、指导、组织、调控等活动的总称；第二种观点从管理的内容上倾向于把社会管理等同于经济管理，认为社会管理是对社会经济领域，即对社会的经济关系和经济活动或经济运行的调节，其目的在于实现生产效率的提高和产品分配的合理化；第三种则是通过把社会做狭义的理解，基于社会的含义不同，把社会管理分别理解为对与经济、政治、精神活动并立的社会活动的管理、社会组织管理、社会关系管理、非经济社会活动管理、社会制度管理或超级社会管理。其中，尤以第一种理解使用得多。②

关于社会管理第一种含义的理解比较符合人类社会发展的早期

---

① 刘小枫编：《苏格拉底问题与现代性》卷二，彭磊、丁耘译，华夏出版社 2008 年版，第 7—8 页。

② 赵万里：《中国社会管理引论》，中国科学技术出版社 1995 年版，第 42—49 页。

阶段。正如国内学者丁元竹所认为的，历史从哪里开始，逻辑就应当从哪里开始。恩格斯在《论住宅问题》中曾经指出："在社会发展某个很早的阶段，产生了这样一种需要：把每天重复着的生产、分配和交换产品的行为用一个共同规则概括起来，设法使个人服从生产和交换的一般条件，这个规则首先表现为习惯，后来便成了法律。随着法律的产生，就必然产生出以维护法律为职责的机关——权力，即国家。"而摩尔根在《古代社会》中也对原始社会末期社会经济的发展现状做了比较生动详细的描述，指出"当人类还处于蒙昧阶段时，其主要制度和生活技术的幼苗即已在发育之中"。这说明，社会管理活动是自古以来就存在的，它是社会在其发展的任何阶段上内在固有的属性，只不过在不同的历史阶段，由于社会发展的水平不同，所以在具体过程和管理的强度上也有不同罢了。

而关于社会管理的第二种含义则是因为物质资料的生产在人类实践活动中具有基础性的地位，在从事物质资料的生产、分配、交换的过程中，人与人之间产生了经济关系。这种经济关系不仅存在于从事经济活动的人中，也存在于从事非经济活动的人中。从西方国家发展的历史来看，一部现代管理思想史其实就是现代经济思想史的一部分。

第三种含义的理解则被视为是国家出现之后的一种职能体现，它不仅涉及社会的结构状况和人与人之间的社会关系，而且通常与国家、政党、政府、社会制度等有着不可分割的联系。有时被认为是对非经济社会活动的管理，或是对与经济、政治、精神活动并立的社会活动的管理。有时还可能被看作社会问题管理、社会行政管理、社会计划管理或社会发展管理。

既然管理活动是伴随着人的实践而出现的，何以会在一直以来的管理活动中出现了风险社会这样一个未预期的结果？风险社会的出现对社会管理来讲意味着什么？社会管理是否还有其存在的价值和意义，如果有的话，其可以规避风险、实现管理职能的途径何在？借用安东尼·吉登斯的话来说就是，在现代性的后果与风险全球化的背景下,"我们,作为整体的人类,究竟在什么程度上能够驾驭那头猛兽"?① 虽然"历史"并没有站在我们这边,为我们提供目的或者任何保证,但这并不意味着我们应该放弃驾驭这头猛兽的努力。

针对由于生态环境破坏所带来的风险,中国通过建立健全公众参与机制,以推进生态文明建设。公众参与生态文明建设的基础有以下几点。

首先,生态文明建设与公众息息相关,公众需要参与生态文明建设。一方面,人类是自然生态环境进化的产物,生态环境是人类生存、发展的基础,生态环境问题危及公众的生存和发展,因此,公众对生态环境问题是极度关注的。目前,从总体上来说,中国的生态环境问题正从局部扩展、蔓延,从工业生产领域传递到农业生产领域,从城市扩散到乡村,形成了复杂和防不胜防的局面,对人们的生产、生活构成了日益严重、系统性的影响。另一方面,目前,政府政绩衡量以经济增长为重要指标,因此,以政府为主导的生态文明建设决策的形成和实施过程面临代表不足和代表不良的困境,作为生态环境利益主体的公众往往没有真正参与的机会,其利益甚至出现无人问津的现象。因此,为了维护自身的生存权、发展权等各方面的权益,公众也需要参与生态文明建设。

其次,政府需要公众参与生态文明建设。公众参与是政府转变决策方式、实行决策科学化的重要保障,是推动生态文明建设的有益补充和巨大动力。一方面,来自与生态环境问题密切接触并涉及自身利益的公众可以提供及时、准确的信息,因此,通过广泛听取利害关系人或利害团体的意见和要求,政府可以在对生态文明建设决策过程中尽可能兼顾各方利益,特别是能够充分考虑到生态环境效益,尽量采取有效、可行的措施来减轻和防止一些生态环境问题

---

① [英] 安东尼·吉登斯:《现代性的后果》,田禾译,译林出版社 2000 年版,第 133 页。

的发生，是生态文明建设的有益补充；另一方面，公众还可以对有关生态环境方面的事情进行建设资金、劳动力的投入，弥补政府的不足，并且对生态文明建设进行监督，不仅对已给生态环境造成危害的行为进行监督，而且对将来给生态环境造成或可能造成危害的行为进行监督。

公众参与进入政府公共治理领域，一是可以减轻政府在面对日益严峻的生态环境问题时的巨大压力，防止政府机构的膨胀和低效率；二是目前中国生态环境建设是政府部门的事，而公众被动遵守，缺乏遵守的自觉性，公众的参与可以有利于政策的实施，降低生态文明建设的成本；三是可以遏制经济利益引导下的政府行为的盲动性。行政区划和任期制与生态环境的系统性、长期性和公共性特点是相互矛盾的，政府行为往往受到经济利益的驱使，因此，在生态文明建设领域，政府需要公众参与。

最后，公众参与生态文明建设的法律基础。中国现行《宪法》第2条规定："人民依照法律规定，通过各种途径和形式管理国家事务，管理经济和文化事务，管理社会事务。"《中华人民共和国环境保护法》第6条规定："一切单位和个人都有保护环境的义务，并有权对污染和破坏环境的单位和个人进行检举和控告。"这为公众参与环境保护提供了原则性的法律依据。《国务院关于环境保护若干问题的决定》（1996年8月30日）指出："建立公众参与机制，发挥社会团体的作用，鼓励公众参与环境保护工作，检举和揭发各种违反环境保护法律法规的行为。"《水污染防治法》和《环境噪声污染防治法》均规定："环境影响报告书中，应当有该建设项目所在地单位和居民的意见。"1994年《中国21世纪议程》明确指出："公众、团体和组织的参与方式和参与程度，将决定可持续发展目标实现的进程。"《中华人民共和国环境影响评价法》对公众参与环境影响评价做出了明确的规定："专项规划的编制机关对可能造成不良环境影响并直接涉及公众环境权益的规划，应当在该规划草案报送前，举行论证会、听证会或者采取其他形式，征求有关单位、专家和公众对环境影响报告书草案的意见。"这些规定明确了公众参与生态文明建设的法律依据。

为保障上述机制有效实施，主要采取如下措施。首先，宣传、引导公众参与生态文明建设；加强科学、文化教育，普及生态环境教育，使受教育者通过多种渠道和媒介认识自然及其规律，正确认识人与自然的关系以及人类活动对生态环境的影响，树立正确的生态文明观；通过立法保障公众的参与。尽管中国有关公众参与环境保护的法律规定不断增加，如《中华人民共和国环境保护法》中规定，一切单位和个人有权对污染和破坏环境的单位和个人进行检举和控告，同样，海洋环境保护、水污染防治、大气污染防治、固体废物污染环境防治、环境噪声污染防治等法律中都有类似规定，但这些规定本身存在着不足和缺陷：公众参与仅限于污染和破坏生态环境者，限于末端参与，对于政府怠于职守、疏忽监管的不作为，对于政府决策中忽视生态环境利益的状况以及资源利用方面，则没有公众参与的机会。其次，公众参与缺乏法律程序上的明确规定性，使得政府在公众参与问题方面不具备法律责任的压力。因此，我们必须在法律层面明确规定公众参与的权利、参与的程度、参与的程序、参与的方式，对公众参与给予法律方面的保障。最后，实现生态环境信息的公开。一方面，生态环境作为公共品，公众有权获知相关的生态环境信息。1989年的《中华人民共和国环境保护法》第11条第2款就规定："国务院和省、自治区、直辖市人民政府环境保护行政主管部门，应当定期发布环境状况公报。"另一方面，生态环境信息公开也是公众有效参与生态文明建设的前提条件。通过公开生态环境信息，使得公众对政府的生态环境建设工作和企业的生产对生态环境影响及治理情况有充分的了解、监督和评价，往往会起到指令性控制手段和经济手段所不能起到的作用。生态环境信息公开能够促进公众对相关决策的有效参与，促使生态环境决策工作得到改善，而不是生态环境已经破坏之后的被动的末端治理。

(二) 社会管理的途径

针对当前这个政治权利、经济利益冲突加剧的风险社会，贝克提出建立"反省的现代化"。"反省的现代化"是指通过审视工业现代化的危机及其问题，建构适用于批判现代理性化的社会理论。

风险社会作为由科学技术和工业社会引起的后果，在其背后是现代性意识和观念对其的支持，而所谓的现代性意识和观念实际上就是启蒙理性。启蒙运动中，理性取代上帝成为价值之源和评判事物之标准。它是能够"引导我们去发现真理、建立真理和确立真理的独创性的理智力量"，[1] 人们想当然的认为，"人类天赋具有一种穿透力和逻辑性思维能力，……表现这些能力的各种制度安排将会得到发展，因此无限进步和永久和平将会是最终的结局，……普通人和受过训练的人都同样坚信自己具有运用理性的能力"。[2] 按照启蒙理性的逻辑预设，工业社会是一个理性化的社会，它在实现物质丰裕、技术进步的同时能把人类带入至善与和谐的社会。但"不是意识决定生活，而是生活决定意识"。风险社会一系列后果的出现说明了由启蒙理性所主导的现代性运动的有限性。我们必须对启蒙理性的独断专行予以反思，这种反思的结果就是生活世界概念的提出。启蒙理性之所以在现实中处于困境，根源在于它被等同于工具理性，出现了"生活世界的殖民化"的现象。而对启蒙理性进行反省就是要重返理性之源——现实生活世界之中。此外，针对科学技术在引起社会风险中的重要作用，贝克主张应该确立政治和道德对科学技术的优先性，建立一种能够进行自我反思、自我约束和规范的进程。

在实践层面，应该针对风险的全球化性质，建立能够有效管理和控制各种风险的全球治理机制。实际上，随着1989年世界银行

---

[1] [德] E. 卡西尔：《启蒙哲学》，顾伟铭译，山东人民出版社1988年版，第11页。

[2] [美] 亚历山大：《世纪末社会理论》，张旅平等译，上海人民出版社2003年版，第2页。

首次提出了"治理危机",并于 1992 年发表了以《治理与发展》为题的年度报告,全球治理这一术语就开始被人们广泛使用。它是指通过各行为主体之间的合作、协商和伙伴关系,确立认同和共同的目标等方式实施对全球公共事务的管理。治理的主体既可以是公共机构,也可以是私人机构,也可以是公共机构与私人机构的合作。而按照英国学者托尼·麦克格鲁的观点,当前的全球治理体系至少包含以下五个主要的主体,即超国家组织(如联合国)、区域性组织(如欧盟等)、跨国组织(如非正式的全球公民社会组织与商业网络)、亚国家(如公共协会和城市政府等)、民族国家。在各类全球性问题与全球性风险与日俱增的背景下,全球治理不仅在理论上是可行的,也是人类生存发展所必须的。在实践中全球治理机制已经在不同层面和领域付诸实施,并初见成效。

(三) 对中国的启示

随着工业社会运行机制所发生的悄然变化,世界从工业社会转型为"风险社会",对社会风险问题的关注日益成为学界研究的焦点。国内早在 20 世纪 80 年代就有学者开始关注中国改革而存在的风险,提出了"社会改革控制论",90 年代中期则提出了社会风险预警指标体系理论。但由于对以"GDP"为核心的社会发展模式的追求,关于风险及其管理的研究并未得到学界应有的重视。

随着时代的发展,原有的社会管理理念与模式逐渐暴露出自己的局限,服务型的社会管理方式正成为历史发展的必然。2011 年 2 月中旬,时任国家主席胡锦涛在省市级主要领导干部社会管理及其创新专题研讨班重要讲话中指出:"社会管理,说到底是对人的管理和服务,涉及广大人民群众切身利益,必须始终坚持以人为本,执政为民,切实贯彻党的全心全意为人民服务的根本宗旨,不断实现好、维护好、发展好最广大人民根本利益。"与此前管理模式截然不同,服务型社会管理模式以全心全意为人民服务为其价值追求,体现了社会管理应有的伦理价值维度。

社会管理理念的嬗变和其伦理价值维度的日益凸显,是人类社会历史发展的必然,社会主义国家实行服务型社会管理是其题中应有之义。但受传统的赶超式现代化范式的影响,我们对社会管理的目标更多的还定位在保持社会秩序稳定和追求经济增长上。随着中国的社会主义建设由初级阶段向小康阶段的发展,这种定位越来越暴露出局限性。

社会管理领域所出现的问题也日益引起党和国家领导人的注意。2005 年,中共中央时任总书记胡锦涛在中央政治局第二十次集体学习时提出了社会管理的问题,认为"要适应社会主义市场经济发展和社会结构深刻变化的新情况,深入研究社会管理规律,更新社会管理观念,推进社会建设和管理的改革创新,尽快形成适应中国社会发展要求和人民群众愿望、更加有效的社会管理体制"。随后,在 2006 年 10 月 11 日党的第十六届中央委员会第六次会议上通过的《中共中央关于构建社会主义和谐社会若干重大问题的决定》又明确指出:"加强社会管理,维护社会稳定,是构建社会主义和谐社会的必然要求。必须创新社会管理体制,整合社会管理资源,提高社会管理水平,健全党委领导、政府负责、社会协同、公众参与的社会管理格局,在服务中实施管理,在管理中体现服务。"

社会管理领域存在的问题,是中国当前社会发展水平和阶段性特征的集中体现。陆学艺在《中国已经迈入社会建设为重点的新阶段》一文中从四个方面对当前的形势进行了概括,即经济形势很好,政治基本稳定,社会繁而未荣,社会矛盾凸显。

改革开放三十多年来,国家的经济呈持续快速增长态势,综合国力有了极大提高,人民生活水平也得到了很大改善。根据 2010 年国家统计局的数据显示,2005—2009 年,农村居民和城市居民人均收入分别增长了 58% 和 63%,城乡居民的人民币存款余额增长了 84%。但在经济建设取得巨大成就、政治基本稳定的同时,社会发展却明显滞后,滞后原因在于社会体制改革和社会建设没有到位。目前的社会体制基本上是 20 世纪 50 年代计划经济的产物,我们的经济结构虽然已经适应社会主义市场经济的发展而改革了,但社会结构的改革尚未进行，户籍制度、社会保障制度、就业制度等仍然沿袭的是计划经济的做法。近几年来，由于贫富矛盾激化、干群矛盾、强拆所出现的社会治安、群众事件，其实就是由于经济发展和社会发展不均衡造成的。而我们当前对社会管理体制创新的强调，正是基于这样一个特殊的背景，即社会问题、社会矛盾和社会冲突不断增加的压力而提出来的。而在全球化浪潮的裹携下，社会的急剧转型更加剧了中国在进行现代化建设过程中的社会矛盾和风险。

社会管理通过对资源的有效配置和利用，以实现经济增长，发挥社会管理的最大效率，这本身无可厚非，但效率并不是社会管理唯一和首要的价值追求。实际上，社会管理的职能在于服务社会，服务社会即意味着全心全意为人民服务，其核心价值是增进人民利益，社会管理则是实现人民利益最大化的过程，而人民的利益则是要实现社会普遍正义和幸福。社会的发展离不开一定的制度和管理，但这些制度的设计和管理最终都是为了提高整体的效率，实现人民生活的幸福。因此，经济增长和发展并非国家和社会发展的终极目标，人们是否感觉幸福才是衡量社会经济发展的重要指标，偏离了人民利益这一伦理价值维度，社会管理就会蜕化成一种纯粹的管理手段，从而导致现实社会中的诸多行为失范。

西方社会发展的前车之鉴为我们提供了借鉴意义。全心全意为人民服务，以实现人民的整体利益一直是我们进行社会建设和发展的最高目标。但在社会主义发展的初级阶段，由于人民日益增长的物质文化需要同落后的社会生产之间的矛盾是我们所面临的主要矛盾，所以在目标设定上，效率和经济增长优先成为我们追求的价值目标。这种定位有其合理性，但也暴露了一定的局限。随着社会主义建设的深入，这种社会管理理念需要转化，社会管理体制亟待创新。实现社会管理创新首要的就是要树立以人为本的社会管理理念，实现服务型社会管理模式的转变。

服务型社会管理模式是一个以服务为核心价值，以社会秩序、权利和责任、效率和公平为基本价值，以公民本位为价值评价，以符合人民的利益为价值标准的管理价值体系。社会管理是指在一定的共同价值基础上，人们处理社会事务和提供社会公共服务的过程。在此基础上，社会管理的理论应当包括社会管理的目标、主体、手段、管理决策模式等。① 凸显社会管理的伦理价值维度就是在实现服务型社会管理的转变过程中体现以人为本的管理理念。

首先，从管理目标上来看，对服务型社会管理来说，管理是手段、服务是目的。管理服从于服务的最高目的。"政府管理的直接目的是规范社会的政治生活，维护公民的各项合法权利。它既是对公民政治行为的一种约束，又是对公民权益的一种保障。因此，政府管理既是一种管制，又是一种服务。"②

其次，从管理主体上来看，要实现社会管理主体从一元化到多元化的转变。通过引导规范社会组织，建立健全公众参与制度，培养公众的参与意识，以形成以各级党组织、政府、社会组织和公民为主体的多元社会管理格局，真正做到社会管理由社会来管理。

再次，从管理手段和管理决策模式上看，要实现从人治到法治的转变。政府通过社会政策和法规的制定，依法治国，在社会管理领域，要强调运用法律手段管理和规范社会组织，化解社会矛盾和社会冲突，调节和平衡社会利益，维护社会公平和正义，促进公民的基本权利。

社会管理创新不仅仅是一种管理体制的创新、一种管理方式的创新，更是一种社会管理价值取向的转换。当前，中国既处于发展的重要战略机遇期，又处于社会矛盾凸显期，社会管理面临极大挑战和机遇，如何以人民利益为准绳，以伦理精神引领社会管理，坚持正确的方向，实现、维护和发展好最广大人民群众的根本利益是

---

① 丁元竹：《中国社会管理的理论建构》，《学术月刊》2008 年第 2 期。
② 叶庆平、唐瑶：《中国行政管理改革：从管制转向服务——我国服务型政府建设的历程》，《传承》2010 年第 3 期。

当前社会管理创新的重中之重。

　　风险社会理论的提出对人们的启发是多方面的，尤其对我们今天正在进行的和谐社会建设来说更具有重大的理论意义和现实意义。正如贝克所认为的："如果当今还正行进在工业化道路上的那些国家能够避免工业化高度发达国家当初所犯错误和所走弯路的话，那么许许多多的事情将会变得容易多了。但是，如果工业社会还在不经审验不加限制地疯狂扩张的话，如果这种工业化扩张行为还被人们认为是控制和解决包括贫穷问题在内的许多问题的捷径的话，那么铺天盖地而来的巨大风险和灾难将会经常取代有关环境破坏和环境污染的抽象的争论。"①

　　在全球化这种背景下，当前的风险社会在某种意义上是一种世界风险社会，中国作为其中的一员，也不可避免。特别是随着改革开放以来，中国由农业社会转向工业社会，由计划经济向市场经济的体制转轨，使得生产力在得到极大提高的同时，经济结构发生了深刻变化，但与这种发展迅速的经济相比，中国的社会建设却相对较弱，这一现状已经暴露了一些问题。由于城乡二元格局而导致的"三农"问题、在采取现代化战略过程中所出现的贫富差距问题、一味追求效率的安全生产问题、危害社会治安的犯罪猖獗问题、在发展市场经济中所出现的诚信危机等，这些问题都潜藏着巨大的社会风险。如果处理不当，累积到一定程度，就可能失控从而成为当前的中国社会风险之源。而在推动中国的现代化发展过程中，中国实行的是一种不平衡发展战略，这种战略在现代化进行到一定阶段后，在国家、社会、人和自然等方面都暴露一些问题，体现在经济领域就是单纯追求GDP增长，未考虑社会的可持续发展，人与自然关系紧张；在精神领域，市场经济浪潮下，工具理性泛滥，人文价值滑坡，出现了诚信危机；在社会领域，贫富差距拉大，利益分

---

①　[德] 乌尔里希·贝克：《从工业社会到风险社会》，《马克思主义与现实》2003 年第 5 期。

割加剧，成为社会冲突和社会动荡的潜在因素。

按照风险社会理论，现代化发展到一定阶段后，必然伴随着社会风险的增长。而中国的社会转型是以一种"压缩饼干"（贝克语）的形式进行的，其所遇到的社会转型中的各种问题更具风险性、复杂性，是前所未有的文明冲突和文化碰撞，过去与现在、传统与现代、本土文化与西方文明等多重因素的交织。

在经济全球化背景下，发达国家处于主导地位，发展中国家则处于相对不利的地位。因此其在经济全球化的过程中的受益度是不同的，甚至有些国家可能会成为经济全球化的牺牲品。中国作为一个后发国家，其在经济全球化过程中的经济安全、政治安全、文化安全与环境安全等都面临着更多、更大的压力。与发达国家相比，后发国家可能会遇到的风险或危机更具有不可预测性和不可控制性。

当前，中国既处于发展的重要战略机遇期，又处于社会矛盾凸显期，社会管理面临极大挑战和机遇，如何以人民利益为准绳，以伦理精神引领社会管理，坚持正确的方向，实现、维护和发展好最广大人民群众的根本利益是当前社会管理创新的重中之重。

第二节 后现代主义社会理论对教育的启示

2013年2月25日，年仅17岁的李双江之子涉嫌轮奸被刑拘。这一事件的发生引发了众多媒体的关注，生活在官员、明星家的孩子们，教育机会、经济条件等比普通人家好许多，为何还屡屡爆出丑闻，这在某种意义上说明我们的教育出现了什么问题？本书力图通过对胡塞尔所提出的生活世界理论的分析，指出在全球化背景下教育目的和教育手段出现了倒置，根本原因在于遗忘了生活世界。教育实现生活世界的转向实际就是改变教育的工具理性价值，以人的生活为根本立足点，关注现实生活中的人和人的现实生活。

一 教育的生活世界转向

当前教育界关于教育应该回归生活世界已形成共识，但生活世界的含义如何？教育是怎样脱离生活世界的？在全球化背景下我们应该如何实现教育向生活世界的转向？这些问题尚需要进一步勘清。

（一）生活世界的含义及其教育意义

生活世界是现代西方哲学中一个非常重要的概念，是由现象学运动的创始人胡塞尔率先提出来的。在其晚年的最后一部著作《欧洲科学的危机与超验现象学》一书中，胡塞尔通过对科学主义的批判，揭示了科学世界的危机，发现了"生活世界"这一前科学、前理论的世界。

生活世界是什么？虽然胡塞尔本人并未明确给"生活世界"进行概念界定，但从胡塞尔对这一概念使用的具体语境中，生活世界可以做如下理解。首先，生活世界可以被理解为我们直接体验到的周围世界，是人的存在之域。胡塞尔认为，生活世界是一个我们生活于其中的世界，它是在我们的"惊异"和一切科学思想之前就已经存在的一个世界，是预先给定的。作为一个尚未分化的世界，人的知、情、意等方面的需求可同时并存于这个世界中，是一个被我们直接体验到的"感性的"和知觉的世界。其次，生活世界是前理论和前科学的世界。生活世界虽然是预先存在的，但这种存在并非自明和不言而喻的，它恰恰需要作为人们独特而普遍研究的主题进入人的视野。最后，生活世界是我们安身立命之所。生活世界是全部思维方式和生活形式的根基，它表达了人对自身的理解和关注，能够为人的生存和生活提供意义追求，即生活世界是试图"解释日常生活实践和世界经验的内在知识领域，前谓语领域和前范畴领域，以及被遗忘的意义基础领域"。[①]

———————

[①] ［德］尤尔根·哈贝马斯：《后形而上学思想》，曹卫东、付德根译，译林出版社 2001 年版，第 73 页。

近代以来,随着自然科学的发展以及其在实践中所取得的成功,自然科学日益被奉为唯一或最有价值的知识和方法。在这种科学主义思潮的影响下,人们都形成了同一的世界观——科学世界观。受这种科学世界观的影响,胡塞尔提出要建立一门严格科学的哲学。在胡塞尔看来,"哲学的目的就在于那种超越一切相对性的绝对终极有效的真理",[1] 而"就哲学的历史目的性而言,它是所有科学中最伟大、最严密的科学。它恰如其分地表达了对纯粹的、绝对的认识的终极要求,与此对应的是对纯粹的、绝对的价值和愿望的要求"。[2] 所以这种严密科学的哲学一方面应该是绝对真理的体系,另一方面还应该能够赋予人的生存和生活以价值和意义。

但自近代以来,由于实证科学的横行,人的问题被排斥在科学世界范围之外了。科学世界观把世界区分为自在的世界和外在于世界的人。伯特对牛顿自然观的表述就反映了这种划分。伯特指出,牛顿的权威成为一种宇宙观的后盾,这种宇宙观把人视为一个与庞大的数学体系不相干的渺小的旁观者,而从前人认为其所居住的富有声、色、香,充满喜、乐、爱、美的世界仅仅栖居在生物大脑的一个小小角落里,而真正重要的世界却是一个冷、硬、无声的沉死的世界,一个量的世界、一个服从机械规律性、可用数学计算的运动的世界。[3] 受牛顿这种自然科学世界观的影响,不仅世间万物,包括人也都被视为物质的存在,因而要受到自然规律的支配。在片面的理性主义思维中,科学世界是一个与人自身及其人的现实生活脱离的世界。而恰恰由于科学与人的存在的分离,科学世界成了一个没有目的,缺乏意义和价值的世界,陷入危机之中。胡塞尔认为

---

[1] Edmund Husserl, *Phenomenology and Anthropology*, Springer Press, 1997, p. 131.

[2] Edmund Husserl, *Philosophy of Arithmetic*, New York: Pantheon Books Press, 1970, p. 72.

[3] [英] W. C. 丹皮尔:《科学史》上册,李珩译,广西师范大学出版社 2009 年版,第 179—180 页。

"在十九世纪后半叶，现代人让自己的整个世界受实证科学支配，并迷惑于实证科学所造就的繁荣。这种独特现象意味着，现代人漫不经心地抹去了那些对于真正的人来说至关重要的问题。只见事实的科学造成了只见事实的人，实证科学正是在原则上排斥了一个在我们的不幸的时代中，人面对命运攸关的根本变革所必须立即作出回答的问题：探问整个人生有无意义"。①

欧洲近代科学陷入危机的根源就在于它已完全变成实证科学。用胡塞尔的话来说就是，"科学的理念"已完全被"实证主义地还原成了单纯的事实科学"。这种纯粹的事实科学造就的是纯粹事实的人。在这种实证科学的视野下，人成了诸如生理学、心理学、社会学等学科的研究对象，而且是被当作"事实"和"物"来进行研究的，而关于人的生存意义这一更根本的问题则因为超出了纯粹事实的范围而被排除掉了。导致科学自身危机和科学与人之生存价值、意义分裂的根源是科学对自身根源的遗忘，所以胡塞尔致力于探求科学的基础问题，由此而发现了"生活世界"这一在先的世界。

从近代的科学世界观向生活世界的回归，是现代西方哲学的发展趋势，也是全球化背景下人们反思教育出现的问题和危机，力图通过批判长期以来占据核心和主体地位的工具理性，即对只片面强调知识的客观性、系统性，而忽视对人的人文精神和价值意义培养的局限性的拨乱反正。在此意义上，回归生活世界就是向人的现实生活和现实生活中的人的回归。

众所周知，当前人类不仅面临着日益严重的生存危机，而且自身也处于生活意义的危机之中，而无论是由于外部环境恶化所引致的生存危机还是自身存在的生活意义危机，实际上都是生活世界出现问题的反映，尤其在全球化背景下，这种问题更为突出。

---

① ［德］胡塞尔：《欧洲科学危机和超验现象学》，张庆熊译，上海译文出版社1988年版，第6页。

而由于经济价值处于主导地位，人们对教育的追求更多的是受利益驱动，而忽视了生活的根本价值和意义问题，在形式上表现为侧重科学知识而忽视生活教育。梁启超在其《饮冰室合集》中曾经指出，"无精神生活的人，知识愈多，痛苦愈甚，作歹事的本领也增多了"，所以"为学的首要是救精神饥荒"。但受唯科学主义的影响，教育日益脱离生活世界，沦为传授知识的工具。尤其在全球化的背景下，教育遗忘生活世界的弊端日益凸显。这种背景决定了教育回归生活世界的重要性。

（二）教育向生活世界的转向

教育向生活世界的回归是针对当今教育沦为工具性教学而提出来的。早在20世纪70年代，人们就已经认识到了生活世界在教育中的地位和作用。联合国教科文组织发表了一系列呼吁教育回归生活世界的报告和文件。如《学会生存》（1972）和《教育——财富蕴藏其中》（1996）确立了教育在社会生活中的地位，认为教育应该实现从工具理性向生活世界的回归，即认为学校教育应该改变其工具理性价值，转而关注学生的生存与发展，关怀人的现实理想和价值需要，以实现教育的内在价值与外在价值的统一。"当代教育应以人的生活为根本立足点，以人与世界关系的改善为根本指向，建构整合人文与功利的向生活世界回归的教育理论体系。"[①]

首先，要实现教育向生活世界的回归，必须从人的现实生活和现实生活中的人出发，以建构学生完满的人格和生命价值为目标。"人的存在从来就不是纯粹的存在，它总是牵涉到意义，意义的向度是做人所固有的，正如空间的向度对于恒星和石头来说是固有的一样……人可以创造意义，也可以破坏意义；但他不能脱离意义而存在。"[②] 科学世界观所对应的是一个"物"的世界，这个世界是

[①] 张华：《论基础教育课程改革的价值取向》，《天津师范大学学报》（基础教育版）2002年第3期。

[②] [美]赫舍尔：《人是谁》，隗仁莲译，贵州人民出版社1994年版，第46—47页。

没有意义,"价值中立"的世界。这种"价值中立"忽视了人之为人的根本,塑造的人是一种"为知识而知识"的人,由于知识与人的生活的颠倒,学生在获取客观知识的过程中,忘却了知识为人的生活服务,生活优于知识的道理,在其视野中的知识优于人而成为第一重要的东西。"规定其他东西的东西变成了被规定的东西,产生其他东西的东西变成了它的产品的产品。"① 而人的现实生活世界则不仅包括物质,也包括精神,不仅包括事实,也包括价值,是一个充满生活意义和存在价值的完整世界。教育从这一现实世界出发,就是要着重在对客观世界把知的同时,理解客观事实和现象背后属人的意义和价值,实现教育从塑造"为知识而知识"的人转向塑造现实生活中"以生活为生活"的人。

其次,要实现教育向生活世界的回归,必须把教育理解为一种现实生活过程。在近代科学世界观中,传统的教育以追求客观知识为主要目的。由于远离人的真实生活,所以其所传授的知识仅仅被视为对人类社会历史经验的概括和提炼,是根据科学知识逻辑地加以建构,并往往被认为是永恒不变,放之四海而皆准的。而实际上,教育活动并不是外在于人的现实生活的活动,作为人的现实生活的一部分,只有实现与人的现实生活的统一,才能真正实现教育应有的意义和价值。联合国教科文组织在《学会生存》一书中指出,如果教育远离人们的真实生活体验,而单纯依赖理论和记忆,就会导致学生处于一种枯燥乏味的生活状态之中,这种状态会严重影响学生身心的健康发展,使得学生的人格被分裂为两个互相隔离的世界——在"一个世界里,儿童像一个脱离现实的傀儡一样,从事学习;而在另一个世界里,他通过某种违背教育的活动来获得自我满足"。②

---

① 马克思:《黑格尔法哲学批判》,中共中央马克思恩格斯列宁斯大林著作编译局译,人民出版社 1963 年版,第 22 页。

② 联合国教科文组织国际教育委员会编著:《学会生存——教育世界的今天和明天》,教育科学出版社 1996 年版,第 12—13 页。

再次，教育向生活世界的回归要注重知识的生成性。美国教育学家索尔蒂斯指出，"知识的概念与教育的概念是无法分离的，因而，我们关于知识和认识方面可能存在的许多问题的回答，对我们教育者如何思考与行动将有重大影响"。① 传统教学把知识理解为是客观的，永恒不变的。实际上，"真理不是给予的和先定的，不是一成不变地模写在人类意识中的东西……真理既不是无法达到的，也不能一劳永逸地获得。真理本身是发生着的，它发展着并实现着自身"。② 由于人的认识活动是在生产实践基础上进行的，因此，人类认识、意识具有两重性，它既是一种"反映"，又是一种"投射"，它"记录着"，同时也"建构着和谋划着"。这就是说，人不仅要反映事物的真实面目，而且要形成改造和变革事物的观念，并通过实践得以实现。现实实践活动就是实现真理的过程，就是通过改造世界而改造人自身、生成人自身的过程。教育向生活世界的回归就是要认识到知识和实践这种创生关系，关注知识的境遇性，即知识是特定情境与范围内的知识，它存在于具体的、情境性的、可以感知的活动中，是具体文化中产生的知识，它的性质受其所在的文化传统和文化模式的制约，具有地方性。"任何知识的定义也不是由其本身的陈述来表达的而更是由其所在的整个系统来表达的，不存在脱离特定的境域的知识、认知主体和认知行为。知识的境域性是建立在对现代知识的'普遍性'之上的。知识的境域性的建构使得'本土知识'或'地方性知识'获得新生。"③

最后，教育向生活世界的回归还要关注学生在教育活动中的主体地位。巴西教育家保罗·弗莱格认为，科学世界观中的教师与学

---

① ［美］索尔蒂斯：《教育与知识概念》，载翟葆奎主编《教育学文集·智育》，人民教育出版社1993年版，第62页。

② ［捷］卡莱尔·科西克：《具体的辩证法》，傅小平译，社会科学文献出版社1989年版，第9页。

③ 周先进、赵凤雨：《从现代知识观到后现代知识观的转变》，《当代教育科学》2004年第9期。

生之间的关系，体现为一种主体与客体之间的关系，其中讲授者是主体，学生是客体，在这种教育过程中，学生的主动性被抹杀了，成为知识的储存器。而教育向生活世界回归就是要发挥学生在教育过程中的主体能动性和创造性，建立师生之间良性的互动式的教学方式。因为知识并不外在于行动主体，当我们说知识的时候所指的总是具体的某个人或某些人的知识，而这种个人知识是主体在原有经验基础上建构出来的。

目前人们日益认识到生活世界的教育才是使人成为人的教育。学界关于教育回归生活世界的研究也已经取得了较大的进展，这些研究对开拓人们的视野，提高教育转向生活世界的有效性提供了思路。如何结合当前全球化的时代背景，进一步分析教育回归生活世界的理论和现实依据，通过坚持生活世界的核心地位，以人文价值为旨向，转变知识观念，发挥学生学习的主体性，促进学生全面发展，还需要一个长期的过程。但教育顺应社会发展，必须回归生活世界是毋庸置疑的，因为生活世界既是教育的出发点，也是教育的最终旨归。

二 后现代知识观对社会工作教育的启示

20 世纪以来，随着知识经济社会的崛起和世界图景的一系列变化，建立在近代机器工业基础上的现代知识观日益凸显其局限性。在后现代主义思潮的影响下，人们对现代知识观予以批判和反思，促成了知识观由现代向后现代的嬗变。

（一）现代知识观向后现代知识观的嬗变

所谓知识观，一般而言指的是人们所形成的有关知识的观念，是人们对知识的性质、价值和规范等的根本看法。虽然在不同历史时期、不同社会条件下人们关于"什么是知识"这一古老的问题形成了不同的回答，但直到 20 世纪 60 年代，人们比较公认的关于知识本质的认识仍然是古希腊的先哲柏拉图首先提出的，即知识是经过确证的真实的信念。这种知识观视知识为对客观事物的真实表征，具有不依赖主体的绝对的客观性和真理性，即知识是客观的、唯一的、绝对的、普遍的。

而后现代知识观则基于反思现代知识观的立场，崇尚多元和差异，提出知识具有不确定性、地方性、生成性、境域性和多样性等特征。

1. 知识具有价值性、多样性

针对现代知识观把知识视为客观的、价值中立的观点，后现代主义者罗蒂强调知识的相对性、多元性。在《哲学与自然之镜》一书中，他指出世界上并不存在对实在绝对准确的映现，所谓永恒的知识和真理只是人的真理，它总是与人的看法、愿望、行为习惯、生活方式等紧密相连。没有绝对的、"大"的真理，只有"小"的，相对的、个体化的真理。这样，罗蒂从他的后现代相对、多元的视角瓦解了知识的客观性、绝对性。福柯从知识考古学的视角否定了知识的真实性和客观性，指出"真实性"是特定社会实践的结果，"真理"很大程度上是人为制造出来的。

2. 知识具有不确定性

现代知识观以自然科学为榜样，认为知识是对现实的正确反映，把知识理解为放之四海而皆准的真理，因而是确定的、永恒的。后现代知识观则根据自然科学领域中的相对论、测不准定理，指出知识与现实之间不是一种映射关系，而仅仅是一种解释，由于解释版本的不同，会出现不同版本的知识，特别在人类历史发展的过程中，随着认识的深化，会出现知识之间的更替、否定，消解了知识的确定性。

3. 知识具有生成性

建构主义认为知识并不外在于行动主体，当我们说知识的时候所指的总是具体的某个人或某些人的知识。而这种个人知识是主体在原有经验基础上建构出来的。利奥塔尔通过对后现代知识状况的考察，在把知识区分为叙事知识和科学知识的基础上，指出"随着社会进入被称为后工业的年代以及文化进入被称为后现代的年代，知识改变了地位"。① 这种改变主要体现在随着科技变化，知识的两个主要功能——研究与传递也发生了变化，知识的性质也随之而变。"以前那种知识的获取与精神、甚至与个人本身的形成密不可分的原则已经过时，而且将更加过时。知识的供应者和使用者与知识的这种关系，越来越具有商品的生产者和消费者与商品的关系所具有的形式。"② 知识包括科学知识在本质上是一种语言游戏，其所遵循的规则是约定俗成的，尤其在后现代状况下，"当前的知识与科学所追求的已不再是共识，精确地说是追求'不稳定性'。而所谓的不稳定性，正是悖误或矛盾论的实际应用和施行的结果"。③

4. 知识具有境域性

知识是特定情境与范围内的知识，它存在于具体的、情境性的、可以感知的活动中，是具体文化中产生的知识，它的性质受其所在的文化传统和文化模式的制约，具有地方性。"任何知识的定义也不是由其本身的陈述来表达的而更是由其所在的整个系统来表达的，不存在脱离特定的境域的知识、认知主体和认知行为。知识的境域性是建立在对现代知识的'普遍性'之上的。知识的境域性的建构使得'本土知识'或'地方性知识'获得新生。"④

（二）当前社会工作教育的现状及其存在的问题

自 20 世纪 20 年代中国专业社会工作教育诞生以来，截至 2012 年，中国大陆已有 200 多所高校开设了社会工作专业，培养了一批具有专业社会工作精神并掌握社会工作理论和方法的社会工作者。从当前社会工作教育的发展现状上来看，社会工作专业教育在快速发展的同时，也存在许多问题，主要体现在以下几个方面。

---

① ［法］利奥塔尔：《后现代状态》，车槿山译，生活·读书·新知三联书店 1997 年版，第 1 页。
② 同上书，第 3 页。
③ 同上书，第 73 页。
④ 周先进、赵风雨：《从现代知识观到后现代知识观的转变》，《当代教育科学》2004 年第 9 期。

1. 缺乏本土化的理论和方法

社会工作作为一个"舶来品",是随着西方社会工业化和城市化高度的发展,为解决西方社会问题而产生的一门应用性很强的社会科学,其所形成的理论与西方国家国情密切相关。中国在社会制度、经济、文化等方面,都与西方发达国家存在较大差异,当它移植到中国的时候,必然会面临本土化的问题。受限于中国社会工作起步较晚缺乏经验的现实,社会工作教育在课程设置和内容方面,不是立足于中国的社会经济现实及本学科所要回应的社会问题,仍具有较强的搬用西方社会工作理论和方法的特点。

2. 社会工作专业教育的目标定位与现实有一定脱节

社会工作专业的教育目标是培养解决本土社会实际问题的人才,它要求在掌握扎实的专业理论知识的同时,更具备回应社会所出现问题的实践能力。但受限于职业化进程的缓慢,社会工作专业教育出现了专业扩张与就业困难并导致学生缺乏兴趣与信心的态势,如何在得到政府的支持下,实现服务领域的开放,推进职业化的进程,是社会工作教育实现良性持续发展的必然选择。

3. 在教学过程中缺乏对学生怀疑意识、批判意识和探究意识的培养

社会工作专业教育在授课方式上强调统一性,忽视了学生的差异性,过于注重教学内容的预设性和稳定性,在实际授课过程中常把教学内容等同于教材内容。这种对知识确定性的追求,使得教师沦为传授知识的工具,学生的批判创造能力受到压抑,学生在学习过程中的主体地位虚有其表,不利于学生批判意识和创新能力的培养。

4. 课程与教学评价有待改进

强化社会工作专业人才实践能力的培养是社会工作专业本土化的本质要求,也是检验社会工作教育成果的重要标杆。但内地高校普遍显示社会工作专业教育的实习安排时间不足,加之缺乏长期稳定的专业实习机构等因素,社会工作专业教育在人才实践能力本土

化培养上有缺失,导致纸笔测验几乎成为评价课程与教学成果的唯一形式。

(三) 后现代知识观对社会工作教育的启示

美国教育学家索尔蒂斯指出,"知识的概念与教育的概念是无法分离的,因而,我们关于知识和认识方面可能存在的许多问题的回答,对我们教育者如何思考与行动将有重大影响"。[①] 现代知识观向后现代知识观的嬗变冲击着高等教育的基本理念,涤荡着从教育目标到教学过程,从教学组织到师生关系等的方方面面,其对社会工作教育的启示主要体现在以下几个方面。

第一,从知识具有价值性出发,建立与中国内地的社会发展相适应的社会工作的专业目标与专业教育目标。虽然中西方都认为社会工作知识的价值性在于通过专业方法,帮助有需要的个人、家庭、社会群体和社区,以达到预防、解决社会问题和恢复、发展社会功能的目标,但何种问题可为社会问题以及社会问题的具体内容和表现形式,则与其所在地域的历史文化传统、社会政治制度和经济发展状况息息相关。因此在专业培养目标和教育目标上,社会工作教育必须与中国的内地社会发展相适应,由此形成的知识也因而具有多样性。

第二,从知识具有地方性、境域性出发,社会工作教育的课程设置要开发本土课程,加强人文课程,开展社会工作价值教育。社会工作专业是一种体现社会良心、具有利他情怀的特殊专业。"伦理是社会工作的灵魂"(王思斌,2004),价值教育如何直接关系到社会工作教育的成败。在没有基督教文化背景下,中国的社会工作价值教育可以整合中国的传统文化,汲取儒家思想中关于"仁者""爱人"的思想,发扬中华民族敬老爱幼、扶困济贫的传统美德,以促进社会工作者对专业技能学习的热情。

---

① [美] 索尔蒂斯:《教育与知识概念》,载翟葆奎主编《教育学文集·智育》,人民教育出版社1993年版,第62页。

第三，从知识具有不确定性、生成性出发，注重学生能力培养，构建新型的师生互动、共同探索知识及其意义的教学过程。社会工作专业教育强调技术性、操作性和实务性，但由于社会的发展，社会工作也会随着实践的改变而改变，因此更为重要的是培育学生思考与理解行动背后的政治、社会、文化背景的反思、批判能力，以启发学生的人文精神。因此在授课过程中，社会工作教育要视学生为教学中的主体，注重学生的启发性、参与性学习，在师生互为主体的探究式学习过程中，培养具有反思性的社会工作管理人才与实务人才。

第四，从知识具有多样性出发，采取理论与实践相结合的教育评价模式。改变传统的仅仅通过纸笔测验衡量学生优劣的简单评价机制，注重对学生实务能力的培养，建立评价学生实务能力的机制。

后现代知识观的转型对于中国的社会工作教育的本土化具有极其重要的意义和启示。但无可否认，由于后现代知识观阵营内部帮派林立，有时甚至观点相左，因此如何甄别各派之间的观点，择其善而从之，择其不善而改之也是建设具有中国特色的社会工作教育的应有之义。

第三节　中国传统文化超越现代性困境的可能性及其途径

从政治学和社会学的角度看，现代性是一项在技术上控制的社会规划。但随着人与自然、人与人之间关系的紧张以及人在精神向度的萎缩，现代性这种社会规划已经处于困境之中。现代性困境之所以出现与西方工具理性的无限扩张密切相关，要走出这种困境，中国的传统文化建设可望能提出解决途径。本书试通过对现代性困境分析，说明中国传统文化超越现代性困境的可能性及其途径。

一 现代性及其反思

在现当代人文社会科学的文献中,现代性概念无疑是一个及其重要的关键词。而对于社会学来讲,现代性是社会学研究的逻辑起点,社会学直接被认为是现代性的伴生物。但在学界中如何界定现代性则是一个难题。正如伊夫·瓦岱所认为的:"现代性概念正像它所表示的既复杂又矛盾的现实一样,一直不明不白。"[①]

抱持现代性信念,坚持现代性立场的尤尔根·哈贝马斯在其著作中表达了他对现代性的理解。在他看来,"现代"概念的起源就是"现代性"这个术语的缘起。现代是一种新的时代意识,这种意识是启蒙运动之后,欧洲人在"相信知识无限进步、社会和道德改良无限发展"的信念指导下所形成的一种企图"摆脱所有特殊历史束缚的激进化的现代意识"。作为一种文化政治阐述,现代性在倡导理性、民主、自由、科学、平等、道德等方面是进步的,但由于工具理性的扩张,出现了"生活世界的殖民化"现象,所以,尤尔根·哈贝马斯提出要用交往理性取代工具理性,来继续"现代性"这一未竟的方案。

安东尼·吉登斯从制度维度对现代性进行了研究,但在不同著作中对于现代性的解释也有不同。在《现代性的后果》一书中,安东尼·吉登斯认为"现代性指社会生活或组织模式,大约17世纪出现在欧洲,并且在后来的岁月里,程度不同地在世界范围内产生着影响"。而在《现代性与自我认同》一书中,安东尼·吉登斯从很宽泛的意义上使用"现代性"这个术语。它首先意指在后封建的欧洲所建立而在20世纪日益成为具有世界历史性影响的行为制度与模式。在某种意义上,"现代性"大略地等同于"工业化的世界"。

[①] [法]伊夫·瓦岱:《文学与现代性》,田庆生译,北京大学出版社2001年版,第2页。

福柯从文化精神心理维度解读现代性，把肇始于启蒙的现代性理解为"一种态度"，这种态度是一种"对我们的历史时代的永恒的批判"的态度。基于这种理解，福柯强调对"当下"的质疑，坚决反对理性的全面谋划。而韦伯则把现代性理解为理性化，认为人类历史是一个不断理性化和祛魅的过程，现代社会的政治经济结构则是理性化制度安排的结果。

国内学者陈嘉明通过区分现代性与现代化，指出"现代性与现代化……不同。现代性是一种价值观念与文化精神、思维方式与行为方式。它属于'质'的范畴，其状态如何只可描述而不可测度。现代化则是社会从传统农业社会向工业社会乃至信息社会的转变，是现代性观念在经济、政治、科学与文化方面的运作。不过，现代性与现代化虽然是不同的范畴，但两者却是相辅相成的，就像是一个钱币的两面。现代性观念为现代化提供着目的论、价值论与方法论，现代化则使这样的观念成为现实。此时现代性体现为现代化的结果，即一种广义上的文化心理与形态。现代化可以有不同的道路，而且世界上一些国家的现代化过程也确实表现了这一点。即使同在西方，同属资本主义国家，英、法、德、美等国的现代化道路也不同。但这些国家尽管现代化的道路不同，它们的文化对现代性的认同则是一致的，都受相同的启蒙观念的引导，把现代性看作是以理性和自由为根本，表现为理性化、世俗化的过程。这一情况向我们显示，不同的现代化途径可以表现为相同的现代性，它展现为一种'理一分殊'的状况，亦即不同的现代化表现中有其共同的'理'"。

现代性把追求人类的理性进步与人类的自由解放等同起来，提出了一项关于人的"自由"与"解放"的规划方案。它相信，凭借理性的力量，人们一定能够实现双重意义上的解放，即一方面从自然的统治下解放出来；另一方面借助科学技术的发展，在物质产品极大丰富的基础上实现人与人的解放，从而实现自身的彻底解放。但在社会现代化的历史进程中，社会的发展并没有达到预期的结果，却出现了社会进化与人的发展悖反的困局，起源于欧洲的现代性在带来世界改变的同时也孕育着严重的结构性矛盾和缺陷，这些矛盾和缺陷导致了现代性的困境的出现。

正如施特劳斯在以《我们时代的危机》为题而进行的演讲中所指出的，文明时代的危机"其要害在于对我们可称之为'现代方案'的怀疑。现代方案已经在相当程度上取得了成功。它创造了一种史无前例的新型社会。然而，时至今日，现代方案的弊病已经众所周知，并引起了普遍关注"。虽然不同学者对现代性的困境表述不同，但无可置疑，现代性已经遭遇了危机。

以第二次世界大战中犹太人被大屠杀这一历史事件为切入点，鲍曼对现代性以及被其奉为圭臬的理性进行了深入的反思。与以往反思者把大屠杀事件视为人类文明发展过程中偶然出现的反常相反，鲍曼认为大屠杀不仅是犹太人历史上的一个悲惨事件，也不仅是德意志民族的一个反常事件，而是现代性本身的固有可能，是现代性出现危机的明证。

在《现代性和大屠杀》一书中，鲍曼从现代性的三个特点出发对为什么犹太人是牺牲品，为什么大屠杀是可能的以及为什么大屠杀没有被禁止等问题进行了分析。进入现阶段以来，由于现代文明的高度发展，人类对其自身的理性能力产生了盲目自信，认为凭借理性可以实现对世界和人自身的改造。"现代性的展开就是一个从荒野文化走向园艺文化转变的过程。"① 在这个过程中，没有被栽种的事物被视为不应该生长的、错误的、也是危险的，因为它可能会危害和破坏全盘计划。"园艺师"需要具备这样的态度和技能，即对草坪、花坛和分开草坪与花坛的沟渠要有详细的设计构思；能够有眼力判断和谐的色彩，区分出令人愉悦的和声与令人讨厌的杂音以便利用适当的机器和农药完成清除杂草的任务，并保留整个设计和限

---

① ［英］齐格蒙·鲍曼：《立法者与阐释者》，洪涛译，上海人民出版社2000年版，第67页。

定的那些部分。为了用科学取得大屠杀在逻辑上的正当理由,纳粹上台之后,组织生物学家、历史学家、政治学家成立科研机构,通过对犹太人问题的调查,"论证"德国人是优等种族,而犹太人是劣等种族,是细菌、害虫,为了优化德国人种族,所以必须将犹太人这种遗传不良、有缺陷、有遗传犯罪基因的种族从肉体上彻底消灭掉。

从1933年开始,德国政府杀害的犹太人有六百万之多,而这么庞大的屠杀事件之所以能够贯彻执行,依靠的不是单个人的力量,而是国家官僚体系各个部门之间的协作。大屠杀的过程体现了理性追求的目标——高效、最佳地完成任务,现代科技和官僚体系的科层制管理使得它和前现代社会里的屠杀从性质上说是根本不同的。

此外,大屠杀事件还体现了,在精致严密的现代分工体系中,由于每个人所关注的只是任务能否完成,而并不关心这种任务完成后所导致的后果,由此引发了技术责任和道德责任的分离。每个人都可以很好地工作,实施了大屠杀却使自己的道德良知不受到损害。正是现代性的本质要素使得大屠杀这样灭绝人性的悲剧成为设计者、执行者和受害者密切配合的社会集体行动。

二 中国传统文化对现代性困境的超越

正如美国学者乔·霍兰德对现代性的当代命运所分析的,以美国为中心的第一世界所面临的"首要社会问题是文化问题,尽管它也存在着严重的经济问题,但对大多数人来说经济并非生死攸关的问题。同样它也存在着严重的政治问题,但是我们并没有受到极权政治的迫害。相反,最根本的问题是现代性的意义问题,因为现代性中存在着一种进步的危机"。[1]

面对西方现代性的困境,20世纪六七十年代,西方思想界掀起了一股以反思和批判现代性为主旨的后现代主义思潮。他们打着

---

[1] [美]乔·霍兰德:《后现代精神和社会观》,载[美]大卫·格里芬编《后现代精神》,王成兵译,中央编译出版社2005年版,第61页。

批判的旗帜，通过否定现代性资本主义状态的"合理性""合法性"，从认识论的层面瓦解现代社会的所谓"真理"，揭示了西方现代性的困境。但由于后现代主义者大多侧重于对现代性的批判和解构，而缺乏建设性的向度，所以并没有为走出现代性困境提供一个可行的方案。

（一）中国传统文化超越现代性困境的可能性

中国文化源远流长，博大精深，其核心思想和根本精神是和谐。正如方东美先生所认为的："中国哲学的智慧乃在允执厥中，保全大和，故能尽生灵之本性，合内外之圣道，赞天地之化育，参天地之神工，充分完成道德自我的最高境界！……总括此中根本精神，千字万语一句话，便是广大和谐的基本原则。"① 天和、人和、心和是中国传统和谐文化的主要内容。天和，揭示的是人与自然的和谐关系；人和，揭示的是人与社会的和谐关系；心和，揭示的则是人与自身的和谐关系。北京大学文学系教授王岳川把中国的和谐文化谓之为"三和文明"，即对家族而言，强调的是和睦；对社会而言，强调的是和谐；对世界而言，强调的是和平。西方以竞争、斗争和战争为核心的"三争文明"引进中国，尤其是世界全球化以后，出现了社会、自然、他者和自我的冲突。和社会的冲突导致了社会不公，和自然的冲突导致了生态失衡，与他者的冲突导致了"他者就是狼"的逻辑，与自我的冲突导致了 3 个 1%：自杀率 1%、艾滋病 1%、精神病 1%。而中国的"三和文明"必将和西方以竞争、斗争和战争为核心的"三争文明"形成互补关系。②

首先，在处理人与自然的关系上，追求天人合一的境界，推崇天人和谐。"天人合一"是中国哲学史上一个非常重要的命题。季羡林先生指出："我不把'天'理解为'天命'，也不把'人'理

---

① 方东美：《方东美集》，群言出版社 1993 年版，第 171—172 页。
② 王岳川：《大国崛起需要"大文化"守正创新》，《西南民族大学学报》2008 年第 9 期。

解为'人生';我认为'天'就是大自然,'人'就是我们人类。天人关系就是人与自然的关系。"天人和谐的思想认为,人是来源于自然的。"有天地然后有万物,有万物然后有男女,有男女然后有夫妇。"(《周易·序卦》)张载在其名著《西铭》中也说:"乾称父,坤称母,予兹藐焉,乃混然中处。天地之塞,吾其体;天地之帅,吾其性。民,吾同胞;物,吾与也。"因为人来源于自然,也必将回归自然,因此人类要尊重自然,使人道不违天道,否则人类将面临毁灭。这里的天道指的是自然规律,人类发展要遵循自然规律,老子认为,"人法地,地法天,天法道,道法自然"。孟子说:"不违农时,谷不可胜食也;数罟不入洿池,鱼鳖不可胜食也;斧斤以时入山林,材木不可胜用也。"这体现了一种可持续发展的观念,有利于保护生态,天人与共。

其次,在处理人与人之间的关系上,以中和中庸为处世之道。《礼记·中庸》云:"喜怒哀乐之未发,谓之中;发而皆中节,谓之和。中也者,天下之大本也;和也者,天下之达道也。致中和,天地位焉,万物育焉。"中是天下的根本,和是普遍遵循的规律。"和实生物,同则不继。"(史伯云)如果达到了中和状态,人类社会便能各在其位,宇宙万物便生长繁育。而要达到中和,则必须实行中庸之道。孔子讲求叩"两端"而道"中庸",所谓中庸就是把两个极端统一起来,适度取中,既不能过,也不能不及。朱熹阐释道:"不偏之谓中,不易之谓庸;中者天下之正道,庸者天下之定理。"(《四书集注·中庸》)但人类社会是一个复杂的系统,要达到"极高明而道中庸"的境界,必须"博学之,审问之,慎思之,明辨之,笃行之"。(《礼记·中庸》)孔子主张在人际关系的处理上,要通过"忠、孝、恭、敬"实现对上致和;"宽、厚、慈、惠"实现对下致和;"恕、信、义、敦、睦"实现对左右致和,通过个人品德的修养,立足"中行",以达到"从心所欲,不逾矩"的至德境界。

最后,在对人自身的关照上,注重修身克己,认为修身是齐家、治国、平天下的基础。《大学》开篇即说:"古之欲明明德于天下者，先治其国；欲治其国者，先齐其家；欲齐其家者，先修其身；欲修其身者，先和谐文化的形成和特征正其心；欲正其心者，先诚其意；欲诚其意者，先致其知；致知在格物。物格而后知至，知至而后意诚，意诚而后心正，心正而后身修，身修而后家齐，家齐而后国治，国治而后天下平。自天子以至于庶人，壹是皆以修身为本。"修身之要义在于"克己"。孔子曰："克己复礼为仁。一日克己复礼，天下归仁焉。为仁由己，而由人乎哉？""克己"并不是一味忍受退让，而是通过修炼达到完善。"志士仁人，无求生而害仁，有杀身以成仁。"（《论语·卫灵公》）

20世纪发生在西方的一系列危机，昭示了西方启蒙思潮嬗变而来的现代性走入了困境，西方语境下的个人本位主义、物质主义，造成了人与自然、人与群体之间的紧张，人的精神家园的失落，意义生活的萎缩。正是基于现代西方社会的种种危机，西方人才发出这样的世纪宣言："人类要在21世纪生存下去，必须回首2500多年前，去汲取孔子的智慧。"

（二）中国传统文化超越现代性困境的途径

保罗·肯尼迪在《大国的兴衰》中曾经对中国的文明做出这样的评价："在近代以前时期的所有文明中，没有一个国家的文明比中国文明更发达、更先进。"[①] 而现代性的危机已经暴露了西方文化的一些局限，如何克服现代性困境，中国传统文化能提供启发。现在，"中国文化的崛起再也不能紧紧跟随西方文化走，也不可能无根无源地'开新'，只能守正创新。这种守正创新一方面建立在对中国经典精神的重释上，也建立在对当代人生价值的重新整合上"。[②]

一方面要"守正"。鸦片战争后，出于现实民族救亡的需要，人们在循着由"利器"到"改制"到"化教"的探寻过程中，强

---

① ［美］保罗·肯尼迪：《大国的兴衰：1500—2000年的经济与军事冲突》，王保存等译，求实出版社1988年版，第4页。

② 王岳川：《大国崛起需要"大文化"守正创新》，《西南民族大学学报》2008年第9期。

化了"只有西方文化才能拯救民族危亡"的简单思维,批判和否定传统文化,使得全盘西化的思潮蔓延。而在西方文化陷入尴尬境地后,人们又反求诸身,这体现了对中国传统文化的价值认识不够,信心不足。抱持"守正"的立场是因为中国的传统文化具有普世性价值。中国传统文化倡导的刚健有为、厚德载物的精神品格,取譬于己、推己及人的忠恕之道,属于带绝对性的普世价值。而中国传统文化提出的"仁、义、礼、智、信"等诸多道德范畴和一系列道德规范,则属于兼具时代性和普遍性的相对普世价值。我们应该通过对中国传统文化普世价值深入发掘,分类梳理,构建一个内容完整、层级分明、有机联系的新型中国传统文化普世价值系统,进而与世界上其他各大文明的普世价值,如基督教的博爱主义、佛教的普度众生论等交融汇合,同时着眼当今世界全球化的大趋势,逐步形成包括生态伦理、家庭伦理、人际关系伦理等在内的全球性普世价值体系,发扬以人为本、修己安人、以和为贵、崇尚中庸、先义后利的价值观,以促进中国现代公共关系发展,弘扬天人合一、人际和谐、不为物累、虚静、内省的人生观,以引导和规范人类生活。[①]

传统和谐文化作为一种文化心理,已经深深地融入中华民族的血脉之中。这笔巨大的文化财富,能够为我们当前的和谐社会建设实践提供丰富的思想资源。所以我们要对传统文化进行整理和开发,使其普适性的价值和理想能够为克服西方的种种危机提供借鉴。

另一方面要"创新"。早在20世纪40年代,我们就明确提出了对传统文化要"取其精华,去其糟粕"的主张,要求人们批判地吸收、继承中国传统文化中的精华,抛弃其糟粕。中国的文化软实力虽然体现出了克服西方危机的种种优势,但无可否认,作为扎根

---

① 刘志国:《全球化背景下中国传统文化的现代转换》,博士学位论文,山东大学,2007年。

于宗法时代的产物，有其封建性的糟粕。首先，中国的传统文化是一种道德文化，把道德视为最高价值的价值观有其合理的一面，但物极必反，道德尺度的绝对化不利于法治的施行；其次，虽然中国传统文化典籍中有着丰富的"民本""人本"资源，但在长期的封建主义的禁锢下，这些精华几近殆尽；最后，中国传统文化是一种家国同构的文化，集体主义的价值取向不利于实现民众个体的权利和自由，助长了专制主义。诸如此等，都是我们所需要注意的。在现代化的语境下，中国所提出的构建和谐社会，是以现代化为参照系，实现中国传统文化的现代价值的一次伟大实践，是中国文化软实力建设的核心课题之一。

　　在马克思主义中国化的过程中，社会主义核心价值体系在吸收、改造和融合中国传统文化的基础上，形成了毛泽东思想、邓小平理论、"三个代表"重要思想以及科学发展观和构建社会主义和谐社会理论。2006年4月，时任国家主席胡锦涛在美国耶鲁大学演讲时说："中华文明历来注重社会和谐，强调团结互助。中国人早就提出了'和为贵'的思想，追求天人和谐、人际和谐、身心和谐，向往'人人相亲，人人平等，天下为公'的理想社会。"和谐构成了中国传统文化基本的思维倾向，体现了中国传统文化基本的价值追求。而在21世纪的今天，和谐文化必将也能为走出现代性困境提供有益的借鉴和启示。

第八章　对后现代社会
　　　　理论的反思

　　后现代社会理论的转型是西方资本主义发展到一定历史阶段的产物，其否定本体的本体论、建构主义的认识论与解构主义的方法论形成于对传统社会学理论关于研究对象、认识过程和研究方法的反思和批判。但正如我们所看到的，其本身也遇到了一系列的问题，主要表现在，严格意义上的后现代社会理论范式尚未形成，后现代社会理论尚未具备统一的理论形态；被划归到后现代社会理论阵营的后现代主义者以对现代性的反思与批判为己任，奉尼采的"没有事实，只有解释"为圭臬，而在消解理性、否定主体、反对科学、宣告真理不复存在之后，如何解决由此带来的怀疑主义与虚无主义，理想破灭之后如何安顿精神的问题，后现代社会理论家并未能给出良方妙药。正是基于后现代社会理论家激进的观点，尤尔根·哈贝马斯坚持现代性的立场，从外围与后现代主义者进行论战，力图重建现代性，而以大卫·格里芬、小约翰·科布等为代表的建设性后现代主义则从后现代阵营内部对激进后现代主义的观点进行了回应。

第一节　后现代社会理论的自我指涉及
　　　　理论构建困境

　　与现代社会有着极大异质性的后现代社会的到来，使得现代社会理论无法再在原先的理论框架下继续对社会现象进行描述、解释与说明，而后现代社会理论的转型则契合了社会的发展，体现了社会理论发展的逻辑必然。但由于以福柯、德里达、利奥塔尔等为代表的后现代社会理论家所秉持的彻底怀疑和批判的精神，在分析现代性危机和揭示社会学理论危机的同时，后现代社会理论也遇到了自身指涉的问题，即由于后现代主义者反对宏大叙事，反对建构理论，而所谓的后现代社会理论应该在何种意义上去理解？在彻底的怀疑主义视野下，后现代主义据以批判他理论的阿基米德点是什么，能否免遭怀疑主义目光的审视？这些问题都构成了后现代社会理论的自我指涉。也正是由于这样的原因，我们说严格意义上的后现代社会理论范式尚未形成，后现代社会理论还未具备统一的理论形态。造成后现代社会理论构建困境的原因主要体现为以下几个方面。

一　自我指涉与悖论

后现代社会理论质疑现代社会学理论，但摆在后现代社会理论家面前的主要困难就是它必须把这种受到自己质疑的东西当作假设前提。在彻底批判和否定的立场下，这种前提假设会造成由于自身指涉所带来的悖论。

自我指涉是科学史上一个引起学者广泛关注的现象，它普遍存在于人们的日常语言与认知科学中。由于自我指涉而造成的悖论问题吸引了众多学者的目光，但迄今为止，除了尽力规避外，人们对于该问题仍未予以妥善解决。历史上最为著名的自我指涉悖论是谎言悖论——"这句话是假的"。其悖论之处在于如果你相信此话为真，它明明说这是句假话；而如果你认为它是假话，但这又反证了它说的是真的，无论如何理解，都会造成与自身的矛盾。基于这种窘境，斯多葛学派的逻辑学家吕西波指出，"谁要是说出了'说谎者悖论'的那一句话，那就完全丧失了语言的意义，说那句话的人只是发出一些声音罢了,什么也没有表示"。① 而照此而言,后现代社会理论的批判之举似乎也可以被视为吕西波意义上的"只是发出了一些声音","什么也没有表示"。萨拉·德尔曼关于福柯的后结构主义解读似乎为这句话做了注解。"后现代主义为语言的符号学分解奠定了基础。语言符号实际上是同一面徽章的正反两面:一是指被表述的客体(所指),二是指表征者(能指)。这里面蕴含的主题思想是'语言在它的表征行为中用推理的形式制造出了被表征的客体。这时客体的含义已变成了指称的结果,它受到推理行为的影响,而不再是它本来的样子'。"② 在这篇文章的另一处,萨拉·德尔曼再次指出福柯的话语理论中语言所具有的建构作用。"语言不仅对感觉认识具有影响作用,而且它还从物质形态上塑造着客体——因为语言表现的已不是'客体本身';语言的作用不再是纯粹的表征功能。语言已经成为一种手段——它使某种意图具备了表达的形式。"③

虽然后现代社会理论家所采取的这种批判之举只是一种策略,即"对主体的批判并不是要否认主体或主体的存在,而是指不要把主体当作一个预先规定的构造,或是服务于规范体系的基础……我们必须不断地对那些看似必要的基础前提进行重新探讨,并对它们予以质疑。目前,后结构主义已经形成了一种新的批判方式,这种批判方式就是要竭力抵制对规范性基础的诉求"。④ 但这种由于自我指涉而造成的悖论是其无法规避的问题。

---

① 杨熙龄:《奇异的循环——逻辑悖论探析》,辽宁人民出版社1986年版,第45页。
② [德]萨拉·德尔曼:《被表征的同一性》,载 [德]马文·克拉大、[德]格尔德·登博夫斯基《福柯的迷宫》,朱毅译,商务印书馆2005年版,第91页。
③ 同上书,第92页。
④ 同上书,第101页。

二 理论整合与范式形成的困境

库恩在其著作《科学革命的结构》一书中提出了"范式"一说。在库恩看来，所谓范式，指的是科学家共同体所一致接受的一组假说、理论、准则和方法，是对本体论、认识论和方法论的基本承诺。范式显示了科学家们形成了共同的信念，对科学的研究对象与科学所研究的问题达成了共识。如我们前文所述，后现代社会理论在批判社会学理论的研究对象、认识过程和研究方法的同时，虽然也形成了否定本体的本体论，建构主义的认识论和解构主义的方法论，但正如大家所看到的，后现代社会理论只是在批判社会学理论的立场与观点上达成了共识，而并未形成为大家所共同接受的假说、理论、准则与方法。

恰恰相反，后现代主义者反对共识的形成。在利奥塔尔看来，共识原则作为有效性的标准并不充分。"共识或者是作为认知智慧和自由意志的人通过对话方式取得的一致意见（我们看到尤尔根·哈贝马斯设想的共识就是这种形式，但这种观念建立在解放型叙事的有效性上），或者是系统为了保持并改善性能而操纵的一个要素，它成为卢曼所说的行政程序对象，它此时只是手段，真正的目的是获得可以使系统合法化的力量。"① 通过分析，利奥塔尔指出，"系统理论以及它所提出的那种类型的合法化没有任何科学根据：科学本身在语用学中不是按照这种理论所设想的系统范式运作的，社会也不能按照这种范式用当代科学的术语描述"。② 福柯受尼采求真意志的启发，也把真理与控制联系在一起，反对共识，认为共识就是控制。正如我们在前文中所指出的，作为一种反理论、反体系和非学科的话语，后现代主义很难用传统的理论框架去认门归宗、对

---

① ［法］利奥塔尔：《后现代状态》，车槿山译，生活·读书·新知三联书店1997年版，第130页。
② 同上书，第131—132页。

号入座，不但其本身不太可能用传统的理论框架去归类和研究，而且后现代主义的出现还对当前的学科分类提出了挑战。

后现代社会理论虽已成为学界公认的一个称谓，但这种称谓并未得到后现代社会理论家的认可。由于后现代理论家反对宏大叙事与理论构建，所以从主观动机上看，期望后现代主义者主动自发建构达成共识统一的社会理论的愿景也似乎遥不可及。例如，在被视为后结构主义、后现代主义理论大师的德里达 2004 年逝世时，时任法国总统希拉克曾予他高度评价，认为"正是有了他（德里达），法国才给了整个世界一位最伟大的哲学家和对当代知识生活产生了重要影响的人物"。但对其做出重要学术贡献的解构哲学，德里达却在不同的场合多次辩解，指出解构并非一种理论，在某种程度上，解构实际上是一种反理论的策略。无独有偶，福柯在《什么是启蒙》一书中也指出，"谱系学的出发点是要确定存在所处的位置。谱系学最关心的问题是今天的我们到底是什么。谱系学要对事件进行历史性调查，它想知道的是什么样的事件使我们成为这样做、这样想、这样说的主体"。与社会学理论相比，福柯不是想说明我们是什么的问题，而关注的是我们如何成为我们的问题，在这里，很明显二者发问的方式发生了变化，出现了不同的问题域。此外，被视为后现代主义者的福柯、德里达等人并不认可贴在他们身上的后现代主义标签，相反，在不同的场合他们还一再否认自身是一个后现代主义者，这种身份辨识的困难对维护后现代社会理论的立场本身也是一个问题。

理论整合的困境还体现在，虽然后现代主义者对社会学理论都不约而同地采取了否定、质疑和批判的观点和立场，但在后现代主义阵营内部并没有出现一个为大家所认可的领军人物，也没有形成一部为大家所共同认可的代表性的作品。无论是福柯、德里达、鲍曼、鲍德里亚还是利奥塔尔，虽然他们著述颇丰，但都没有任何一位后现代主义者可以拿出一部著作对后现代社会理论的主张进行全面、系统和具体的讨论与阐发，而实际上这种行为是他们所要摒弃的。与尤尔根·哈贝马斯相反，他们更推崇差异，肯定误构，在某种意义上，后现代主义者都以尼采为导师。尼采所提出的"不存在事实，只存在解释"，也是后现代主义者所共同信奉的圭臬。所以后现代阵营内部常常会出现相异甚至互相对立冲突的观点，后现代主义者所达成的共识就是否定共识的存在。

最后，后现代社会理论是一个内涵与外延都过于宽泛的概念。与现代、现代性等词一样，后现代本身也是一个很难做出明晰界定的概念，其内部状态纷呈，依据不同的标准可以做出不同的划分。所以对后现代社会理论概念来说也无法幸免于这种困难所带来的界定的问题。所以查尔斯·詹克斯在使用后现代这个词语的时候，只是把它当作一个妥协性的标签。"我把它当作一个妥协性的标签使用，当作描述我们业已离开而非正要去的地方的定义。"[①]

基于上述原因，后现代社会理论更多的体现为批判立场的统一，但在理论整合和范式形成上还面临着诸多的困难。

第二节 后现代批判与现代性重建

在后现代社会理论家对现代性不遗余力的批判和反思中，尤尔根·哈贝马斯或许是坚守现代性阵地硕果仅存的一员。尤尔根·哈贝马斯之所以把现代性理解为一项未竟的事业，是与其看到后现代主义者在否定、批判现代性之后的处境密切相关的。后现代社会理论摧毁了认识的本体和客体，摧毁了对真理的信任或信仰，但在以往学者的研究中，真理问题是与公平、正义等问题密切联系在一起的，在这种批判之后，出现的是怀疑主义与虚无主义，如何解决这种否定之后所出现的虚无主义，是尤尔根·哈贝马斯赋予自己的责任。

[①] [美] 詹克斯：《什么是后现代主义？》，载江怡主编《理性与启蒙：后现代经典文选》，东方出版社2004年版，第533页。

一 笛卡儿式焦虑与交往理性的提出

理性主义是现代性工程的主要理论基石。尤尔根·哈贝马斯批判后现代,进行现代性重建的途径之一就是提出交往理性,解决本体论意义上的笛卡儿式焦虑。

后现代主义者对现代性的批判会引发本体论意义上笛卡儿式的焦虑。笛卡儿式焦虑体现的是哲学家对寻求一种我们可将我们的知识奠基于其上的阿基米德点的探求。正如理查德丁·伯恩斯坦所指出的,阅读《沉思录》能够有助于我们理解笛卡儿对基础或阿基米德点的寻求,并不只是解决形而上学和认识论问题的一种手段。实际上,哲学认识论问题关涉着人的本体论问题。"客观性不仅是正常理智的基础,它还是人们迄今为止道德的温床",[①] 对人的生存具有极大的意义。"它是对某种固定支点的探求,对某种稳固的岩石的探求,在那块岩石上我们能够在时时威胁我们的自然变迁面前确保生命无虞。萦绕在这个旅程的背景中的幽灵并不只是激进认识的怀疑论,而是对疯狂和混沌的畏惧,在疯狂和混沌中没有任何东西是固定的,我们在那里既不能触及水底,又无法将自己托出水面。笛卡儿以令人寒噤的明晰,以显而易见又不可回避的必然,将我们引向宏大而又具有诱惑力的'要么/要么':要么,我们的存在有某种支撑,我们的知识有固定的基础;要么,我们不能够逃脱黑暗的魔力,它用疯狂,用知识上和道德上的混沌,将我们裹缠起来。"[②] 而在另一处,理查德丁·伯恩斯坦再次强调指出,"如果认为笛卡儿式的焦虑主要是宗教的,形而上学的,认识论的,或者是道德上的焦虑,那就错了。这些只是它可以采取的许多形式中的几种。用海德格尔的话说,它是'本体论的'而不是'实体的',因

---

① 金观涛:《我的哲学探索》,上海人民出版社1988年版,第72页。
② [美] 理查德丁·伯恩斯坦:《超越客观主义和相对主义》,郭小平译,光明日报出版社1992年版,第22页。

为它似乎处于世界上我们的存在的中心。我们的'上帝语言'可以变换，可以明显地不同于笛卡儿的语言。我们甚至可以清楚我们自己对确定性和不可置疑性的探索，但在客观主义者的幻想以及使他或她的激情变得有意义的东西的核心中，却有一种信仰，即存在着或者存在必须有某些固定的、永久的限制，我们可以诉诸于这些安全并稳定的限制"。① 由于以福柯、德里达、利奥塔尔等为代表的后现代社会理论家大都拒斥基础，消解客观性，所以在这种解构之后，主体被置身于不确定性的荒野，遭遇的是本体意义上不安全感。

针对后现代主义者所持有的怀疑论立场，尤尔根·哈贝马斯指出后现代对现代性的批判是反理性、反启蒙的，虽然超验意义上的理性已经不复存在，但启蒙理性尚未完全丧失其内在潜能。尤尔根·哈贝马斯同后现代主义进行舌战，通过普通语用学对言语理解行为规范前提的重建而提出交往理性的概念，力图拯救理性。

拯救理性的解决之道就是以交往理性代替后现代批判意义上的理性。尤尔根·哈贝马斯指出在语言中先验地存在着一种交往理性。受胡塞尔关于生活世界观点的影响，尤尔根·哈贝马斯认为，认识论是哲学研究的范畴。"如果哲学把目光仅局限于科学范围内的真值问题，那么，即便认识到实践先于理论具有十分重要的意义，它也只会导致彻底的理性怀疑论。"② 而如果哲学不沉浸在科学的自我反思，而是把目光转移到科学体系之外，变换视角，关注纷繁复杂的生活世界，就能从逻各斯中心主义中解脱出来，并能揭示出一种早就在日常交往实践中活动的理性，此即交往理性。作为人性不可分割的有机组成部分，理性对人类的生存和生活意义重大，如果没有理性，人类的生存和生活都会成为问题。而在马克思

---

① [美] 理查德丁·伯恩斯坦：《超越客观主义和相对主义》，郭小平译，光明日报出版社1992年版，第23页。

② [德] 尤尔根·哈贝马斯：《后形而上学思想》，曹卫东、付德根译，译林出版社2001年版，第48页。

看来，理性本身是有结构的，它由两个要素组成，其中一个要素是追求真理，另外一个要素是实现价值，二者是同一问题的两个方面。在后现代主义批判纯粹客观真理，否定理性存在之后，如何在重新理解客观真理的基础上重建理性，是尤尔根·哈贝马斯责无旁贷的责任。在否定了古代设定在存在身上的客观理性、近代设定在自我确定性的主观理性之后，尤尔根·哈贝马斯从生活世界入手，通过对语言的分析，提出了交往理性以超越后现代主义对理性的诋毁。

二　现代性的重建

美国学者戴维·哈维认为，现代主义在很大程度上表达的是对美好未来的追求，虽然这样一种追求常常会由于遭到不断的幻灭而引发受害妄想，而后现代主义的典型表现却抛弃了这样的追求，与现代主义崇尚理想、深信美好未来和社会的不断进步相比，激进性的后现代主义遑论坚持美好的信念和理想，简直就是耻于提出和谈论理想，更无须说采取任何方式去创造某个完全不同的未来了。针对后现代对现代性批判所造成的精神家园的失落，尤尔根·哈贝马斯对现代性提出了自己的理解。

首先，在尤尔根·哈贝马斯看来，现代性是一种指向人类进步、自由、幸福与和谐的精神指向。康德在其著名论文《什么是启蒙运动》中指出，"所谓启蒙，就是摆脱自己造成的依附地位。而依附地位意味着，若无他人指导，人便无力运用自身的理解力……敢于认识！'要有勇气运用你自己的理性！'——这就是启蒙运动的座右铭"。受康德上述观点的启发，哈贝马斯认为，建立在启蒙基础上的现代性既包含进步的一面，即在民主、自由、理性科学、道德、艺术等方面是进步的，而在被殖民化的生活世界领域是倒退的，后现代主义只是看到了倒退的一面，并没有采取公正的态度对待现代性，所以在他看来，要克服现代性倒退的一面，不是放弃启蒙而是继续启蒙。其次，尤尔根·哈贝马斯所理解的现代性是一种思维方式。在尤尔根·哈贝马斯看来，盲目崇拜理性不可取，但对理性的绝对批判却只会毁掉理性，更可采取的措施是理性地审视我们所具有的理性并看到其局限所在。与后现代主义者相比，哈贝马斯对人类的思维能力更具有乐观的心态。最后，哈贝马斯认为现代性是一项未竟的事业，而作为一个概念，现代性本身是开放的，其内涵会随着社会发展而发展，在这种意义上，现代性永远也不会过时。

现代性虽然在后现代主义者眼中已经成了桎梏，受到他们的群体攻击，但主观上的意图在客观上并不一定能够实现。而如果用黑格尔的这句话来审视，即"凡是合乎理性的东西都是现实的，凡是现实的东西都是合乎理性的"[①] 来看，现代性在现实中的存在说明其仍有合理性。而这也是尤尔根·哈贝马斯仍然坚持现代性的理由。正如尤尔根·哈贝马斯所指出的，"我们不能像扔掉一件旧外套一样抛弃这种现代性的基本特征。它已经融化在我们的血肉中。现代性生活条件是我们所不能选择的——我们被抛入其中——它已经成为我们生存的必然"[②]。

第三节　建设性后现代主义的质疑与价值取向

后现代主义有否定性后现代主义与建设性后现代主义之分，早期的后现代主义大多否定和批判现代性，以一种激进的否定一切、颠覆一切的面目而出现，力图通过消解科学主义、人性、理性、主体性等传统概念，达到宣布现代性已经进入终结的目的，在理论上重"破"而不重"立"。鉴于后现代主义者这种激进的立场，在其内部产生了建设性后现代主义，其代表人物主要为大卫·格里芬、

---

① [德] 黑格尔：《法哲学原理》，范扬、张企泰译，商务印书馆1961年版，第11页。

② [德] 尤尔根·哈贝马斯：《作为未来的过去——与著名哲学家哈贝马斯对话》，章国锋译，浙江人民出版社2001年版，第23页。

小约翰·科布等人，而怀特海的过程哲学则在思想上影响了建设性后现代主义的出现。

一　后现代生态文明观与后现代精神

针对否定性现代主义重"破"不重"立"的局限，建设性后现代主义通过对17世纪以来机械实体论的批判提出了后现代整体有机论，针对人与自然关系的共生性提出了后现代生态文明观。

在格里芬看来，造成生态环境恶化的首犯是人类中心主义，因此要秉持维护生态的立场，必须对人类中心主义进行反思。通过反思，格里芬指出自然的祛魅是产生这种人类中心主义的根本原因，而这种自然祛魅观念又是起源于二元论和还原论的。"自然的祛魅这种观点最初是在二元论的超自然论的框架内由伽利略、笛卡儿、波义耳和牛顿及其同道者提出的。"[①] 二元论的超自然论赋予了灵魂和个人以解释功能和因果力量，而还原论的物理学方法经由思想家使得自然神论变成了彻底的无神论。在格里芬看来，二者的通力合作是导致自然祛魅、世界祛魅，从而导致破坏生态环境的人类中心主义产生的原因。

在其所著的《后现代科学》一书的引言中，格里芬指出："现代性及对现代性的不满皆来源于马克斯·韦伯所称的'世界的祛魅'。这种祛魅的世界观既是现代科学的依据，又是现代科学产生的先决条件，并几乎被一致认为是科学本身的结果和前提。"[②] 在祛魅的哲学中，自然被认为是无生命、僵死的东西，是由无生气的物体构成的，没有有生命的神性在它里面。这种"自然的死亡"导致各种各样的灾难性的后果。[③] 由于把

[①] [美] 大卫·格里芬：《后现代科学》，马季方译，中央编译出版社1995年版，第2页。

[②] 同上书，第1页。

[③] 参见 [美] 大卫·格里芬编《后现代精神》，王成兵译，中央编译出版社2005年版，第218页。

自然界看作是没有知觉的，所以它可以被现代性肆意统治和掠夺，这种掠夺也包括所有其他种类的生命。除了带来一种掠夺性的伦理学（这种伦理学首先表现在对"自然"的关系上，其次表现在对待他人的关系上）之外，它所产生的另一个后果是人与自然关系的疏离。自然是人生存的家，而现在由于这种掠夺的产生，二者之间的亲切关系被破坏了，人也丧失了在同自然交流的过程中产生的意义和满足感。

有感于现代精神造成了自然的祛魅，人与人、人与自然成了互相外在的关系，环境、生态恶化，人和人、人和社会对立冲突，建设性的后现代主义认为改变这种状况的途径就在于倡导后现代精神。后现代精神是相对于现代精神而提出的。在《后现代精神》导言中，格里芬把现代精神和现代社会与个人主义相联系，认为其所倡导的后现代精神是以强调内在关系的实在性为特征的，这与现代精神直接相对，因为在现代观点中，人与他人和他物之间的关系是外在的、"偶然的"、派生的。而后现代精神则认为这些关系是内在的、本质的和构成性的。个体不是由于自己而成为自己的，而是受到他的个人躯体、他与自然环境的关系以及家庭之间关系的影响。而在关于人与自然的关系上，格里芬提出了超越现代二元论和实利主义的有机主义，通过把自然界的物种视为自己的同类以克服现代人的统治欲和占有欲。格里芬强调人与环境、个人和社会是互相决定的关系；后现代精神拒斥超自然主义和无神论，因为二者在他看来都违背了人的将来利益。

二 泛经验论

由于祛魅哲学所带来的灾难性后果，建设性后现代主义受怀特海思想观点的影响，提出了泛经验论。通过把所有的自然之物都视为一个有机整体，把自然由人们统治、占有、掠夺的对象，而转变为需要人去照护的花园，泛经验论可以解决人与自然的冲突与矛盾。泛经验论强调人与自然是有机统一的整体，所持有的是非二元论的观点，它主张人类和非人类的利益可以通过正当的途径，在动态平衡的系统中相互作用。这种泛经验论观点体现了建设性后现代主义对世界的关注与呵护。

在怀特海看来，"理性的任务是探索事物诸多方面所具有的越来越深的深度。对于那些意义深远的问题，我们不要期望给予简单的回答"。① 在这样的思想观念支配下，怀特海创立了他的过程哲学，认为我们应当实现思维方式的转变，由从实体性思维方式转变为事件性思维方式。由于笛卡儿对心物关系的预设，所以会产生这样的二难悖论，即如果对物采取实体性的思维方式，就会遇到外在于我的物如何为我所认识的问题，而如果承认我们所认识到的事物都是自我构成的，则又会产生相对主义。而从事件性思维方式出发，则能够在一定意义上摆脱这种二难悖论。

在怀特海观点的影响下，格里芬审慎地提出了泛经验论的认识论观点。在格里芬那里，泛经验论是一种假设，提出它的目的是为了克服各种不足和用其他方法显然不能解释的神秘事物，例如心身问题，自由和决定论问题。通过把心灵和大脑视为同一类型的实体，二者的区别仅是数量上的区别，在本质上是相同的，以此来克服、解决二者如何作用的难题。"泛经验论认为，所有个体（包括非人类个体）在某种程度上都是真正（自决）自由的个体，并认为，不同等级的个体具有不同程度的自由。"② 正如格里芬在2002年接受中国学者王晓华的采访时所认为的："建设性后现代主义在哲学上包含这样一种知觉理论，在其中，感性知觉是第二位的知觉模式，源自于更始基性的非感觉的'摄受'，在其中，我们不仅摄受充满内在价值的现实的物质世界，而且把握理念——例如道德的和美学的理念。"建设性后现代主义还包括

---

① ［英］怀特海：《过程与实在》，杨富斌译，中国城市出版社2003年版，第621页。

② ［美］大卫·格里芬：《超越解构》，鲍世斌等译，中央编译出版社2002年版，第17页。

自然的有机主义学说。该学说把所有事物都看作与它们的环境有内在关联的，认为经验和自发性都是纯粹自然的。因此，动物乃至更简单的个体也被认作与我们仅仅有级位上的不同。这样，人与自然的二元论就被克服了。这种对二元论的拒斥并不妨碍人把自己理解为自我决定的个体，具有更高级位的内在价值。[①] 格里芬的这番话表述的意思是，感知并非认识超越我们现有经验世界的唯一手段，甚至也不是我们认识世界的主要手段，派生于一种非感性的知觉方式。在格里芬看来，现实世界的所有单位都是经验着的、创造的事件。"事件"一词说明了实在的基本单位不是持续的事物或实体，而是瞬间的事件；"经验的"这个词语表明格里芬所意味的"事件"不是一堆空洞的缺乏经验的现实；而"创造的"一词则表明虽然所有的事件都要受到先前事件的影响，但这种影响不是绝对的，它还要受到事件本身的自我决定的影响。[②] 上述观点体现的是格里芬泛经验论的观点。

泛经验论虽然能为问题的解决提供思路，但它在实践中是否可行还是个问题正如其提出者本人所认为的，"泛经验论是一种未被证实的假设"。

三 对自我指涉问题的规避

针对否定性后现代主义所出现的由于自我指涉而带来的悖论，格里芬试图予以规避。在《超越解构》一书中，格里芬看到了否定性后现代主义由于其极端激进的立场带来的一种自我的解构。他指出，这种类型的哲学家们"不仅否认哲学有能力发现那种超越通过自然科学所获得的真理（正如实证主义者一直坚持的那样），他们甚至认为哲学不可能以某种有意义的方式，在符合实在论的意义上

[①] 王晓华：《后现代转折与我们这个星球的希望——大卫·格里芬（David R Griffin）教授访谈录》，《国外社会科学》2003年第3期。

[②] [美]大卫·格里芬：《超越解构》，鲍世斌等译，中央编译出版社2002年版，第276页。

声称科学的结果是真实的"。① 这样的哲学带给人的将是惊讶和不安。而他宣称他本人提出的建设性的后现代主义哲学是区别于相对主义的后现代主义，它能够在后者否定传统哲学观之后填补其中出现的空白，因而它的产生既不会带来惊讶也不会带来不安。建设性的后现代主义虽然为克服激进后现代主义的缺陷提出了一些有建设性的建议和方案，但并未克服传统认识论和激进和后现代主义作为"解释世界"的哲学的弊端，它本身也只是给出了一种不同的解释方式而已。

针对否定性后现代主义对现代世界观采取的反世界观的方法，即解构或消除世界观中的上帝、自我、目的、意义、现实世界以及一致真理等不可或缺的成分，格里芬指出这种解构带来的结果是相对主义甚至虚无主义。② 要避免这种情况的出现，我们应该坚持建设性、具有建构向度的后现代主义。在格里芬看来，建设性后现代主义哲学通过恢复神圣的创造力，能够既"克服晚近现代性中的侵蚀性的虚无主义（包括破坏性的后现代主义），又不必回复到早期现代性中经常鼓励傲慢和自负情绪的超自然主义中去"。③

---

① ［美］大卫·格里芬：《超越解构》，鲍世斌等译，中央编译出版社2002年版，第269页。

② ［美］大卫·格里芬：《后现代精神》，王成兵译，中央编译出版社2005年版，第236页。

③ 同上书，第26页。

参考文献

马恩经典著作

［1］马克思、恩格斯：《马克思恩格斯文集》第一卷，中共中央马克思恩格斯列宁斯大林著作编译局译，人民出版社2009年版。

［2］马克思、恩格斯：《马克思恩格斯文集》第二卷，中共中央马克思恩格斯列宁斯大林著作编译局译，人民出版社2009年版。

［3］马克思、恩格斯：《马克思恩格斯文集》第三卷，中共中央马克思恩格斯列宁斯大林著作编译局译，人民出版社2009年版。

［4］马克思、恩格斯：《马克思恩格斯文集》第四卷，中共中央马克思恩格斯列宁斯大林著作编译局译，人民出版社2009年版。

［5］马克思、恩格斯：《马克思恩格斯文集》第九卷，中共中央马克思恩格斯列宁斯大林著作编译局译，人民出版社2009年版。

［6］马克思、恩格斯：《马克思恩格斯文集》第十卷，中共中央马克思恩格斯列宁斯大林著作编译局译，人民出版社2009年版。

［7］马克思：《黑格尔法哲学批判》，中共中央马克思恩格斯列宁斯大林著作编译局译，人民出版社1963年版。

专著类

［1］阿克塞尔·霍内特：《权力的批判——批判社会理论反思的几个阶段》，童建挺译，上海人民出版社2012年版。

［2］埃米尔·迪尔凯姆：《社会学方法的规则》，胡伟译，华夏出版社1999年版。

［3］埃里希·弗罗姆：《健全的社会》，王大庆译，国际文化出版公司2007年版。

［4］艾伦·斯温杰伍德：《社会学思想简史》，陈炜、冯克利译，社会科学文献出版社1988年版。

［5］安东尼·吉登斯：《社会的构成》，李康译，生活·读书·新知三联书店1998年版。

［6］安东尼·吉登斯：《现代性与自我认同》，赵旭东等译，生活·读书·新知三联书店1998年版。

［7］安东尼·吉登斯：《现代性的后果》，田禾译，译林出版社2000年版。

［8］安东尼·吉登斯：《失控的世界》，周红云译，江西人民出版社2001年版。

［9］安东尼·吉登斯、克里斯多弗·皮尔森：《现代性——吉登斯访谈录》，尹宏毅译，北京新华出版社2001年版。

［10］安东尼·吉登斯：《社会学方法的新规则——一种对解释社会学的建设性批判》，田佑中译，社会科学文献出版社2003年版。

［11］安东尼·吉登斯：《社会理论与现代社会学》，文军、赵勇译，社会科学文献出版社2003年版。

［12］波林·罗斯诺：《后现代主义与社会科学》，张国清译，上海译文出版社1998年版。

［13］布赖恩·特纳：《社会理论指南》，李康译，上海人民出版社2003年版。

［14］C.赖特·米尔斯：《社会学的想象力》，陈强、张永强译，生活·读书·新知三联书店2005年版。

［15］查尔斯·泰勒：《现代性之隐忧》，程炼译，中央编译出版社2001年版。

[16] 查尔斯·詹克斯:《现代主义的临界点》,丁宁等译,北京大学出版社 2011 年版。

[17] 戴维·哈维:《后现代的状况》,阎嘉译,商务印书馆 2004 年版。

[18] 戴维·R. 肯迪斯、安德烈亚·方坦纳编:《后现代主义与社会研究》,周晓亮等译,重庆出版社 2006 年版。

[19] 丹尼尔·贝尔:《后工业社会的来临——对社会预测的一项探索》,高铦等译,商务印书馆 1984 年版。

[20] 丹尼斯·史密斯:《齐格蒙特·鲍曼:后代性的预言家》,萧韶译,江苏人民出版社 2007 年版。

[21] 道格拉斯·凯尔纳、斯蒂文·贝斯特:《后现代理论》,张志斌译,中央编译出版社 2004 年版。

[22] 道格拉斯·凯尔纳、斯蒂文·贝斯特:《后现代转向》,陈刚译,南京大学出版社 2002 年版。

[23] 道格拉斯·凯尔纳:《波德里亚:批判性的读本》,陈维振等译,江苏人民出版社 2005 年版。

[24] E. 卡西尔:《启蒙哲学》,顾伟铭译,山东人民出版社 1988 年版。

[25] 恩斯特·卡西尔:《人论》,甘阳译,上海译文出版社 1985 年版。

[26] 冯·哈耶克:《知识的僭妄》,邓正来译,首都经济贸易大学出版社 2014 年版。

[27] 佛克马、伯斯顿:《走向后现代主义》,王宁等译,北京大学出版社 1991 年版。

[28] 弗雷德里克·詹姆逊:《晚期资本主义的文化逻辑》,陈清侨等译,生活·读书·新知三联书店 1997 年版。

[29] 弗雷德里克·詹姆逊:《后现代主义与文化理论》,唐小兵译,北京大学出版社 1997 年版。

[30] 海德格尔:《存在与时间》,陈嘉映等译,生活·读书·新知

三联书店 1999 年版。

[31] 海德格尔：《林中路》，孙周兴译，上海译文出版社 1997 年版。

[32] 埃德蒙德·胡塞尔：《欧洲科学危机和超验现象》，张庆熊译，上海译文出版社 1988 年版。

[33] 霍克海默：《批判理论》，李小兵等译，重庆出版社 1990 年版。

[34] 吉拉德·德朗蒂：《当代欧洲社会理论指南》，李康译，上海人民出版社 2009 年版。

[35] 乔治·瑞泽尔：《后现代社会理论》，谢立中等译，华夏出版社 2003 年版。

[36] 乔治·瑞泽尔：《当代社会学理论及其古典根源》（英文影印），北京大学出版社 2004 年版。

[37] 乔治·瑞泽尔主编：《布莱克维尔社会理论家指南》，凌琪等译，江苏人民出版社 2009 年版。

[38] 杰弗里·亚历山大：《世纪末社会理论》，张旅平译，上海人民出版社 2003 年版。

[39] 卡尔·波普：《历史决定论的贫困》，杜汝楫、邱仁宗译，华夏出版社 1987 年版。

[40] 卡莱尔·科西克：《具体的辩证法》，傅小平译，社会科学文献出版社 1989 年版。

[41] 克里斯·加勒特、扎奥丁·萨德尔：《视读后现代主义》，宋沈黎译，安徽文艺出版社 2009 年版。

[42] 雷蒙·阿隆：《社会学主要思潮》，葛智强、王沪宁、胡秉诚译，上海译文出版社 1988 年版。

[43] 理查德丁·伯恩斯坦：《超越客观主义和相对主义》，郭小平译，光明日报出版社 1992 年版。

[44] 刘易斯·A. 科塞：《社会学思想名家》，石人译，中国社会科学出版社 1990 年版。

[44] 利奥塔尔:《后现代状态》,车槿山译,生活·读书·新知三联书店1997年版。

[46] 理查德·罗蒂:《哲学和自然之镜》,李幼蒸译,商务印书馆2003年版。

[47] 马克斯·韦伯:《经济与社会》第2卷,阎克文译,上海人民出版社2010年版。

[48] 马克斯·韦伯:《新教伦理与资本主义精神》,于晓、陈维纲译,陕西师范大学出版社2006年版。

[49] 马格内特·罗斯:《后现代与后工业》,张月译,辽宁教育出版社2002年版。

[50] 赫伯特·马尔库塞:《单向度的人》,刘继译,上海译文出版社2011年版。

[51] 麦茨·埃尔弗森:《后现代主义与社会研究》,甘会斌译,上海人民出版社2011年版。

[52] 迈克·费瑟斯通:《消费文化与后现代主义》,刘精明译,译林出版社2002年版。

[53] 米格尔·卡夫雷拉:《后社会史初探》,李康译,北京大学出版社2008年版。

[54] 米歇尔·福柯:《规训与惩罚》,刘北成、杨远婴译,生活·读书·新知三联书店1999年版。

[55] 米歇尔·福柯:《知识考古学》,谢强、马月译,生活·读书·新知三联书店1999年版。

[56] 米歇尔·福柯:《词与物》,莫伟民译,上海三联书店2001年版。

[57] 米歇尔·福柯:《必须保卫社会》,钱翰译,上海人民出版社1999年版。

[58] 弗里德里希·威廉·尼采:《权力意志》,张念东、凌素心译,商务印书馆1991年版。

[59] 尼格尔·多德:《社会理论与现代性》,陶传进译,社会科学

文献出版社 2002 年版。

［60］诺贝特·埃利亚斯：《个体的社会》，翟三江、陆兴华译，译林出版社 2003 年版。

［61］诺尔曼·马尔康姆：《回忆维特根斯坦》，李步楼、贺绍甲译，商务印书馆 1984 年版。

［62］帕特里克·贝尔特：《二十世纪的社会理论》，瞿铁鹏译，上海译文出版社 2005 年版。

［63］佩里·安德森：《后现代性的起源》，紫辰、合章译，中国社会科学出版社 2008 年版。

［64］齐格蒙·鲍曼：《现代性与矛盾性》，邵迎生译，商务印书馆 2003 年版。

［65］齐格蒙·鲍曼：《立法者与阐释者》，洪涛译，上海人民出版社 2000 年版。

［66］齐格蒙·鲍曼：《现代性与大屠杀》，邵迎生译，商务印书馆 2003 年版。

［67］齐美尔：《社会是如何可能的》，林荣远编译，广西师范大学出版社 2002 年版。

［68］让·鲍德里亚：《消费社会》，刘成富、全志钢译，南京大学出版社 2008 年版。

［69］让·鲍德里亚：《象征交换与死亡》，车槿山译，译林出版社 2006 年版。

［70］让·鲍德里亚：《物体系》，林志明译，上海人民出版社 2001 年版。

［71］史蒂文·塞德曼：《有争议的知识——后现代时代的社会理论》，刘北成等译，中国人民大学出版社 2002 年版。

［72］叔本华：《作为意志和表象的世界》，石冲白译，商务印书馆 2013 年版。

［73］托克维尔：《托克维尔回忆录》，董果良译，商务印书馆 2012 年版。

[74] 托克维尔：《旧制度与大革命》，冯棠译，商务印书馆 2013 年版。

[75] 沃尔夫冈·韦尔施：《我们的后现代的现代》，洪天富译，商务印书馆 2004 年版。

[76] 乌尔里希·贝克：《自由与资本主义》，路国林译，浙江人民出版社 2001 年版。

[77] 西美尔：《货币哲学》，陈戎女译，华夏出版社 2002 年版。

[78] 西美尔：《金钱、性别、现代生活风格》，刘小枫编，学林出版社 2001 年版。

[79] 尤尔根·哈贝马斯：《作为未来的过去——与著名哲学家哈贝马斯对话》，章国锋译，浙江人民出版社 2001 年版。

[80] 尤尔根·哈贝马斯：《理论与实践》，郭官义、李黎译，社会科学文献出版社 2004 年版。

[81] 尤尔根·哈贝马斯：《现代性的哲学话语》，曹卫东译，译林出版社 2006 年版。

[82] 詹尼·瓦蒂莫：《现代性的终结》，李建盛译，商务印书馆 2013 年版。

[83] 陈戎女：《西美尔与现代性》，上海书店出版社 2006 年版。

[84] 岛子：《后现代主义艺术系谱》，重庆出版社 2007 年版。

[85] 杜以芬：《后现代主义认识论批判研究》，天津人民出版社 2009 年版。

[86] 冯俊等：《后现代主义哲学讲演录》，商务印书馆 2003 年版。

[87] 韩水法：《韦伯文集》，中国广播电视出版社 2000 年版。

[88] 黄瑞祺：《社会理论与社会世界》，北京大学出版社 2005 年版。

[89] 刘北成编著：《福柯思想肖像》，北京师范大学出版社 1995 年版。

[90] 刘少杰：《后现代西方社会学理论》，社会科学文献出版社 2002 年版。

[91] 刘小枫：《现代性理论绪论》，上海三联书店1998年版。

[92] 刘小枫编：《苏格拉底问题与现代性》，华夏出版社2008年版。

[93] 罗岗：《视觉文化读本》，广西师范大学出版社2003年版。

[94] 石中英：《知识转型与教育改革》，教育科学出版社2001年版。

[95] 苏国勋、刘小枫：《社会理论的诸理论》，华东师范大学出版社2005年版。

[96] 苏国勋：《社会理论与当代现实》，北京大学出版社2005年版。

[97] 孙周兴选编：《海德格尔选集》，上海三联书店1996年版。

[98] 汪民安、陈永国、张云鹏：《现代性基本读本》，河南大学出版社2005年版。

[99] 汪民安：《后现代性的哲学话语》，浙江人民出版社2000年版。

[100] 王潮编著：《后现代主义的突破——外国后现代主义理论》，敦煌文艺出版社1996年版。

[101] 王凤才：《追寻马克思：走进西方马克思主义》，山东大学出版社2003年版。

[102] 王宁：《消费社会学》，社会科学文献出版社2011年版。

[103] 王小章：《经典社会理论与现代性》，社会科学文献出版社2006年版。

[104] 王岳川、尚水编：《后现代主义文化与美学》，北京大学出版社1992年版。

[105] 王治河：《福柯》，湖南教育出版社1999年版。

[106] 王治河：《后现代哲学思潮研究》（增补本），北京大学出版社2006年版。

[107] 王治河：《扑朔迷离的游戏——后现代哲学思潮研究》，社会科学文献出版社1998年版。

[108] 王治河主编:《后现代主义辞典》,中央编译出版社 2005年版。

[109] 夏光:《后结构主义思潮与后现代社会理论》,社会科学文献出版社 2003 年版。

[110] 谢立中、阮新邦主编:《现代性、后现代性社会理论:诠释与评论》,北京大学出版社 2004 年版。

[111] 谢立中:《社会理论:反思与重构》,北京大学出版社 2006年版。

[112] 谢立中主编:《西方社会学经典读本》,北京大学出版社2008 年版。

[113] 谢立中主编:《西方社会学名著提要》,江西人民出版社2005 年版。

[114] 徐崇温主编:《后现代主义与社会研究》,重庆出版社 2006年版。

[115] 严翅君等:《后现代理论家关键词》,江苏人民出版社 2011年版。

[116] 仰海峰:《走向后马克思——从生产之镜到符号之镜》,中央编译出版社 2004 年版。

[117] 叶启政:《社会理论的本土化建构》,北京大学出版社 2006年版。

[118] 张德明:《批评的视野》,上海社会科学院出版社 2004 年版。

[119] 赵一凡:《从胡塞尔到德里达》,生活·读书·新知三联书店 2007 年版。

[120] 郑莉:《理解鲍曼》,中国人民大学出版社 2006 年版。

外文资料

[1] Anthony Giddens, *Social Theory and Modern Sociology*, Cambridge: Polity Press, 1987.

[2] Beck, *World Risk Socity*, Cambridge: Polity Press, 1999.

[3] Bell, Daniel, The Cultural Contradictions of Capitalism: Twentieth Anniversary Edition. Basic Books, 1996.

[4] C. Wright Mills, *The Sociological Imagination*, New York: Oxford University Press, 1959.

[5] Clifford Geerts, *Critical Essays on Michel Foucault*, Cambridge: Solar Press, 1992.

[6] Jean Baudrllard, *Simulations*, New York: Semiotext (e), 1983.

[7] Jean Baudrllard, *The Mirror of Production*, Telos, 1975.

[8] Jean Francois Lyotard, *The Postmodern Condition*, University of Minnesota Press, 1984.

[9] Mike Gane, *Baudrillard Live: Selected Interviews*, London and New York: Routledge, 1993.

[10] Peter Berger, *Pyramids of Saerifiee Bouble day-Anekor*, New York: 20 Gerden City, 1976.

[11] Steven Seidman, *The postmodern turn: New perspectives on social theory*, Cambridge University Press, 1994.

[12] Zygmunt Bauman, *Modernity and Ambivalence*, Polity Press, 1991.

[13] Zygmunt Bauman, *Globalization: The Human Consequence*, Polity Press, 1998.